1 MONTH OF
FREE
READING

at

www.ForgottenBooks.com

By purchasing this book you are eligible for one month membership to ForgottenBooks.com, giving you unlimited access to our entire collection of over 1,000,000 titles via our web site and mobile apps.

To claim your free month visit:
www.forgottenbooks.com/free395754

ISBN 978-0-332-54114-3
PIBN 10395754

This book is a reproduction of an important historical work. Forgotten Books uses
state-of-the-art technology to digitally reconstruct the work, preserving the original format
whilst repairing imperfections present in the aged copy. In rare cases, an imperfection in
the original, such as a blemish or missing page, may be replicated in our edition. We do,
however, repair the vast majority of imperfections successfully; any imperfections that
remain are intentionally left to preserve the state of such historical works.

For support please visit www.forgottenbooks.com

Exposition Universelle et Internationale de Liége

EN 1905

CATALOGUE SPÉCIAL

DES

OBJETS EXPOSÉS

DANS LA

Section Chinoise

PRIX : 75 Centimes.

Inspector General of Chinese Customs.

IMPRIMERIE G. PIQUART

Rue de la Senne, 80, Bruxelles. —— Téléphone 1424.

Exposition universelle et
internationale de Li'ege en

CHINA.— *Inspector general*
customs.

IMPERIAL MARITIME CUSTOMS.

III.—MISCELLANEOUS SERIES: No. 29.

CATALOGUE

OF THE

OLLECTION OF CHINESE EXHIBITS

AT THE

LIÉGE UNIVERSAL AND INTERNATIONAL EXHIBITION, 1905.

PUBLISHED BY ORDER OF

𝕿𝖍𝖊 𝕴𝖓𝖘𝖕𝖊𝖈𝖙𝖔𝖗 𝕲𝖊𝖓𝖊𝖗𝖆𝖑 𝖔𝖋 𝕮𝖚𝖘𝖙𝖔𝖒𝖘.

SHANGHAI:
STATISTICAL DEPARTMENT
OF THE
INSPECTORATE GENERAL OF CUSTOMS.

1905.

xpo§ition Uniuer§elle et Internationale de

EN

1905   190

Catalogue

SPÉCIAL

DES

Objets Exposés

DANS LA

SECTION CHINOISE

PRIX : 75 Centimes.

Commissariat

Gouvernement Impérial de Chine.

———•———

Commissaire Général :

SON EXCELLENCE MONSIEUR YANG TSAO-YUN, Envoyé Extraordinaire et Ministre Plénipotentiaire de Sa Majesté l'Empereur de Chine auprès de Sa Majesté le Roi des Belges.

Président, EX-OFFICIO :

SIR ROBERT HART, Baronnet, Directeur Général des Douanes et des Postes Impériales de Chine.

Commissaire-Délégué :

MONSIEUR J. A. VAN AALST, Directeur des Douanes et des Postes Impériales en Chine.

Adjoints au Commissaire Général :

MONSIEUR SHEN SOEU-LING, Secrétaire de la Légation Impériale de Chine à Bruxelles.

MONSIEUR SHU KIA SIAN, Secrétaire-Interprète de la Légation Impériale de Chine à Bruxelles.

MONSIEUR LIOU SY TCHANG, Secrétaire-Interprète de la Légation Impériale de Chine à Bruxelles.

Secrétaire du Commissariat :

MONSIEUR D. PERCEBOIS, du Service des Douanes Impériales chinoises.

———•—— — ——

Introduction.

Depuis sa découverte, l'Empire de Chine a toujours fait l'admiration du vieux monde, soit par l'immense étendue de ses territoires, la densité extraordinaire de sa population, l'incalculable richesse de son sol, l'industrieuse activité de son peuple, la multiplicité de ses produits, ou par l'étrange beauté de ses œuvres d'art et l'étonnante vitalité de sa civilisation aussi vieille que le monde.

Ce catalogue ne peut prétendre de dévoiler en quelques pages les secrets d'un empire possédant plus de quatre cent millions d'habitants et une histoire de cinq mille années. Les détails de sa géographie, de son histoire, de ses religions, de ses mœurs, de ses lois doivent être puisés dans les nombreux livres spéciaux déjà parus sur la Chine. Mais il s'efforcera de soulever un coin du voile qui jusqu'aujourd'hui nous a caché la Chine industrieuse et productrice, en indiquant et expliquant les principaux produits de son sol, de son industrie, de son commerce et de ses arts que le Gouvernement Impérial est venu, pour la première fois, exposer en Belgique.

Pour mieux faire comprendre l'arrangement adopté

dans l'énumération des objets exposés, il est bon de rappeler ce qui suit :

1° La Chine propre comprend dix-huit provinces qui sont, en commençant par le Sud :

le Kwangtoung,
le Kwangsi,
le Yunnan,
le Foukien,
le Kiangsi,
le Kweichow.
le Chekiang,
le Kiangsou,
l'Anhwei,
le Houpeh,
le Hounan,
le Honan,
le Szechwan,
le Shantoung,
le Shansi,
le Shensi,
le Péchili.
le Kansou.

De plus, au Nord de la Chine propre se trouve la Mandchourie, comprenant les provinces de Sheng-king. Kirin et Heilongchiang ; puis vient l'immense Mongolie, la Kashgarie. Ili, Tabargatai et le Thibet.

2° Dans chaque province une ou plusieurs villes sont, en vertu des traités, ouvertes au commerce étranger. Dans ces villes résident des colonies plus ou moins nombreuses de négociants étrangers de toutes nationalités, vivant entièrement à l'européenne et régis par les lois de leurs pays respectifs sous la sauvegarde de leurs consuls. Ces villes sont, en commençant par le Sud :

Dans le Yunnan : *Szemao* et *Mengtsze* ;

Dans le Kwangsi : *Loungchow* et *Wouchow* ;

Dans le Kwangtoung : *Canton, Kongmoon, Kam-chouk, Samchoui, Pakhoi, Kioungchow* et *Swatow* ;

Dans le Foukien : *Amoy, Foochow* et *Santou* ;

Dans le Chekiang : *Wenchow, Hangchow* et *Ningpou* ;

Dans le Kiangsou : *Shanghaï, Wousoung* et *Souchow* ;

Sur le fleuve Yangtsze ou (Fleuve Bleu) : *Chinkiang, Nanking, Wouhou, Kioukiang, Hankow, Shasi, Ichang* et *Choungking* ;

Dans le Shantoung : *Chefou* ;

Dans le Péchili : *Tientsin, Takou* et *Chinwangtao* ;

Dans le Shengking : *Niouchwang (Yingkow)* ;

Enfin, il y a la capitale de l'Empire : *Peking.*

3° Dans chacune des villes ouvertes au commerce étranger fonctionne un Bureau de Douanes Impériales sous la direction d'un Commissaire étranger, qui peut aussi être en même temps directeur des postes, des phares, des octrois et d'autres choses. La direction générale est à Pékin et a été confiée, il y a de nombreuses années, par le Gouvernement Impérial, à Sir Robert Hart, Baronnet d'Angleterre, Mandarin du plus haut degré, honoré par l'Empereur du titre éminent de Gardien de l'Héritier Présomptif du Trône Impérial et anobli rétrospecti-

vement de trois générations. Par ordre de Sir Robert
Hart, qui est Président *ex officio* de toutes les expositions auxquelles la Chine prend part, les directeurs
des douanes dans les divers ports de la Chine ont
rassemblé des collections de tout ce que leurs districts
respectifs pouvaient offrir d'intéressant ; des Vice-
Rois ont spontanément offert de précieuses collections
d'objets d'art et de curiosité; des négociants et des
particuliers ont joint des collections d'articles se
rapportant à leurs affaires; et ce sont ces collections
qui sont aujourd'hui exposées à Liége.

4° Chaque article porte une étiquette indiquant :

a) Le nom ou la description de l'objet;

b) Sa provenance ou le nom de la ville qui l'a
envoyé;

c) Le numéro d'ordre donné par cette ville à
l'objet ;

d) La valeur de l'objet;

e) Sa classe dans le Catalogue Général.

Dans le Catalogue on trouvera les villes classées
par lettre alphabétique et les numéros des objets
placés, autant que possible par ordre. Par conséquent, pour trouver au Catalogue la description d'un
objet exposé, on cherchera son numéro sous le nom
de la ville de provenance, et l'on trouvera sans trop
de peine.

Sa Majesté l'Empereur a nommé pour le représenter en qualité de Commissaire Général à l'Exposition de Liége, son Ministre à Bruxelles, Son Excellence M. Yang Tsao-Yun, Envoyé Extraordinaire et

Ministre Plénipotentiaire auprès de Sa Majesté le Roi des Belges; et le Gouvernement Impérial a nommé, en qualité de Commissaire Délégué, M. Van Aalst, Directeur des Douanes Impériales, Mandarin du troisième rang portant le Double Dragon du deuxième degré, pour s'occuper spécialement de l'installation et de la direction des Sections.

Le plan conçu et élaboré par M. Van Aalst a été compris et exécuté de la manière la plus heureuse par M. Mériguet, architecte-conseil du Commissariat, et ses entrepreneurs MM. Clerfeuille et Dérussy, qui ont fait preuve d'habileté dans leur art et d'exactitude dans leurs engagements. Ils ont, en un laps de temps très court, couvert toute la Section des Halls de Pavillons et de Portiques qu'on avait demandé très légers et qu'ils ont construit d'une solidité à durer toujours, et cela sans toucher au plancher des Halls pour aller chercher dans le sol des points d'appui pour leurs colonnes dont d'autres moins habiles n'auraient su se passer. Le seul regret qu'on puisse exprimer, c'est que la Section Chinoise des Halls étant de moitié trop petite, les dimensions des bâtiments ont naturellement dû être réduites et l'on n'a pu leur donner ni l'ampleur ni la hauteur qu'ils auraient eu dans cet Empire où tout est grand !

La Section des Halls est bornée par les rues d'Allemagne, d'Amérique et du Japon, c'est-à-dire qu'elle se trouve entourée — séparée seulement par des chemins de circulation — des pays nommés ci-dessus. Elle mesure 825 mètres carrés, dont plus de 125 mètres ont dû être, d'après les règlements de l'Exposition, abandonnés pour former la moitié des chemins de circulation. Il y a donc en réalité une surface d'environ 700 mètres carrés couverte par les constructions.

Il y a une entrée dans chaque rue, mais l'entrée principale se trouve rue du Japon. On entre dans la Section en passant sous un *Pailow* ou Arc de Triomphe à trois passages dont la partie supérieure est richement ciselée et ornée et porte un écusson avec de grands caractères signifiant *Empire de Chine*. On se trouve alors sur une sorte de place publique entourée de *pailow* de tous côtés, en souvenir de deux places célèbres à Pékin nommées *Place des quatre Portiques*. Un des portiques représente l'ancienne entrée du Ministère des Affaires Etrangères à Pékin, le *Tsoungli Yamen* et porte la même inscription : *Choung Wai Ti Fou*, c'est-à-dire « que les relations entre la Chine et l'Etranger soient paisibles et heureuses „ ! En passant ce portique, on entre dans un Yamen, c'est-à-dire la résidence d'un fonctionnaire de haut rang. On se trouve d'abord dans une première cour avec des bâtiments à droite et à gauche qui, en Chine, servent de bureaux et de logements aux divers employés et subordonnés du mandarin, et qui ici vont servir de bureau au Commissariat; puis on passe la grande porte qui devrait être composée de trois portes à deux battants, et l'on entre dans la cour intérieure où réside le mandarin. Ici on se trouve en face d'un Pavillon comprenant, avec la terrasse, une surface d'environ 72 mètres carrés. Le mur de la cour et la balustrade de la terrasse sont en simili-marbre.

Le Pavillon est élevé d'un mètre au dessus du niveau de la cour, et on y monte par un escalier de trois mètres de large. Le Pavillon est orné de fenêtres et portes en bois découpé et peint à la mode chinoise, et il est couvert d'un double toit en tuiles jaunes dont les bordures relevées sont décorées de petits lions. Le premier toit est carré, représentant, d'après les anciennes idées chinoises, la Terre, qu'on croyait être carrée. Le toit supérieur est de forme ronde : c'est le Ciel, le Firmament reposant sur la Terre. Le Pavillon est une copie réduite d'un temple existant à Pékin. Il servira de Salon de Réception pour le Ministre, après avoir été soigneusement meublé et aménagé pour cet usage.

De la Place des Quatre Portiques on peut passer dans la Rue Chinoise où l'on trouve une succession de cases, de 50 mètres carrés, dont les devantures en bois découpé sont peintes et ornées de dessins divers copiés dans des documents authentiques... Chaque case donne asile à une vitrine chinoise et à une collection particulière, du Gouvernement.

De la Grande Rue Chinoise on passe, en tournant, dans une rue plus petite, où se trouvent des boutiques aménagées pour recevoir divers négociants chinois; puis on peut sortir de la Section par la double porte, en forme de lune, située rue d'Allemagne. Cette porte, par son style et sa décoration. mérite aussi toute l'attention du visiteur. Tous les portiques et toutes les devantures des magasins sont ornés d'inscriptions chinoises en vers ayant une signification heureuse pour les relations diplomatiques et commerciales des deux pays.

Le plancher des Halls offrant des inégalités et des ouvertures trop grandes, a été recouvert d'un nouveau plancher uni, raboté et serré, qui rehausse encore la beauté du travail architectural.

Voilà pour la Section Chinoise dans les Halls de l'Industrie. Mais, comme la quantité des objets à exposer — que le Commissariat avait d'abord cru devoir se réduire à très peu de chose — a, par suite de circonstances diverses, imprévues au moment de la location des terrains, pris des proportions tellement considérables que la Section dans les Halls aurait à peine suffi pour en étaler la moitié, le Commissaire-Délégué a été assez heureux de pouvoir trouver dans les jardins de la Boverie, grâce au précieux concours de M. Georges Rutten, le fils du célèbre oculiste Docteur Rutten, un terrain de 2,000 mètres carrés que celui-ci avait obtenu en concession et que, avec l'approbation du Comité Exécutif de l'Exposition, il a gracieusement cédé à la Chine pour y ériger et exploiter un village chinois.

Grâce à cet heureux arrangement on peut voir, sur la colline de l'ancienne Cage aux Ours dans le Jardin d'Acclimatation, une splendide Pagode de vingt-cinq mètres de hauteur dont les dimensions et les ornements attireront le regard de tous les coins de la ville de Liège; un superbe Débit de Thés et Bières; un beau Musée dans lequel seront installés les échantillons de produits que la Chine peut fournir et tout ce qui n'aura pas trouvé place dans les Halls; enfin, tout un village habité par des Chinois montrant et vendant les objets qu'ils ont apporté de leur pays. On arrivera à cette deuxième Section Chinoise en passant sous des *pailow* où Arcs de Triomphe monumentaux construits en Chine et placés devant les ponts pittoresques jetés sur les beaux étangs du Parc.

Comme les entrepreneurs de la première Section, surchargés de travaux, n'ont pu accepter l'entreprise de cette deuxième Section, la construction de la Pagode et des divers bâtiments du village chinois a été confiée à M. Davreux-Collard, le grand industriel de Namur qui, dans ses vastes ateliers de Saint-Servais, a fait préparer toutes les pièces des divers bâtiments qu'il est ensuite venu monter en un tour de main avec une équipe de Namurois. Les décorations artistiques sont l'œuvre de M. Courtin, l'artiste bien connu de Namur.

Quant à l'ameublement, la Chine a envoyé une collection de vitrines d'exposition en bois artistement sculpté et couvertes de toits aux formes chinoises, qui feront certainement l'admiration de tous les visiteurs. Ces vitrines renfermeront des collections de porcelaines, de bronzes, d'ivoires, de soieries et d'antiquités remarquables. La Chine exposera non seulement tout ce qui peut flatter l'œil, mais encore tenter l'acheteur.

La part que la Chine va prendre à l'Exposition de Liège, est en vérité une des plus grandes marques de sympathie que puisse donner à la Belgique et à son Roi le Gouvernement Impérial, désireux de témoigner sa reconnaissance pour la bonté avec laquelle les enfants du Céleste Empire sont accueillis et traités dans la Belgique entière.

La participation effective de la Chine ayant été décidée un peu tardivement et les préparatifs ayant forcément été précipités, la Section Chinoise pourra paraître moins imposante qu'elle n'eut pu l'être; mais dans son cadre restreint elle fera, le Commissariat Impérial l'espère, honneur à l'Exposition et montrera suffisamment les divers traits d'union commerciale qui peuvent relier ces deux pays, ces deux peuples, si différents par l'apparence extérieure, mais en réalité si ressemblants par les qualités du cœur : la Belgique, la Chine !

Son excellence monsieur YANG TSAO-YUN,

MANDARIN DU PLUS HAUT DEGRÉ,

ENVOYÉ EXTRAORDINAIRE

ET MINISTRE PLÉNIPOTENTIAIRE

DE S. M. L'EMPEREUR DE CHINE

AUPRÈS DE S. M. LE ROI DES BELGES,

COMMISSAIRE GÉNÉRAL DU GOUVERNEMENT IMPÉRIAL

A L'EXPOSITION DE LIÉGE,

ETC., ETC., ETC.

欽差大臣蕪臨督楊公小景

Sir ROBERT HART,

BARONNET,

MANDARIN DU PLUS HAUT DEGRÉ,

PROTECTEUR DE L'HÉRITIER PRÉSOMPTIF
DU TRÔNE IMPÉRIAL,

ANOBLI RÉTROSPECTIVEMENT DE TROIS GÉNÉRATIONS
PAR S. M. L'EMPEREUR DE CHINE,

DIRECTEUR GÉNÉRAL DES DOUANES
ET DES POSTES IMPÉRIALES,

PRÉSIDENT, EX OFFICIO, DES SECTIONS CHINOISES
A TOUTES LES EXPOSITIONS,

ETC., ETC., ETC.

MONSIEUR JULES VAN AALST,

MANDARIN DU TROISIÉME DEGRÉ

PORTANT LE DOUBLE DRAGON DU DEUXIÉME DEGRÉ,

DIRECTEUR DES DOUANES IMPÉRIALES,

COMMISSAIRE DÉLÉGUÉ DU GOUVERNEMENT IMPÉRIAL

A L'EXPOSITION DE LIÉGE,

ETC., ETC., ETC.

M. SHEN SOEU-LING,

SECRÉTAIRE DE LA LÉGATION IMPÉRIALE DE CHINE

A BRUXELLES

M. SHU KIA-SIAN,

SECRÉTAIRE-INTERPRÈTE DE LA LÉGATION IMPÉRIALE

DE CHINE A BRUXELLES

M. LIOU SY-TCHANG,

SECRÉTAIRE-INTERPRÉTE DE LA LÉGATION IMPÉRIALE

DE CHINE A BRUXELLES

M. D. PERCEBOIS,

FONCTIONNAIRE DU SERVICE DES DOUANES IMPÉRIALES,
SECRÉTAIRE DU COMMISSARIAT DU GOUVERNEMENT
IMPÉRIAL
A L'EXPOSITION DE LIÉGE.

Entrée   rinci   ale et Place des Porti

AMOY

Collection envoyée par
le Directeur des Douanes d'Amoy.

La ville d'Amoy (pr. *Amoï*) est située sur l'île du même nom, à l'embouchure du Loukiang ou Fleuve de l'Aigrette, par. environ 24 degrés de latitude et 118 degrés de longitude. L'île a environ 65 kilomètres de circonférence et renferme, outre la ville, un bon nombre de villages. La ville a une population d'environ 300,000 habitants. En face de la ville se trouve une jolie petite île de huit kilomètres de tour, où habite la colonie européenne et qu'on appelle Koulangsou. Ces deux îles sont situées dans une grande baie à proximité du continent, baie où peuvent ancrer à l'aise les plus grandes flottes du monde. Les îles et le continent sont très montagneux et d'un pittoresque remarquable. Deux cents ans avant que la Chine n'ait fait des traités avec l'Europe, Amoy était déjà visitée par les navires français et portugais. Le commerce du thé avec l'Amérique, comportant il y a vingt ans plus de six millions de kilogrammes par an, a été complètement ruiné par la concurrence de Ceylan. Le district d'Amoy fournit la majeure partie des émigrants vers Java, Singapore et les Philippines. Le district d'Amoy, qui comprend toute la partie sud de la province de Foukien, produit du sucre, du chanvre, du riz, de l'opium, du thé, du camphre, du tabac et des narcisses par millions. L'indigène est très entreprenant, très progressiste, et le commerce étranger est presque tout entier dans ses mains.

CLASSE 12.

Photographie.

2. Vue panoramique de la ville et du port d'Amoy.

CLASSE 2.

Enseignement secondaire.

1. Cinq vues de l'Institut Tong Wen, professeurs et élèves, à Amoy.

L'Institut « Tong Wen » fut fondé en 1898 par six négociants indigènes d'Amoy qui, sous la direction du consul des États-Unis, recueillirent parmi leurs riches compatriotes non seulement à Amoy, mais encore à Singapore et Manille, les sommes nécessaires à la construction, à l'aménagement et au maintien du collège. Cet Institut doit donc son existence entièrement à l'initiative privée et il est régi par un comité des notables chinois d'Amoy qui se sont adjoint le consul d'Amérique comme président et le Directeur des douanes comme vice-président. Ce comité gère les finances, choisit les professeurs et décerne les prix. L'Institut peut contenir 800 élèves. On y enseigne l'anglais, le chinois et toutes les branches de l'enseignement moyen.

CLASSE 95.

Joaillerie et bijouterie.

3. 40 noyaux d'olives sculptés, représentant des nacelles, des hommes, des chars, des animaux, etc. Ces objets servent à faire des broches, des bracelets, des breloques, etc. C'est une spécialité d'Amoy, mais il n'y a que quelques familles qui s'occupent de cette sorte de sculpture.

CLASSE 83.

Soies et tissus de soie.

4. Trois pièces de velours de soie, rouge, jaune et bleu, fabriqué à Changchow prés d'Amoy. Ces pièces servent à faire des dossiers de chaises ou des coussins.

CLASSE 84.

Dentelles, Broderies, etc.

5. Album d'échantillons de dentelle-torchon, en fil d'Irlande et en soie, fabriquée par la *Yohan Lace Factory*, à Amoy.

6. Album d'échantillons de dentelle-torchon fabriquée par la *Women Lace Guild*, à Amoy.

7 Groupe de jeunes dentelliéres, à Amoy. La fabrication de la dentelle à Amoy est d'importation étrangère. Une dame européenne s'amusa à enseigner l'art de faire de la dentelle à sa bonne chinoise; celle-ci instruisit d'autres Chinoises; et aujourd'hui, il y a à Amoy plusieurs centaines de pauvres filles qui trouvent dans cette industrie un gagne-pain honnête.

CLASSE 86.

Industries diverses du vêtement.

8. Collection de fleurs artificielles fabriquées à Amoy et dans les environs. Ces fleurs servent à orner les vases et les appartements. Les femmes chinoises aiment aussi beaucoup à se piquer des fleurs dans les cheveux.

CLASSE 33.

Matériel de la navigation de commerce.

9. Modéle d'une barque appelée « sampan » et servant dans le port d'Amoy pour le passage d'une île à une autre. Ces barques tiennent excessivement bien la mer et leur fond plat leur permet d'amarrer à tout endroit de la côte, de glisser sur les bancs de sable, et de balancer suivant les flots. Rarement elles chavirent.

CLASSE 91.

Tabacs.

10. Tabac préparé, valeur environ fr. 1.60 par kilo.
11.   Id.   Id.   fr. 1.60   Id.
12.   Id.   Id.   fr. 3.20   Id.
13. Tabac en feuilles, valeur environ fr. 0.80 par kilo.
14.   Id.   Id.   fr. 0.60   Id.
15.   Id.   Id.   fr. 0.60   Id.
16.   Id.   Id.   fr. 0.80   Id.

On cultive beaucoup le tabac dans la région d'Amoy. On le sème au commencement de l'hiver, qui est très doux, on le transplante au printemps, et on le récolte en été. Les feuilles sont séchées au soleil, puis on enlève les tiges. Pour chaque cent kilos de feuilles, on ajoute 24 kilos d'huile d'arachide et une certaine quantité d'eau. Ensuite, on presse les feuilles aussi fortement que possible, puis on les coupe pour constituer le tabac préparé. Ce tabac est exporté à Java, Singapore, et dans tous les pays où ont émigré les Chinois du Foukien. Les feuilles du tabac d'Amoy sont de bonne qualité et l'on pourrait les préparer pour le goût européen.

CLASSE 39.

Produits alimentaires d'origine végétale.

17. Thé Oulong, valeur environ fr. 4.60 le kil.
18.   Id.   Id.   fr. 3.35   Id.
19.   Id.   Id.   fr. 3.35   Id.

20. Thé Oulong, valeur environ fr. 3.35 le kil.
21. Id. id. fr. 2.85 id.
22. Id. id. fr. 2.50 id.
23. Id. id. fr 2.50 id.
24. Id. id. fr. 2.15 id.
25. Id. id. fr. 2.15 id.
26. Id. id. fr. 1.90 id.
27. Id. id. fr. 1.25 id.
28. Id. id. fr. 1.35 id.
29. Id. id. fr. 2.10 id.

Les thés Oulong et Congou comptent parmi les produits principaux du district d'Amoy, et il y a trente ans plus de six millions de kilos allaient en Amérique. La concurrence étrangère, bien plus que la soi-disant détérioration des produits chinois, a à peu près tué ce commerce, et aujourd'hui c'est à peine si 200,000 kilos de thé sont exportés par année, et, encore, c'est pour l'usage exclusif des Chinois émigrés à Java et dans les Détroits. La plupart des plantations de thé ont été abandonnées et les arbustes sont devenus des arbres qui produisent des semences desquelles on extrait une huile de grande valeur. Le fermier n'y perd rien.

CLASSE 9.

Sculpture et gravure.

30. Une figurine en bois sculpté et doré représentant *Kwan Ti*.
31. Une figurine en bois sculpté et doré représentant *Chow Tsang*.
32. Une figurine en bois sculpté et doré représentant *Kwan Ping*.
33. Une figurine en bois sculpté et doré représentant *Shansi Fou Tsze*.

Kwan Ti, c'est-à-dire l'empereur Kwan, est une des déités les plus populaires de la Chine; sa statue est honorée dans chaque maison et des temples lui sont érigés dans toutes les parties du pays. Il est connu aussi sous le nom de « Shansi Fou-tsze », le Sage de la province de Shansi, sa province natale. Kwan était un général fameux de la dynastie des Han, il y a 2000 ans. Il était un des « Trois Frères Unis » qui levèrent une armée et supprimèrent une rébellion. Son frère aîné devint empereur et Kwan le servit avec valeur et fidélité. Kwan Ping était son fils, et Chow Tsang son écuyer. Les trois moururent ensemble en combattant pour leur pays. Même après sa mort, Kwanti est supposé avoir exercé une puissante influence pour le bien de la nation et la protection du pays, et en reconnaissance de cette protection il fut canonisé et reçut le titre posthume d'empereur. Kwan est communément appelé « le dieu de la guerre ».

34. Une figurine en bois sculpté et doré représentant *Kwang Tsze Tsoun Wang*.

Kwang Tsze Tsoun Wang, le Roi Tsoun-le-Bon, était originairement un berger appelé Kwo dans la province de Foukien. On raconte que son maître ayant voulu se choisir un site pour y ériger sa tombe, requit un géomancien de lui trouver un endroit propice, et il lui donna à manger la chair d'une chèvre qui avait été tuée en tombant dans un égout. Kwo indigné de la conduite de son maître, informa le géomancien de la nature de sa nourriture et ce dernier abandonna ses recherches. Quelques années plus tard, Kwo lui-même désirant se préparer un tombeau dans un endroit favorable demanda au même géomancien de l'assister. Ce dernier, se rappelant les bons procédés de Kwo à son égard, lui offrit de lui procurer un site qui ferait de lui ou un marquis pour cent ans ou un saint pour l'éternité. Kwo choisit la dernière forme. S'étant rendu à l'endroit indiqué par le géomancien, il s'y assit et attendit sa transformation. Depuis sa mort, Kwang Tsze Tsoun Wang est supposé avoir donné de fréquentes manifestations de son anxiété pour le bien-être du peuple. Durant le règne de Kia Ching, au commencement du XIXe siècle, on dit qu'il a sauvé le Palais Impérial menacé par un incendie, et c'est alors qu'il fut canonisé « Respectable Roi de la Bonté ».

35.   Trois figurines en bois sculpté et doré représentant *Kwan Yin Fou Tsou.*

Ceux qui recherchent un soulagement à leurs peines et à leurs infortunes se tournent vers Kwan Yin, la déesse de la miséricorde. Son nom en ce monde était Miao Shan et elle était la fille d'un prince indien. On raconte qu'elle était une pieuse adepte de Boudha. Afin de convertir son père aveugle elle lui rendit visite sous un déguisement et l'informa que s'il avalait l'œil d'un de ses enfants, il pourrait recouvrer la vue. Mais aucun de ses enfants ne voulut consentir au sacrifice nécessaire, sur quoi la future déesse créa un œil que son père avala et il recouvra la vue. Elle lui persuada alors d'embrasser le boudhisme en lui montrant la folie et la vanité d'un monde où les enfants ne veulent même pas sacrifier un œil pour sauver un parent. La déesse Kwan Yin a des temples dans toutes les parties de l'empire et il n'est pas de maison qui n'ait sa statue.

38.   Une statuette en bois sculpté et doré représentant *Tien Shang Sheng Mou.*

39.   Une statuette en bois sculpté et doré représentant *Tchien Li Yen.*   ·

40.   Une statuette en bois sculpté et doré représentant *Shoun Fong Eur.*

Tien Shang Sheng Mou, la déesse de la mer, était la fille d'un pêcheur de la province de Foukien. Elle était très respectueuse envers ses parents et chaque jour suppliait le Ciel de les bénir. Un jour que ses parents étaient à la pêche elle tomba en extase et elle vit ses parents en danger d'être enlevés par les vagues. Elle courut au bord de la mer et, fixant de son regard la barque de ses parents, la fit revenir à la côte tandis que les autres barques se perdaient. Depuis sa canonisation, on dit qu'elle a guéri une impératrice d'une maladie qu'aucun médecin n'avait pu vaincre. Ses fidèles compagnons sont Tchien Li Yen, l'homme aux yeux qui voient à mille lieues, et Shoun Fong Eur, l'homme aux oreilles qui suivent le vent et entendent tout.

41. Une statuette en bois sculpté et doré représentant *Tsao Chun Kong*.

Tsao Chun Kong, communément nommé « le dieu de la cuisine », est l'ange tutélaire du foyer. Il prend note des vertus et des vices des membres de la famille et, à la fin de l'année, il va au Ciel faire son rapport. Il revient la nuit de la nouvelle année, et pour se le rendre propice on lui nettoie sa niche, on lui met du papier nouveau, on lui offre des mets succulents, on lui brûle de l'encens, et on lui fait des génuflexions. Il n'est pas de maison en Chine qui n'ait son Tsao Chun Kong.

42. Une statuette en bois sculpté et doré représentant *Fou Te Yéh*.

Fou Te Yéh, le seigneur de l'heureuse vertu, souvent appelé « l'Esprit de la Terre », contrôle le bonheur du monde. Aussi, il n'est pas de rue, pas de maison en Chine qui n'ait son autel ou sa statue.

43. Une statuette en bois sculpté et coloré représentant *Hsuan Tien Shang Ti*.

Hsuan Tien Shang Ti, le Souverain du Sombre Firmament, était un prêtre de la secte taoïste qui, après avoir pratiqué sa religion pendant quarante-deux ans dans la solitude d'une haute montagne, atteint à l'immortalité et monta au Ciel. Il a le pouvoir de soumettre les démons et d'écarter toute mauvaise influence.

44. Une statuette en bois sculpté et doré représentant *Chin Tien Hsuan*.

45. Une statuette en bois sculpté et doré représentant *Chin Tong Hsuan*.

46. Une statuette en bois sculpté et doré représentant *Chin Tchia Hsuan*.

CANTON

Collection envoyée par
le Directeur des Douanes de Canton.

La ville de Canton est située sur le Tchou Kiang, ou Fleuve des Perles, par environ 23 degrés de latitude et 113 degrés de longitude. On l'appelle quelquefois la Cité des Béliers et encore la Cité des Génies, noms dérivés d'anciennes légendes. Le mot Canton est une perversion du vrai nom : *Kwangtong*, qui est le nom de la province dont Canton est la capitale. C'est une des plus grandes villes de l'Empire et sa population dépasse deux millions et demi d'habitants. C'est aussi un des centres les plus industrieux et les plus commerçants de la Chine. Remarquablement située au confluent de nombreux cours d'eau et à quelques lieues de la mer, cette ville a toujours attiré le commerce et c'est à Canton que débarquèrent les premiers négociants européens qui visitèrent la Chine vers l'an 1500. La province de Canton est très fertile et très productive. On y trouve le thé, la soie, la ramie, le sucre, la cannelle, le palmier-éventail, l'indigo et des fruits qu'on expédie maintenant à l'étranger en conserves, notamment le gingembre. On y fabrique des meubles en bois noir sculpté, des objets en ivoire, en laque, en porcelaine, et l'on y fait d'admirables broderies.

CLASSE 7.

Peintures, dessins, etc.

1. Une aquarelle sur papier, représentant la Déesse de la Miséricorde, avec deux suivants. Sa fête tombe le 19ᵉ jour des 2ᵉ, 6ᵉ et 9ᵉ lunes. Ses temples sont nombreux et on l'implore pour en obtenir protection, richesse et postérité.

2. Une aquarelle sur papier, représentant la Déesse des Enfants ou de la maternité, avec deux suivants.

3. Une aquarelle représentant la Déesse du Ciel ou de la Mer, avec deux suivants. Protectrice des bateliers et navigateurs. Sa fête tombe le 23ᵉ jour de la 3ᵉ lune.

4. Une aquarelle sur papier, représentant le Dieu de la Guerre, avec deux suivants. Ses jours de fête sont le 13ᵉ jour de la 5ᵉ lune et 24ᵉ jour de la 6ᵉ lune. (V. *Amoy*, nº 30.)

5. Une aquarelle sur papier, représentant le Dieu du Feu, avec deux suivants. On le fête pendant la 8ᵉ lune, et pendant plusieurs soirées les rues sont ornées de lanternes.

6. Une aquarelle sur papier, représentant le Dieu de la Richesse, avec deux suivants. On le fête le 20ᵉ jour de la 7ᵉ lune.

7. Six albums de douze vues chacun contenant douze peintures sur papier de riz, représentant le costume national, des arts et métiers, des barques, des oiseaux, etc. Ce soi-disant papier de riz est en réalité fait avec la moelle d'un arbre.

CLASSE 9.

Sculpture, gravure, etc.

19. Trois urnes en marbre rouge, blanc et gris.

CLASSE 11.

Typographie, impressions diverses.

144. Spécimens de caractères chinois, blocs gravés,

brosses, table d'impression et outils divers employés dans l'imprimerie chinoise sur bloc.

L'art d'imprimer des livres au moyen de planches gravées date, en Chine, du VIII° siècle, et l'on continue à l'employer jusqu'à ce jour. Toutefois de nombreuses imprimeries se servant de caractères mobiles importés d'Europe se sont ouvertes depuis quelques années.

CLASSE 12.

Photographie.

145. Vue panoramique de Shamien, l'île artificielle créée vers 1859 dans le port de Canton pour la résidence des négociants étrangers, une partie formant la Concession française et l'autre partie la Concession anglaise.
146. Un album contenant trente-deux vues de la ville de Canton et des environs.

CLASSE 15.

Instruments de précision.

149. Abaque ou machine à calculer. Au moyen de cet appareil le Chinois fait aisément et promptement toutes sortes de calculs. Les cinq boules inférieures représentent les unités; les deux boules supérieures, cinq unités chacune. Lorsqu'on choisit une colonne de boules pour marquer les unités, la colonne suivante marque les dizaines, puis la suivante les centaines et ainsi de suite, comme dans le système décimal. Il y a plus de 5000 ans que les Chinois connaissent le système décimal.
152. Un compas de marin. Dans le compas chinois l'aiguille marque le Sud, et non le Nord comme en Europe. Plus de 1000 ans avant J.-C., les Chinois connaissaient déjà une boussole terrestre.
154. Deux cadrans solaires.
157. Dix paires de lunettes en cristal montées sur métal, ivoire, etc. On porte beaucoup de lunettes en Chine.

Quand un inférieur parle à un supérieur, la politesse exige qu'il ôte ses lunettes.

169. Huit mesures d'un pied chinois.

177. Un instrument pour mesures de longueur.

178. Quatre mesures à huile.

182. Quatre mesures à vin.

186. Trois mesures à riz.

189. Balance pour peser l'argent, avec poids.

190. Quatre barres à peser, avec poids.

194. Deux petites balances à mains pour peser l'argent.

Le dollar et les pièces monnayées commencent à se répandre en Chine, mais dans la plus grande partie du pays on continue à compter en lingots ou morceaux d'argent que l'on pèse au moyen de petites balances, système dont la précision laisse beaucoup à désirer.

CLASSE 17.

Instruments de musique.

196. Cinq flûtes.

202. Une trompette militaire, ancien régime. Aujourd'hui on emploie le clairon et le bugle.

203. Une conque ou écaille de mer conique, employée par les veilleurs de nuit.

204. Deux trompettes de cuivre.

206. Un luth.

208. Une guitare à quatre cordes.

209. Id. id.

210. Un violon.

212. Une mandoline.

216. Deux castagnettes.

219. Id.

220. Cinq tambours.

CLASSE 87.

Arts chimiques et pharmacie.

226. Divers produits minéraux, végétaux et animaux employés dans la pharmacopée chinoise.

CLASSE 88.

Fabrication du papier.

516. Un échantillon de papier doré, imitation.
517. Un échantillon de papier argenté, imitation.
518. Papier allume-pipes.
519. Echantillons de papier de riz. (Voir n° 7.) Ce papier est fait avec la moelle de l'arbre *Aralia papyrifera*. La moelle est trempée dans l'eau avant d'être découpée. Quand la moelle est bien détrempée l'ouvrier y applique son tranchet et découpe des tranches d'égale épaisseur. Les plus belles tranches ou feuilles sont employées pour aquarelles (voir Canton n° 7) et les petits morceaux servent à faire des fleurs artificielles.

CLASSE 29.

Modèles, etc., de travaux publics.

525. Modèle d'un bateau dragueur indigène. Les riverains et bateliers des cours d'eau chinois savent, au moyen d'engins simples, approfondir le chenal de leurs rivières, enlever des bancs de sable, ériger ou consolider des digues, lorsque le besoin s'en fait sentir, par simple association et cotisation et sans l'assistance des autorités.

CLASSE 92.

Papeterie.

526. Cinq encriers, cuivre et métal blanc.
531. Collection de plumes ou pinceaux, grands et petits.
532. Trois pierres à frotter l'encre.

Le Chinois écrit sur du papier buvard très fin au moyen d'un pinceau de poils de chameau et d'encre de Chine délayée dans l'eau et frottée sur une pierre.

CLASSE 93.

Coutellerie.

582. Collection de couteaux, tranchets, etc., employés dans les divers métiers ou usages familiers.

647. Neuf paires de baguettes à manger en bois, argent, écailles, etc.

Les Chinois n'emploient pas de cuillers ni de fourchettes, mais ils savent manier avec dextérité les petits bâtonnets ci-dessus.

674. Collection de ciseaux.

684. Rasoir en fer.

685. Objet à nettoyer les pipes.

CLASSE 95.

Joaillerie et bijouterie.

689. Un assortiment de 23 outils employés par les bijoutiers.

1561. Deux épingles à cheveux en argent incrustées de plumes de martin-pêcheur. Forme sauterelle.

1563. Une épingle à cheveux en argent incrustée de plumes de martin-pêcheur. Forme sapèque.

1569. Un ornement en argent pour cheveux, orné de plumes de martin-pêcheur. Forme dragon.

1572. Deux boucles d'oreilles en argent incrustées de plumes de martin-pêcheur. Modèle panier et papillon.

1573. Deux boucles d'oreilles en argent ornées de plumes de martin-pêcheur.

1574. Deux boucles d'oreilles en argent ornées de plumes de martin-pêcheur. Forme fleurs.

1575. Deux épingles de cravate en argent incrustées de plumes de martin-pêcheur. Forme locuste.

1578. Deux ornements en argent ornés de plumes de martin-pêcheur. Penditifs de montre, forme soulier.

1580. Deux ornements en argent ornés de plumes de martin-pêcheur. Penditifs de montre, forme chauve-souris.

1624. Sept ornements en argent pour la chevelure.

1632. Deux paires boucles d'oreilles en argent.

1636. Deux épingles à cheveux en argent.

1641. Deux assortiments de cure-dents en argent.

1643. Deux boucles d'oreilles en argent émaillé.

1644. Quatre bracelets en rotin et argent.

1697. Perles imitation.

1699. Deux boucles en ambre.

1701. 29 ornements en ambre.

1732. Deux anneaux en ambre.

1734. Trois assortiments de perles en verre.

1757. 14 ornements en cornaline pour chapeaux.

1759. Deux anneaux en cornaline.

1762. Deux paires boucles d'oreilles en cornaline.

1764. Un assortiment de boutons en cornaline.

CLASSE 96.

Horlogerie.

1804. Un assortiment de 52 outils d'horloger.

CLASSE 98.

Brosserie, maroquinerie, etc.

1805. Brosse en fibre de noix de coco, pour coller des affiches.

1806. Brosse en fibre de noix de coco, pour imprimeurs.

1807.   Id.   avec manche, pour affiches.

1808. Brosse en fibre de noix de coco, avec manche, pour affiches.

1809. Brosse en fibre de noix de coco, avec manche en bambou.

1810. Un lot de brosses en fibre de noix de coco, avec manche en bambou.

1811. Un lot de 7 brosses diverses, pour peindre.

1812. Brosse, soies noires, manche en bambou, pour recurer

1813. Brosse, soies noires, manche en bambou, pour habits.

1814. Id. Id. pour souliers.

1815. Brosse, soies blanches, manche en bambou, pour souliers.

1816. Brosse, soies noires, manche bambou, pour polir cuivre.

1817. Brosse, soies noires, manche bambou, pour brosser bonnets.

1818. Brosse, soies noires, manche bambou, pour peindre au patron.

1819. Brosse, soies noires, manche en corne, pour nettoyer des peignes.

1820. Trois brosses, soies noires, manche en corne, pour toilette.

1823. Une brosse, soies noires, manche en corne, pour les sourcils.

1824. Trois bourses en cuir.

1827. Deux sachets en cuir, pour clefs.

1829. Cinq blagues à tabac en cuir.

1834. Un sac à habits en cuir.

1835. Quatre portefolios en cuir.

1839. Une collection de peignes, bois et bambou.

1867. Cinq pipes à eau en métal blanc incrusté d'ivoire et d'or.

1873. Douze boîtes à opium en corne.

1885. Deux assiettes en écaille de tortue.

1888. Un manche d'éventail en écaille de tortue.

1891. Une monture de lunettes en écaille de tortue.

1892. Deux montures d'éventail en écaille de tortue.

1894. Un peigne à moustaches en écaille de tortue.

1895. Un protecteur pour ongles en écaille de tortue.

1897. Un gratte-langue en écaille de tortue.
1898. Quatre épingles à cheveux en écaille de tortue.
1902. Six tabatières à priser en verre peint.
1908. Deux tiges de pipe, en cornaline.
1910. Une tige de pipe, en ivoire.
1911. Deux tiges de pipe en os.
1913. Deux tiges de pipe en métal blanc.
1915. Quinze tiges de pipe en verre.
2429. Deux paniers à théière en rotin, avec théières peintes or.
2433. Panier à fruits en rotin.
2437. Panier à habits en rotin.
2439. Cage à blattes en bambou.
2440. Cage à sauterelles en bambou.
2441. Panier à argent en bambou.
2445. Panier à cricket en bambou.
2449. Filet pour attraper des crevettes, en bambou.
2450. Râpe à gingembre, en bambou.

CLASSE 99.

Objets de voyage, etc.

2452. Huit cadenas en cuivre.
2460. Trois cadenas en fer.

CLASSE 100.

Bimbeloterie.

2463. Deux masques, tête de lion.
2465. Six jouets, figures se redressant automatiquement
2471. Vingt jouets, acteurs.
2491. Deux jouets, grenouilles.
2493. Deux jouets, tête de lion.
2495. 18 jouets, raquettes.
2501. 10 jouets, volants.

CLASSE 66.

Décoration fixe des édifices et habitations.

2505. Un ornement en bois sculpté, habituellement placé au-dessus de l'entrée principale des temples.

CLASSE 99.

Objets de voyage, etc.

2506. Un coussin de chaise en cuir.
2507. Un coussin de chaise en rotin.
2508. Un coffret à toilette en bois noir incrusté de nacre.
2509. Une époussette en fibre de noix de coco.

CLASSE 97.

Bronze, ferronnerie, etc.

2817. Un assortiment de 33 outils pour graveur sur ivoire.
2818. Un assortiment de 19 outils pour travailler l'écaille de tortue.
2819. Un assortiment de 21 outils pour fabriquer des balances.
2820. Un assortiment de 20 outils pour fabriquer des instruments de musique.
2821. Un assortiment de 29 outils à l'usage des serruriers.
2822. Un assortiment de 30 outils pour la fabrication des fleurs.
2823. Un assortiment de 34 outils pour fabriquer des pipes à opium.
2824. Un lot de pincettes en fer.
2827. Une pincette en fer pour arracher les plumes de canard.
2828. Fil de fer pour couper le jade.
2829. Fil de fer préparé pour fleurs artificielles.
2830. Crampons.

2831. Bol en cuivre pour mettre la monnaie.
2832. Pompe en cuivre.
2833. Crachoirs en cuivre.
2834. Bassin en cuivre.
2835. Plat en cuivre.
2841. Deux plateaux à cartes de visite en cloisonné.
2858. Une hachette de pharmacien en fer.
2859. Crochets en cuivre pour moustiquaire.
» Un jeu de hachettes.
2860. Un couteau en fer.
2861. Un presse-tabac en fer.
2862. Feuille de cuivre, simple.
2863. Feuille de cuivre, bosselée.
2864. Feuille de cuivre, simple, rouge.
2865. Feuille de cuivre, vert, blanc et jaune.
2868. Feuille d'or, imitation.
2869. Feuille d'étain, blanc et jaune.

CLASSE 69.

Meubles.

2944. Cinq coussins en cuir laqué.
2949. Trois coussins en rotin.
2952. Cinq coussins en paille.

CLASSE 72.

Céramique.

3139. Figurine en faïence, représentant un ouvrier préparant le tabac.
3140. Figurine en faïence, représentant un musicien ambulant.
3141. Figurine en terre, représentant un marchand d'olives.
3170. Bracelets en verre.

CLASSE 97.

Bronze, ferronnerie, etc.

3174. Casserole en cuivre et fourneau.
3175. Cinq fourneaux en cuivre.
3176. Louches à soupe en fer.
3190. Fer employé par les tailleurs.

CLASSE 75.

Appareils d'éclairage non électrique.

3179. Deux lanternes en verre peint, montures en bois rouge sculpté, forme hexagonale.
3180. Deux lanternes en verre peint, montures en bois noir sculpté, forme carrée.
3181. Une lanterne en verre peint, monture en bois noir sculpté, forme de pêche.
3182. Deux lanternes en verre peint, montures en métal, forme hexagone.
3184. Deux lanternes en gaze de soie peinte, dessin fleurs et oiseaux.
3186. Lampe de table, en cuivre.
3187. Lampe à moustiques, en cuivre.
3188. Mèche à lampe.

CLASSE 80.

Fils et tissus de coton.

3191 à **3203.** Diverses pièces toile de coton tissée à la main avec fil d'origine étrangère. Longueur 25 yards par 17 pouces.
3204 à **3206.** Toile de coton tissée à la main avec du fil indigène. Longueur 10 à 11 mètres, largeur 12 à 13 pouces.
3207 à **3242.** Divers échantillons de toile de coton tissée à la main.
3243. Echantillons de cordonnet de couleurs variées.

CLASSE 81.

Fils et tissus de lin, chanvre, etc.

3244. Echantillons de Ramie, 1ʳᵉ, 2ᵉ et 3ᵉ qualité.
3247. Echantillons de fil de chanvre.

CLASSE 83.

Soies et tissus de soie.

3321. Trois écheveaux de soie organsinée,1ʳᵉ qualité.Valeur 35 fr. le kilo.
3322. Trois écheveaux de fil de soie, 2ᵉ qualité. Valeur environ 34 fr. le kilo.
3323. Trois écheveaux de fil de soie, 3ᵉ qualité. Valeur environ 33 fr. le kilo.
3324. Trois écheveaux de fil de soie, 4ᵉ qualité. Valeur environ 32 francs le kilo.
3325. Trois écheveaux de fil de soie, 5ᵉ qualité. Valeur environ 31 francs le kilo.
3364. 27 écheveaux de bourre de soie, couleurs diverses, employée pour broderies fines. Valeur environ 45 francs le kilo.
3365. 31 écheveaux fil de soie, couleurs diverses, employé pour broderie. Valeur environ 55 francs le kilo.
3366. 24 écheveaux fil de soie, couleurs diverses, employé pour glands et houppes et broderies grossières. Valeur environ 41 francs le kilo.
3367. Sept écheveaux fil de soie, couleurs diverses. Valeur 37 francs le kilo.
3368. Douze pièces de ruban de soie, interlacé de fil d'argent imitation. Quatre mètres chacune.
3380. Vingt pièces de ruban de soie, interlacé de fil d'or imitation. Longueur huit mètres chacune.
3400. Neuf pièces toile de soie, de diverses qualités, 19 mètres sur 16 pouces. Cette étoffe est faite des rebuts de soie filés en Europe et tissés en Chine.

3409. Neuf pièces mélange soie et coton, broché et de diverses couleurs. Fabriqué de soie indigène et de fil de coton étranger.

3493. Un lot de rubans de soie, quatre mètres par pièce.

Il y a tant de variétés de vers à soie en Chine qu'on ne peut ici décrire que les deux sortes principales : le Taysam et le Lounjout. Les œufs du Taysam éclosent une fois, quelquefois deux fois, par an. Le Lounjout peut éclore jusque sept fois et est principalement employé par les Chinois. L'éclosion a lieu pour la première fois en février et les cocons de cette production fournissent des œufs pour les récoltes suivantes. Cette récolte que les Chinois, dans leur langage imagé, appellent « la récolte du grand père », ne produit pas de soie. Les œufs sont immédiatement placés pour une nouvelle éclosion et la récolte ainsi obtenue s'appelle « Taysam », la récolte du père. Une partie des cocons obtenus est réservée pour la production d'œufs pour l'année suivante ; mais la plus grande partie des cocons est filée et la soie produite a un magnifique brillant et une qualité très fine, quoique un peu dure. Le cocon Taysam est plus grand et donne plus de soie que le Lounjout, et ressemble beaucoup à la variété annuelle du Japon. Malheureusement les œufs sont d'une nature très sensible. Le ver Lounjout produit très peu de soie. Une nouvelle éclosion des œufs donne naissance à « l'enfant », ou première récolte. Une partie des œufs est réservée pour les récoltes suivantes jusqu'à la septième, après quoi les œufs ne reproduisent plus. Sauf pour le « grand-père », le « père », et l' « enfant », qui éclosent naturellement, il est nécessaire de laver les œufs avec de l'eau tiède afin d'amener l'incubation, les œufs éclosant au bout de huit jours. Avant l'éclosion, des feuilles de mûrier sont placées sur les œufs afin que les jeunes vers trouvent immédiatement de la nourriture. Quand les feuilles sont couvertes de vers on les place sur des claies et l'on nourrit les vers deux ou trois fois par jour. Les vers mangent bien pendant une huitaine de jours, puis ils sont assaillis par une sorte de léthargie qui dure vingt-quatre heures pendant lesquelles ils restent immobiles la tête levée. Cette période s'appelle la mue et la température a une grande influence sur elle, le froid étant très pernicieux. Les vers ont quatre mues à intervalle de huit jours et chaque fois rejettent une peau. A la troisième, et surtout après la quatrième mue, les vers mangent avec voracité et font entendre un bruissement étrange. Les feuilles de mûrier doivent être bien sèches. Quant les vers sont sur le point de faire leurs cocons ils deviennent légers et transparents, et six jours après la dernière mue ils commencent à construire leurs cocons. On les met alors sur un support en bambou percé de trous. Ce système diffère beaucoup des branches de bruyère employées en Europe, et quoique cela demande un peu plus de peine, le système est néanmoins très pratique, car il empêche les « doubles », c'est-à-dire deux vers filant un seul cocon. Le ver travaille de 24 à 30 heures à son cocon, et trois jours après le papillon apparaît après avoir perforé la pointe du cocon. Le papillon pond ses œufs en un jour, après quoi on le rejette. Ces œufs sont lavés à l'eau tiède et éclosent huit jours plus tard, et le même procédé recommence. L'élevage des vers à soie continue pendant toute l'année et ceux qui s'en occupent ne font généralement pas autre chose. Dans les environs de Canton il y a un grand nombre de filatures employant des machines et les « Tsatlies » ou soies dévidées à la main ont presque entièrement disparu. Le produit des filatures s'est considérablement amélioré en qualité, et la soie appelée « pacotille », c'est-à-dire des petites quantités de soie de divers poids et sortes amalgamées en un seul lot, tend à disparaître. Le filé n'est peut-être pas encore parfait, mais le lustre est d'une beauté incomparable. On exporte de Canton environ 45,000 balles de soie, d'environ 50 kilos chacune, par année, et la consommation indigène demande probablement une quantité aussi grande, soit une production de quatre à cinq millions de kilos de soie par an pour le district de Canton seul.

CLASSE 84.

Dentelles, broderies, etc.

3539. Quatre sachets à clefs, soie brodée avec fil or et argent imitation.

3553. Un porte-montre, soie brodée avec fil or et argent imitation.

3556. Une bourse, soie brodée avec fil simili or et argent.

3560. Trois blagues à tabac, soie brodée avec fil simili or et argent.

3564. Deux boucles, soie brodée avec fil simili or et argent.

3567. Deux étuis à cigarettes, soie brodée avec simili or et argent.

3573. Trois étuis à cigares, soie brodée avec fil simili or et argent.

3579. Quatre étuis à lunettes, soie brodée avec fil simili or et argent.

3587. Deux étuis à éventails, soie brodée avec fil simili or et argent.

3594. Quatre pièces satin brodé, cadres en bois noir incrusté de nacre.

CLASSE 86.

Industries diverses du vêtement.

4506. Perles de verre, couleurs variées.

4526. Quatre bonnets en soie et satin, pour hommes.

4532. Cinq bonnets en soie et satin, brodé de fil simili or, pour enfants.

4540. Douze chapeaux en bambou, paille et rotin.

4554. Fleurs artificielles.

4556. Poudre de toilette parfumée.

4620. Quatre paires de bottes, satin, velours, cuir et toile.

4625. Quinze paires de souliers, satin, velours, cuir et toile.

4641. Quatre paires de sabots.

4645. Cinq paires de sandales.

4650. Cuir parchemin, 1ʳᵉ, 2ᵉ et 3ᵉ qualité.
4653. Echantillons de cuir de buffle, vache et chevreau.
4692. Cinq boutons de chapeau mandarin.
4702. Cinq boutons en fil de soie pour bonnets.
4707. Cinq boutons en crin de cheval pour bonnets.
4712. Cinq boutons en cordelière rouge pour bonnets.
4717. Douze boutons en verre pour chapeau mandarin.
4732. Trente assortiments de boutons en cuivre.
4733. Vingt-neuf assortiments de boutons en nacre
4734. Deux boucles en cuivre.
4747. Un dais en satin brodé, forme éventail.
4748. Dix éventails
4760. Douze éventails en soie brodée.
4772. Quatre éventails en soie brodée, manches en ivoire.
4776. Trois éventails en gaze brodée, manches en laque.
4779. Douze éventails en gaze brodée, manches en bois de santal.

CLASSE 97.

Bronze, ferronnerie, etc.

4924. Marteau en fer.
4925. Scies en fer.
4927. Un assortiment de 13 outils pour fabriquer des peignes.
4928. Un assortiment de 35 outils pour graveur.
4929. Un assortiment de 39 outils pour sculpteur sur bois
4930. Un assortiment de 5 outils pour briquetier.

CLASSE 33.

Matériel de la navigation de commerce.

4931. Modèle d'une jonque de Hongkong. Tonnage de 150 à 200 tonnes, portant de 400 à 500 tonnes de marchandises. Coût 7,500 francs.
4932. Modèle d'une jonque à une seule roue motrice placée à l'arrière et mise en mouvement au moyen des

pieds par six à douze hommes. Tonnage environ
70 tonnes. Sert pour le transport accéléré des passagers. Coût 2,000 francs.

4933. Modèle d'un sampan ou barque de Canton. Coût 300 fr.

4934. Barque pour le transit du poisson. Capacité environ
5 tonnes. Coût environ 500 francs. Ces barques sont
employées pour transporter le poisson des étangs de
culture au steamer allant chaque matin de Canton à
Hongkong. Elles sont divisées en sections afin de conserver le poisson vivant et frais pendant le transit, et
l'eau coule d'une section dans l'autre et se renouvelle
constamment. Il y a à Canton une quinzaine de ces
barques, montées chacune par huit ou dix hommes,
qui apportent environ 10,000 kilos de poisson par jour
qu'ils transfèrent dans des réceptacles spéciaux entre-
tenus à bord des navires de Hongkong. On estime que
la quantité de poisson vivant exportée à Hongkong
s'élève annuellement à plus de 2,500 tonnes d'une
valeur de 1,250,000 francs.

4935. Barque appelée « Yu Tang Chouk » ou bateau ven-
deur de soupe au poisson. Prix 125 francs. Ces bateaux
servent à la vente de soupe au riz assaisonnée de poisson et légumes. Il y a sur le fleuve à Canton une population de plus de 300,000 âmes qui naissent, vivent, et
meurent dans leurs barques. Les « Yu Tang Chouk »
servent à les ravitailler en partie.

4936. Bateau pour passage d'eau. Valeur 100 francs.

4937. Bateau en forme de pantoufle, appelé « Ma Ling
Tan ». Valeur environ 300 francs.

4938-43. Un lot de drapeaux chinois.

4944. Etendard du vice-roi de Canton.

4945. Etendard de l'intendant des Douanes.

4946. Etendard désignant l'arrière-garde d'une armée.

4947. Etendard du régiment Sinching.

4948. Etendard d'un commandant militaire ou naval.

4949. Etendard porté devant la chaise ou la voiture d'un
haut mandarin.

4950. Etendard porté dans la patrouille des rues à Canton.

4951. Etendard d'artillerie portant un caractère signifiant
« canon ».

4952. Etendard d'autorité, portant un caractère signifiant « mandataire » et autorisant le porteur à employer tous les moyens, même la force des armes, pour supprimer une émeute, etc.

4953. Etendard d'une canonnière.

4954. Drapeau porté par les jonques comme signe de protection contre l'influence des mauvais esprits. Au centre huit diagrammes dont les lignes représentent toute la philosophie chinoise.

4955. Drapeau employé dans les maisons comme signe de protection contre les mauvaises influences.

4956. Drapeau représentant une éclipse causée, d'après les idées chinoises, par un dragon cherchant à dévorer le soleil.

4957. Drapeau portant les sept étoiles de la Grande-Ourse.

4958. Drapeau portant l'image d'une chauve-souris, l'emblème du bonheur, aussi prononcé fou en chinois, pour la similitude des sons.

4959. Drapeau de la canonnière « Chento ».

4960. Drapeau de félicitation portant les caractères « que la joie vous accompagne ».

4961. Drapeau de temple boudhiste.

4962. Drapeau de jonque officielle.

4963. Drapeau de temple boudhiste portant les caractères « Reine du Ciel ».

4964. Drapeau portant des caractères exprimant un souhait pour la Fête de l'Automne.

4965. Drapeaux de mandarins depuis le quatrième rang.

4966. Drapeaux de mandarins de deuxième et troisième rangs.

4967. Drapeaux de mandarins du premier rang.

4968. Drapeau d'un général en chef portant les caractères « Commandant en chef ».

4969. Drapeau du général commandant les forces provinciales.

4970. Drapeau représentant les principes primordiaux, le yang et le yin, les huit diagrammes, entourés de quatre chauve-souris.

4971. Drapeau de félicitation présenté à un ouvrier habile.

4972. Modèle d'un bateau appelé « le bateau dragon ». Longueur 125 pieds, largeur 5 pieds et demi, profondeur 2 pieds et demi. Prix 1,250 francs. La fête du Dragon est célébrée le 5ᵉ jour de la 5ᵉ lune, en plein été. Ce jour-là les fleuves et les rivières présentent une animation extraordinaire. A Canton des bateaux-dragons portant plus de soixante rameurs font la course le long du fleuve, deux à deux, les hommes criant et se stimulant mutuellement comme s'ils couraient au secours de quelqu'un qui se noie. On dit que cette fête date de 500 ans avant notre ère. Elle fut instituée en mémoire d'un homme d'Etat qui ayant été faussement accusé s'était jeté à l'eau. Le peuple qui l'estimait fort pour ses nombreuses vertus envoya des barques à la recherche de son corps, mais en vain. La commémoration de cet événement est une des trois grandes fêtes de l'année chinoise.

4973. Modèle d'un bateau-fleurs. Tonnage variant de 50 à 150 tonnes. Le prix d'un bateau de tonnage moyen, avec meubles en bois noir, coussins en satin, ornements, etc., s'élève à environ 12,500 francs. Ces bateaux servent de restaurants flottants. Les riches les louent pour faire des parties de plaisir et donner à dîner à leurs amis en remontant ou descendant le fleuve pendant les chaudes soirées d'été.

CLASSE 122.

Génie maritime.

4974. Modèle d'une jonque de guerre. Tonnage environ 150 tonnes. Coût, y compris l'armement de fusils et canons ordinaires, environ 20,000 francs.

4975. Modèle de bateau garde-fleuve ou station de police. Tonnage environ 30 tonnes. Coût, y compris les fusils, environ 3,000 francs.

4976. Modèle de bateau-octroi, à l'usage des douanes intérieures. Tonnage huit à douze tonnes. Coût avec armes environ, 1,750 francs.

CLASSE 91.

Tabacs.

4977. Tabac préparé, brun 1re qual., fin, val. fr. 1.65 le kilo.
4978. Id. Id. Id. gros, Id. 1.65 Id.
4979. Id. Id. 2e Id. Id. 1.25 Id.
4980. Id. Id. 3e Id. Id. 1.05 Id.
4981. Id. jaune 1re Id. fin Id. 1.65 Id.
4982. Id. Id. 1re Id. gros, Id. 1.65 Id.
4983. Id. Id. 2e Id. Id. 1.05 Id.
4984. Id. Id. 3e Id. Id. 0.85 Id.
4985. Id. Id. 3e Id. gros, Id. 0.85 Id.
4986. Tabac en feuil. brun, 1re Id. Id. 1.45 Id.
4987. Id. Id. 2e Id. Id. 1.05 Id.
4988. Id. Id. 3e Id. Id. 0.85 Id.
4989. Id. jaune, 1re Id. Id. 1.05 Id.
4990 Id. Id. 2e Id. Id. 0.85 Id.
4991. Id. Id. 3e Id. Id. 0.65 Id.
4992. Cigarettes fabriquées avec du tabac chinois.
4993. Tabac à priser.

Le Chinois prise beaucoup, surtout le Chinois riche ; car le tabac à priser coûte excessivement cher et les bonnes qualités sont trés recherchées. Le tabac se porte dans de petites bouteilles dont les formes varient à l'infini et sont quelquefois admirablement sculptées.

La manière cantonnaise de préparer la feuille de tabac est trés simple et tout le travail se fait à la main. On connaît trois sortes de tabac préparé : le brun-foncé, le brun-jaunâtre et le jaune. Le premier est fait de feuilles trés brunes et grossiéres après avoir été séchées au soleil ; les deux autres sont faits avec des feuilles jaunâtres et d'une qualité plus fine. Les première et deuxiéme sortes sont préparées comme suit : la côte principale de la feuille est enlevée par des femmes et des enfants, et ce qui reste est placé dans un panier lequel une fois rempli est mis sur une plate-forme d'environ un métre carré. Le contenu est renversé et piétiné par quatre ou cinq hommes, pendant que deux autres arrosent le tabac, l'un avec de l'eau, et l'autre avec un mélange d'huile d'arachides et d'ocre rouge foncé. Ce mélange rend le tabac plus fort et sa couleur plus foncée. Pour chaque cent kilogrammes de feuilles séchées de tabac, il faut environ 20 kilos d'huile, 5 kilos d'eau et 3 kilos d'ocre. Quand les feuilles sont bien imprégnées, on les presse avec les pieds dans un moule, puis lorsque le tabac a pris la forme du moule, il est passé sous une presse et réduit en un gâteau très dur. Après vingt-quatre heures de repos, ce gâteau est haché en feuilles très fines, qui sont de nouveau liées et pressées ensemble, puis rabotées le plus finement possible au moyen d'un rabot ordinaire. Le tabac jaune se prépare de la même manière, mais sans ocre. On y ajoute parfois un peu de safran pour lui donner du brillant.

CLASSE 39.

Produits agricoles d'origine végétale.

4995. Echantillon de riz, blanc.
4996. Id. id. rouge.
4997. Id. d'orge perlé.
4998. Echantillon de gelée de fèves séchée.
5009. Id. d'huile d'arachides.
5012. Id. d'huile de l'arbre à thé.
5013. Id. d'huile de bois.
5014. Id. d'huile de graines de sésame.

CLASSE 56.

Produits farineux et leurs dérivés.

5015. Echantillons de farine de riz.
5024. Id. id. de fèves.
5025. Id. d'amidon.
5026. Id. de sagou.
5027. Id. de farine faite avec le fruit séché de *Trapa bicornis.*

5028. Farine faite avec la racine du lys d'eau ou *Nelum-bian Speciosum.*

5029. Farine faite avec la châtaigne d'eau ou *Eleocharus tuberosus.*

5030. Farine de pomme de terre douce.

5031. Vermicelle.

CLASSE 57.

Produits de la boulangerie et de la pâtisserie.

5032. Gâteaux de farine de sésame.

5033. Gâteau appelé Fei I Ko, employé pour la nourriture des enfants et fait de nids d'hirondelles et de farine de riz avec un peu de sucre.

CLASSE 58.

Conserves de viande, légumes, fruits, etc.

5061. Pulpe séchée du fruit loungngan ou œil de dragon, produit par l'arbre *Nephelium longana.*

5160. Fruit séché loungngan ou œil de dragon.

5161. Fruit séché de l'arbre appelé litchi, spécial à Canton.

5162. Noix de lotus (*Nelumbrum speciosum*).

CLASSE 59.

Sucres et produits de la confiserie.

5079. Pulpe d'arachides, conservée dans du sucre

5080. Pulpe de noix,   id.

5081. Pulpe de noix de coco,   id.

5083. Gingembre en tranches,   id.

5085. Pulpe du fruit Wongpi,   id.

5086. Gingembre, jeunes pousses, id.

5087. Petites oranges,   id.

5088. Ananas,   id.

5089. Amandes, conservées dans du sucre.
5090. Citrons,   id.
5092. Tomates.
5093. Racine de fleur de lys, en tranches.
5094. Fruit appelé à Canton « Kam Kwat », en tranches.
5095. Mélange de fruits et racines de bambous appelé « Chow Chow ».
5096. Gingembre, jeunes pousses.
5097. Melon d'eau.
5098. Gingembre rouge, dans du sirop.
5100. Vinaigre blanc.
5101. Vinaigre noir.
5102. Bourgeons de *Cassia lignea* ou canellier.
5103. Branches cassées de canellier.
5104. Branches cassées et écorce de canellier.
5105. Cassia lignea ou canelle.
5107. Epice appelée « Heoug Lintan ».
5108. Sauce appelée « Yao Nien ».
5120. Ail conservé.
5121. Variété d'ail appelé « Koutow ».
5123. Yao Nien salés.
5124. Gingembre salé.
5125. Olives salées.
5128. Melon salé.
5129. Féves salées.
5131. Sauce de graines de sésame.
5132. Sauce aux prunes.
5133. Sauce aux fruits appelés « Tchili ».
5134. Sauce mélangée de prunes et « tchilis ».

CLASSE 61.

Sirops et liqueurs, etc.

5135. Vin chinois appelé « Samchou ».
5138. Echantillons de Samchou rouge et blanc.
5140. Samchou au bouquet de prunes vertes.
5141.   Id.   id.   de citron.
5142.   Id.   id.   de poires.

5143. Samchou au bouquet d'oranges.
5144. Id. Id. de roses.
5145. Id. Id. de bananes.
5146. Id. Id. de coings.
5147. Id. Id. de « Ken Yin Fa ».
5148. Id. Id. de « Lan Fa ».
5149. Id. Id. de « Man Chi Kwo ».
5150. Id. Id. de « Kam Kwat ».

CLASSE 41.

Produits agricoles non alimentaires.

5151. Coton de l'arbre à coton, ou laine soyeuse du fruit du *Bombax malabaricum*.
5152. Ramie, produit de la plante *Bohmeria nivea*.
5154. Chanvre, employé dans la manufacture de cordes, ficelles et sacs.

CLASSE 48.

Graines, semences, etc.

5164. Semences de navets.
5165. Id. de choux.
5166. Id. de moutarde.
5167. Graines de céléri.
5169. Id. courges.
5170. Id. fèves.
5171. Id. patates douces.
5172. Id persil.
5173. Id. moutarde.
5174. Id. melon amer.
5175. Id. choux.
5176. Id. calebasse serpentine.
5178. Id. fèves longues.
5179. Id. laitues.
5180. Id. concombres.

5000. Graines pour oiseaux.
5002. Id. d'olives.
5003. Pulpe de noyaux d'olives.
5004. Graines de melon noir et rouge.
5006. Id. sésame blanches et noires.
5008. Pulpe de grains de melon.

CLASSE 49.

Matériel des industries forestières.

Les échantillons suivants représentent des bois produits dans la province de Canton. Les spécimens sont coupés en forme triangulaire, un côté montrant l'écorce, un côté sans écorce et le troisième côté poli.

5182. Bois dur, employé pour meubles.
5183. Bois dur, employé pour meubles et cercueils.
5184. Bois de l'arbre « litchi » (*Nephelium litci*), employé dans la construction des bateaux.
5185. Bois de litchi sauvage, employé dans la construction des bateaux.
5186. Bois de poirier, employé pour graver des cachets.
5187. Bois de loungngan ou arbre produisant le fruit appelé œil de dragon (*Nephelium longanum*), employé dans la construction de meubles et de jonques.
5188. Bois appelé par les menuisiers chinois « acajou chinois », employé pour meubles.
5189. Bois dur, employé pour faire des cierges en imitation pour les temples.
5190. Bois de camphrier (*Laurus camphora*), employé dans la construction de meubles et de bateaux, ce bois résistant aux attaques des fourmis blanches.
5192. Bois rouge, dont les Cantonnais fabriquent les meubles renommés dits « en bois noir ».
5193. Bois dur du *Ficus indica*, le banyan bâtard, employé pour faire des roues, des jouets et de petits articles.
5194. Bois dur, employé dans la fabrication des meubles.
5195. Bois dur, dont la sciure sert à fabriquer des bâtons d'encens.

5196. Bois dur, employé pour meubles.

5197. Bois dur pour fabriquer des fléaux.

5198. Bois de l'arbre à pamplemousse (*Citrus decamana*), employé pour faire des jattes à riz et autres articles ordinaires.

5199. Bois dur (*Canarium album*), employé pour meubles.

5200. Bois dur du citronnier.

5201. Bois dur de l'arbre *Arbus precatorius*, employé pour meubles.

5202. Bois dur de l'arbre à coton (*Bombax malabaricum*), employé pour enseignes, sabots, etc.

5203. Bois dur raboté en copeaux desquels on extrait un mucilage employé par les femmes pour lisser et coller leurs cheveux. Cet arbre n'a pas encore été identifié; on l'a classé tantôt dans les *Malvaceæ* et tantôt parmi les *Tiliaceæ*, mais la structure du bois étudiée au microscope ne permet de l'attribuer à aucun de ces deux ordres.

5204. Bois de buis, employé pour faire des peignes.

5205. Bois tendre, employé pour la fabrication des tasses à riz, chandeliers et cadres de lanternes

5206. Bois tendre de l'arbre *Elæcoccus oleifera* ou *Dryandra cardifolia*, employé pour la fabrication des planches de résonance des instruments de musique.

5207. Bois tendre du sapin chinois, employé pour la construction des maisons et des bateaux.

5208. Bois tendre de racine de cyprès, employé pour faire des bouchons et des bouées que les bateliers attachent ou dos de leurs petits enfants, afin qu'ils surnagent s'ils venaient à tomber inopinément à l'eau. Or, nous l'avons déjà dit, il y a plus de 300,000 hommes, femmes et enfants qui vivent entièrement sur l'eau dans le fleuve de Canton.

5209. Echantillon de camphre.

5210. Camphre raffiné.

5211. Camphre *Blumea* raffiné.

5212. Huile de camphre.

5213. Huile de camphre *Blumea*.

5214. Bouchons faits de racines de cyprès.

5215. Copeaux de rotin.
5216. Copeaux de bambou, employé pour calfater les jointures des bateaux.
5219. Sous-plats en rotin.
5222. Batteur d'habits en rotin.
5224. Trois plateaux en rotin.
5225. Un plateau pour travail de dames, en rotin.

CLASSE 54.

Instruments et produits des cueillettes.

5227. Champignons.
5228. Spécimen de *Ko Siou Mi*, un lichen alimentaire,
5229. Résine.

CLASSE 63.

Exploitation des mines et carrières.

5232. Assortiment d'outils de marbrier.
5245. Echantillon de charbon de la province de Kwangsi.

CLASSE 51.

Matériel de chasse.

5247. Un bouclier en rotin.

CLASSE 52.

Produits de la Chasse.

5250. Collection de peaux de l'oiseau martin-pêcheur.

CLASSE 53.

Engins et produits de la pêche.

5266. Ligne à pêcher faite de vers à soie.

CLASSE 7.

Peintures, cartons, dessins.

Spécimens d'écriture chinoise.

5269. Une paire de banderoles portant des caractères d'une forme (appelée Hsiao Tchwan) qui, aujourd'hui, n'est plus employée que pour l'impression des sceaux et cachets. Ces caractères furent inventés par Li Sze, un des ministres de Tchin Shih Hwangti, l'empereur qui régnait sur la Chine 225 ans avant notre ère, et ils continuèrent d'être employés jusque vers l'an 25. Il y a une autre forme de ces caractères encore plus ancienne que le Hsiao Tchwan, mais on ne la trouve plus que sur de vieux bronzes, des tambours de pierre, etc., et il n'est guère personne qui puisse se vanter de les comprendre bien.

5271. Une paire de banderoles en caractères carrés (appelés Li Chou). Ces caractères furent introduits sous la dynastie des Hans, vers l'an 25, pour remplacer les Hsiao Tchwan, et ils restèrent en usage jusque vers l'an 350. On ne les emploie plus guère que pour écrire sur les tombes, sur des éventails, des banderoles, etc.

5273. Une paire de banderoles en caractères du style clérical (Tchiéh Chou), le nom chinois provenant d'un arbre qui croît au tombeau de Confucius. Cette écriture fut inventée pour remplacer les caractères carrés, plus difficiles à écrire. L'inventeur fut Wang Hsi-chih, vers l'an 350. C'est le style qu'on emploie encore de nos jours pour les documents officiels, etc.

5275 Une paire de banderoles en caractères courants (appelés Tsao Chou) introduits sous la dynastie des Tchin, vers l'an 350. Cette écriture courante n'a jamais été admise dans les documents officiels ou cérémonieux, le caractère carré d'abord, mais plus tard le style clérical étant la forme adoptée. Mais, comme cette écriture est plus facile et plus rapide, elle est généralement employée dans le commerce et les relations particulières.

5277. Une paire de banderoles portant des caractéres de l'écriture courante (appelée Hsing Chou). Cette écriture prit naissance sous la dynastie des Tang (de 618 à 906 de notre ére) et étant plus facile et plus rapide que le style clérical, elle est généralement employée dans le commerce et les lettres particuliéres.

5279. Une paire de banderoles en caractéres mandchous, dont la signification est semblable à celle des autres banderoles ci-dessus.

CLASSE 92.

Papeterie.

5281. Carte de visite chinoise.

5281a. Carte de visite employée quand le titulaire est en deuil de pére ou de mére, deuil qui dure nominalement trois ans, mais en réalité 27 mois seulement.

5281b. Carte de visite employée aprés la période de 27 mois de deuil et à l'occasion d'un service religieux que le titulaire doit faire en mémoire de son parent décédé.

5281c. Carte de visite employée pendant le deuil d'une année, obligatoire aprés la mort du grand-pére, oncle, frére, etc.

5281d. Carte de visite, d'un caractére plus cérémonieux que la carte ordinaire. Le titulaire envoie cette carte lorsqu'il fait une premiére visite à un supérieur, à un ami, où à un parent qu'il n'a jamais vu ; et la personne à laquelle il fait visite doit lui rendre ou lui renvoyer cette carte en signe de respect.

5281e. Carte de visite employée par un fonctionnaire rendant visite à un supérieur pour se présenter. Cette carte différe des autres en ce que le rang et les titres du visiteur sont donnés aussi bien que son nom. ,

5281f. Carte d'invitation à un enterrement.

5282. Carte annonçant le jour choisi pour un enterrement.

5283. Carte annonçant la mort d'une personne.

5284. Carte d'invitation à un mariage.

5285. Carte de fiançailles, envoyée, accompagnée de

cadeaux, par le père ou le plus proche parent du fiancé au père de la fiancée après que le mariage a été décidé par les intermédiaires et en déans un mois avant la cérémonie. Cette lettre est une suite ininterrompue de compliments à l'adresse de la famille du fiancé. Une lettre semblable est envoyée en retour au père du fiancé, aussi accompagnée de cadeaux.

5286. Carte de fiançailles envoyée, en même temps que la précédente, par le père du fiancé au père de la fiancée. C'est une table généalogique des ancêtres de quatre générations, et donnant aussi le nom et l'âge du fiancé. Une lettre identique est envoyée en retour par la famille de la fiancée donnant les mêmes détails sur ses ancêtres.

5287. Carte de mariage, contenant des compliments à l'adresse de la fiancée et envoyée en même temps que la chaise à porteurs qui va chercher la fiancée pour l'amener à sa nouvelle famille.

5288. Modèle d'une lettre ordinaire à un ami.

5289. Lettre oficielle, employée par un subordonné écrivant à son supérieur.

5290. Lettre officielle envoyée par un fonctionnaire à un collègue de même rang.

5291. Lettre officielle envoyée par un fonctionnaire à son subordonné. Ces trois sortes de lettres officielles diffèrent plus par le style que par la forme.

5292. Livre contenant l'impression des sceaux des hauts fonctionnaires de la province de Canton.

CLASSE 98.

Brosserie, maroquinerie, etc.

5293. Plateau en bois noir, incrusté de nacre.

5294. Plateau en bois noir.

5295. Supports en bois noir pour bois.

5296. Lampe en étain.

5297. Protecteur en cuivre.

5298. Boîte en étain.

5299. Gratteurs.
5300. Piques.
5301. Pot à eau en verre.
5302. Lions en verre rouge pour piques.
5304. Support en jade et cuivre.
5305. Louches.
5307. Boîte en corne.
5308. Nettoie-pipe.
5309. Ciseaux en fer.
5310. Pipe en écaille.
5311 Pipes diverses.

CLASSE 7.

Peintures, dessins, etc.

5324. Figure grandeur naturelle montrant le costume d'homme.
5325 Figure grandeur naturelle montrant un costume de dame.
5326. Instrument en bois appelé « Mou Yu » (poisson de bois), servant aux prêtres boudhistes à marquer le temps dans leurs prières.
5327. Cinq assortiments de 24 figurines en faïence représentant des scènes théâtrales diverses.
5332. Assortiment de 8 figurines en faïence représentant une procession de nouvel an.
5341. Fac-similé d'un four à crémation établi dans le monastère de Honam à Canton. D'après les coutumes anciennes les prêtres boudhistes considèrent que la crémation est le moyen le plus correct de disposer des corps des prêtres décédés ; mais dans le monde laïque la crémation n'est jamais employée

CLASSE 70.

Tapis et autres tissus d'ameublement.

Canton est le centre du commerce de ces jolies nattes qu'on emploie au lieu de tapis pendant la saison chaude. Ce commerce croît annuellement et l'on exporte aujourd'hui plus de 500,080 balles de nattes contenant 40 mètres chacune. Les villes de Lintan et Tongkoun sont les principaux centres de fabrication, la première ville produisant les qualités les plus fines, et la seconde les tissus de moindre valeur. Les qualités moyennes sont fabriquées à Canton et dans les environs, ainsi que les carpettes et les petits tapis. Tongkoun est situé sur la rivière de l'Est à une demi-journée de voyage de Canton. Lintan est sur la rivière de l'Ouest à deux jours de Canton. Tous les tissus sont faits à la main, deux hommes ou femmes à chaque métier. A Tongkoun les marchands de nattes distribuent les modèles et une certaine quantité de paille aux ouvriers qui emportent la matière chez eux où leurs métiers sont installés. A Lintan les négociants importants, comme aussi à Canton, ont leurs fabriques chez eux. Les métiers pour le tissage des nattes sont formés d'un cadre vertical avec un cylindre en haut et l'autre en bas sur lesquels s'enroulent les chaînes de chanvre après avoir passé à travers une barre de bois percée de trous. Un ouvrier est assis au métier pour faire mouvoir la barre de bois ; un autre est à côté pour insérer les fétus de paille colorés d'après le dessin imposé. Dès que le fétu de paille est mis en place, l'ouvrier assis plie les bouts pour former la bordure, puis il laisse tomber brusquement la traverse de bois qui va presser le fétu contre les autres. La paille est teinte avant de s'en servir. On exporte quatre sortes de nattes : la blanche ou couleur naturelle, celle à fleurs, celle à carreaux et la damassée. La longueur de chaque rouleau est de 36 à 50 mètres et la largeur environ 90 centimètres. L'herbe employée pour faire des nattes est appelée *Arundo mitis*. On la cultive dans les terrains bas des districts de Tongkoun. On connaît cinq sortes de chaînes : Lintan, Ningpo, Ningpo étroit, Kakchai et mélangé. Les qualités et degrés sont indiqués par le poids, le degré le plus bas ne pesant que 20 kilos, tandis que les qualités supérieures pèsent jusqu'à 60 kilos au rouleau. Les meilleures qualités viennent de Lintan et deux hommes ne peuvent tisser sur un métier que trois ou quatre rouleaux par mois ; tandis qu'à Tongkoun ils font neuf ou dix rouleaux et à Canton cinq ou six pendant le même laps de temps. La paille est récoltée deux fois par an pour les qualités moyennes et ordinaires, mais pour les bonnes qualités une fois seulement. La paille est de forme triangulaire et est coupée en deux verticalement au moyen d'un couteau spécial. Elle arrive à Canton coupée et séchée prête pour le triage Le triage est fait par des femmes et des enfants, et les fétus sont placés d'après leur longueur après avoir été amputés des parties inutilisables, c'est-à-dire environ 20 p. c. de leur longueur. Pour la teinture, les fétus sont d'abord mis dans un bain de couleur pendant trois jours, puis séchés à l'air, puis remis dans le bain pour une autre période de trois jours, puis de nouveau séchés, et encore une fois remis dans le bain pour neuf jours. Après cela la paille est séchée et est prête pour le tissage. On emploie les couleurs d'aniline pour les qualités inférieures, et du bois de sapin importé pour les qualités supérieures. Le chanvre des chaînes vient de Tongkoun ; on en emploie environ 5 kilos par rouleau. Le tissu est fait par morceaux de deux mètres, c'est-à-dire qu'on joint ensemble vingt de ces morceaux pour obtenir une pièce de 40 mètres de long ; mais on tisse aussi les rouleaux d'une seule pièce. Le tissu peut encore être resserré à la main, après tissage, ce qui en augmente la qualité et aussi la valeur. On fabrique aussi une sorte de natte avec des fétus qui ont d'abord été tordus avant le tissage, ce qui augmente la beauté du tissu employé comme tapis. Enfin, au besoin, on pourrait varier les largeurs et les dessins suivant le désir des acheteurs.

CHEFOO

Collection envoyée par
le Directeur des douanes de Chefoo.

La ville de Chefoo (pr. *Tchifou*), est située dans la province de Shantoung, sur le golfe du Pétchili par environ
37 degrés de latitude et 121 de longitude. C'est le nom donné
par les étrangers à l'endroit désigné par les traités comme
port de commerce, mais les Chinois l'appellent *Yentaï*. Ce
port fut ouvert au commerce étranger en 1863. Le nombre
d'étrangers inscrits dans les consulats dépasse 400, mais la
moitié sont des missionnaires vivant dans l'intérieur de la
province. Les étrangers n'ont pas de concession, mais le
quartier où ils habitent est régi par eux-mêmes et est très
bien tenu. Le climat est excellent : c'est l'Ostende de la
Chine. Chefoo est sur le chemin des steamers de Shanghaï
à Tientsin. Port Arthur et Newchwang. Son commerce
consiste principalement en tourteaux de fèves et en fèves
expédiés dans les ports du Sud pour fumer les champs de
canne à sucre. On y fabrique la soie tussor. Le pongee du
Shantoung, la tresse de paille, du vermicelle, etc. Les missionnaires ont appris aux petites Chinoises à faire de la
dentelle en fil de soie qui est très jolie et se vend déjà
couramment. Chefoo produit aussi de bons fruits et surtout
d'excellent raisin, et une Compagnie chinoise vient de
s'établir pour la fabrication du vin.

CLASSE 66.

Décoration fixe des habitations.

1. Pièce supérieure d'une tombe en marbre blanc.

CLASSE 63.

Exploitation des mines et carrières.

2. Echantillon de soude.
3. Id. d'alun blanc.
4. Id. d'alun vert.
5. Id. d'alun opaque.

CLASSE 77.

Matériel de la fabrication des tissus.

6. Modèle d'un rouet à bobiner le coton.

CLASSE 83.

Soies et tissus de soie.

7. Neuf pièces de Pongee en soie du Shantoung ou tussor, de qualités diverses. Cette soie est faite de l'*Attacus Pernyi*, cocons tissés par des vers nourris sur des chênes. Cette espèce de ver à soie ne se trouve que dans les provinces de Shantoung, Yunnan et en Mandchourie. Ce tissus est remarquablement solide et bon marché et il convient spécialement pour costumes d'été. On ne peut le teindre autrement qu'en noir ou gris. L'exportation s'élève annuellement à plus de un million et demi de kilogrammes. Le tissus est fait en pièces de vingt mètres, de poids et largeurs variables.

CLASSE 12.

Photographie.

30. Album de vues de Chefoo.
31. Vues panoramiques de Chefoo.

CLASSE 42.

Insectes utiles et leurs produits.

32. Cocons blancs filés par des vers nourris de feuilles de mûrier.
33. Cocons jaunes filés par des vers nourris de feuilles de mûrier.
34. Cocons Tussah filés par des vers nourris de feuilles de chêne : automne.
35. Cocons Tussah filés par des vers nourris de feuilles de chêne : automne.
36. Cocons Tussah filés par des vers nourris de feuilles de chêne : printemps.

CLASSE 83.

Soies et tissus de soie.

37. Soie grège blanche, dévidée à la machine à vapeur.
38. Id. jaune Id. Id.
39. Id. Tussah. Id. Id.
40. Id. Id Id. à la main.
41. Déchets de soie.

La soie grège blanche doit sa couleur au ver à soie lui-même, pas à la qualité ou à la nature de sa nourriture. La production de cette soie dans le Shantoung est très minime, l'exportation annuelle ne dépassant pas 9,000 kilogrammes. La soie grège jaune est fabriquée avec les cocons du ver nourri de feuilles de mûrier. La production totale du

Shantoung est évaluée à 300,000 kilogrammes, dont la moitié est exportée. La soie grége Tussah (que nous appelons Tussor), dévidée à la main ou à la machine, forme l'industrie la plus importante de la province. Le ver se nourrit de feuilles d'une espèce de chêne nain et produit le cocon dont cette soie est extraite. La production offre aux villageois un travail et un gagne-pain assuré, et elle croit d'année en année et les versants des collines se couvrent de plantations de chênes. A Chefoo on achéte aisément pour cinq ou six francs une piéce de tussor, de qualité inférieure il est vrai, mesurant une vingtaine de métres.

CLASSE 86.

Industries diverses du vêtement.

42.	Souliers pour femmes.
49.	Id. pour hommes.
62.	Id. id.
67.	Un lot de bonnets divers.

CLASSE 33.

Matériel de la navigation de commerce.

70. Modéle d'un « sampan » ou barque : Dimensions 17 pieds, par 6 pieds 4 pouces et 2 pieds de profondeur; équipage 2 hommes. Coût 175 francs.

71. Modéle de jonque « Tinyou » : Long 77 pieds; large 20 pieds; profoudeur 6 pieds; tirant 5 pieds; capacité 108 tonnes; équipage 16 hommes; 3 voiles. Coût 21,500 fr.

72. Modéle de jonque « Kwalow » : Long 76 pieds; large 12 pieds; profondeur 6 pieds; capacité 73 tonnes; tirant 5 pieds; équipage 13 hommes; 3 voiles. Coût 20,000 fr.

73. Modéle de jonque « Kaotow » : Long 44 pieds; large 15 pieds; profondeur 4 pieds; capacité 18 tonnes; tirant 3 pieds; équipage 9 hommes; 3 voiles. Coût 5,000 fr.

74. Modéle d'un radeau de pêcheur.

CLASSE 35.

Matériel des exploitations rurales.

75. Modèle de herse.
76. Id. charrue.
77. Id. pioche.
78. Id. houe.
79. Id. machine à sarcler.

CLASSE 91.

Tabacs.

80. Spécimens de feuilles de tabac.

CLASSE 56.

Produits farineux et leurs dérivés.

83. Echantillons de vermicelle.

CLASSE 59.

Sucres, condiments et stimulants.

84. Vinaigre.
85. Sauce chinoise appelée « Soy » qui sert beaucoup à fabriquer les fameuses sauces anglaises.

CLASSE 61.

Sirops et liqueurs, spiritueux, etc.

87. Vin chinois appelé « Samchou », obtenu par la fermentation du riz et assaisonné au moyen de diverses essences.

CLASSE 48.

Graines, semences, etc., de l'horticulture.

89. 22 variétés de graines de légumes divers.

CLASSE 63.

Exploitation des mines et carrières.

111. Marbre blanc du Shantoung.
112. Granit du Shantoung.

CLASSE 98.

Brosserie, maroquinerie, tabletterie, etc.

(Exposé par la Mission Industrielle de Chefoo).

174. Brosses à cheveux.
175. Brosses à habits.
176. Brosses à souliers.
177. Deux paniers à papier.
179. Deux paniers à tricoter.
182. Deux paniers à fleurs.
184. Deux paniers à ouvrage.
186. Six paniers-pochettes pour murs.
192. Deux paniers à éponges.
195. Douze ronds de serviette faits en tresse de paille.
196. Deux couvre-théières faits en tresse de paille.

CLASSE 84.

Dentelles, broderies, etc.

(Exposé par la Mission Industrielle de Chefoo)

34 pièces de dentelle de soie, coton, collerettes, tapis de table, etc.

CLASSE 98.

Brosserie, maroquinerie, tabletterie, etc.

(Exposé par Messieurs Carlowitz et Cie de Chefoo)

199. Echantillons de tresses de paille.

Ces tresses de paille sont faites des tiges de blé. Il n'y a pas de fabriques : le travail est fait dans les maisons d'après des échantillons fournis aux indigènes par les négociants étrangers. La tresse est exportée dans des balles recouvertes de nattes, sauf les qualités supérieures qui sont parfois mises dans des caisses. Une balle se compose de 240 rouleaux, la longueur de chaque rouleau variant de 120 mètres pour les tresses dites « mottled » à 30 mètres pour les tresses de fantaisie. L'exportation annuelle s'élève à environ deux millions de kilogrammes.

4

CHINKIANG

Collection envoyée par
le Directeur des Douanes de Chinkiang.

La ville de Chinkiang (pr. *Tchinnekiang*) est située sur le Yangtsze ou Fleuve Bleu, à environ 150 milles de son embouchure et à l'intersection du Grand Canal qui va de Hangchow à Pékin. Son nom signifie « Gardien du Fleuve ». Peu éloigné de Shanghaï et formant partie de la même province, ses produits sont à peu près les mêmes. La population est très active sous tous les rapports.

CLASSE 98.

Brosserie, maroquinerie, tabletterie, etc.

Objets de laque fabriqués dans la ville de Yangchow, en face de Chinkiang, de l'autre côté du Fleuve Bleu : laque noir incrusté de nacre :

1. Une paire de plaquettes.
9. Une plaquette.
11. Un plateau oblong.
14. Onze plateaux, forme ovale.
15. Deux encriers oblongs.
29. Deux paires de vases à fleurs.
41. Deux boîtes à cigares.

43. Une boîte à gants.
44. Quatre ronds de serviette, forme hexagonale.
49. Id. forme ronde.
52. Six boîtes à cols.

Objets en laque de Yangchow : jaune et or.

61. Un plateau à thé.
63. Un vase à fleurs.
65. Deux cadres pour photographies.
67. Une boîte à cigares.
71. Douze ronds de serviette, forme ronde.

Objets en laque de Yangchow : rouge et or.

83. Trois plaquettes.
87. Quatre plateaux à thé.
94. Un vase à fleurs.
96. Une boîte à bonbons.
98. Une boîte à cols.
100. Une boîte à gants.
102. Une boîte à cigares.
104. Trois cadres.
108. Douze ronds de serviette.
120. Douze boîtes à bijoux.

Le genre de laque représenté par les objets décrits ci-dessus ne se fabrique que dans la ville de Yangchow, une grande préfecture située sur le Grand Canal à 20 milles de Chinkiang. La production en est restreinte et ce laque n'est guère connu que dans le voisinage immédiat de Yangchow et de Chinkiang. Sa fabrication, faite entièrement à la main, est à peu près comme suit : Un modèle ou cadre de l'article à fabriquer est fait de bon bois de cyprès (*Cupres sus funebris*), un arbre qui croît en abondance dans le voisinage, et ce cadre est d'abord couvert d'une épaisse couche de colle. Sur la surface recouverte de colle on étend un morceau de toile de chanvre fine sur laquelle, quand elle est bien imprégnée, on répand de la poudre de tuile écrasée jusqu'à ce que la colle soit absorbée. Quand la surface est séchée on la gratte jusqu'à ce que toute inégalité ait disparu, puis on y applique avec de la colle une couche de fibres de chanvre très fins. Une seconde couche de poussière de tuile, plus fine que la première, est répandue sur les fibres collés, et quand la surface est bien sèche on la frotte avec un outil en corne jusqu'à ce qu'elle soit bien unie. On colle ensuite sur cette surface une feuille très mince de papier préparé de fibres de bambou et sur cette feuille on applique une couche épaisse d'un mélange de poudre de tuile très fine et de sang de porc, et dans cette couche on insère les morceaux de nacre, puis on ajoute une deuxième couche du mélange et on laisse sécher complétement. On frotte ensuite avec une tuile spécialement préparée jusqu'à ce que la surface laisse réapparaître les morceaux de nacre, qui sont laissés à fleur de la surface ou gravés ou peints, selon le dessin. On ajoute ensuite une couche de vernis. Le temps requis pour la complétion d'un objet varie naturellement d'après le degré de finesse demandé, la moyenne étant de trente à quarante jours. La préparation des variétés jaune et or et rouge et or, est à peu près comme celle de la variété noire, mais on n'y incruste pas de nacre.

CLASSE 83.

Soies et tissus de soie.

Echantillons de soieries faites à Chinkiang, chaque pièce a environ 6 mètres de long sur 78 centimètres de large :

132.	Soie brochée, couleur orange.		
133.	Id.	id.	ardoise.
134.	Id.	id.	magenta.
135.	Id.	id.	brune.
136.	Id.	id.	vert d'eau.
137.	Id.	id.	grenat.
138.	Id.	id.	vermillon.
141.	Id.	id.	rose.
142.	Id.	id.	vert thé.
143.	Id.	id.	jaune.

144. Soie brochée, couleur violet foncé.
145. Id. Id. vert.
146. Id. Id. rouge
147. Id. Id. jaune pâle.
148. Id. Id. vert thé pâle.
149. Id. Id. rose pâle.
151. Id. Id. couleur noire.
152. Id. Id. turquoise.
153. Id. Id. bleu saphir.
154. Id. Id. vln.
157. Id. Id. gris foncé.
158. Id. Id. vert et bleue.
159. Id. Id. bleue et rouge.
160. Id. Id. pourpre et violette.
161. Id. Id. verte et rouge.
162. Id. Id. verte et bleue.
163. Id. Id. pourpre et verte.
164. Id. Id. saumon.
165. Id. Id. rouge.
166. Id. Id. verte.
167. Id. Id. turquoise.
168. Id Id. rouge aniline.
169. Id. Id. bleu cendré.
171. Id. Id. héliotrope.

CLASSE 33.

Matériel de la navigation de commerce.

172. Modèle de jonque mandarine, employée par les fonctionnaires de haut rang lorsqu'ils voyagent sur les cours d'eaux de l'intérieur de la Chine. Ces jonques sont tirées au moyen de cordes ou poussées au moyen de perches. Le rang et le nom du fonctionnaire sont annoncés au moyen d'un drapeau hissé au mat. Les caractéres à l'arrière du bateau signifient *Bon vent et bonne chance.* Dimensions ordinaires : long. 85 pieds ; larg., 14 pieds ; tirant, 6 pieds. Coût, 18,750 francs.

173. Modèle d'une jonque à sel. La vente du sel étant le monopole du Gouvernement, les plus grandes précautions sont prises pour en empêcher la contrebande et assurer le contrôle le plus strict. Le sel destiné au bassin du Fleuve bleu est emmagasiné le long de la mer près de Shanghai, c'est là que les jonques à sel, autorisées à faire ce trafic, vont le chercher. Dimensions ordinaires : long., 95 pieds ; larg., 15 pieds, tirant, 8 pieds ; capacité, 210 tonnes. Coût 30,000 fr.

174. Modèle d'une jonque à céréales. Ces jonques servent à transporter le riz envoyé comme tribut par les provinces à la capitale, Pékin. La route habituelle prise par ces jonques c'est le Grand Canal qui part de la baie de Hangchow, dans la province de Chekiang, traverse le Yangtsze ou Fleuve Bleu à Chinkiang, et de là s'en va vers Tientsin et Pékin. L'inscription sur le drapeau jaune signifie *Le juste tribut dû aux Greniers Célestes.* Dimensions ordinaires : long., 73 pieds ; larg., 12 pieds; tirant, 5 pieds ; capacité, 110 tonnes, Coût, 11,750 fr.

175. Modèle d'une jonque à passagers. Ces bateaux appartiennent à des particuliers qui les louent aux personnes qui désirent voyager dans l'intérieur du pays. Ce modèle représente une jonque à passagers louée par un nombre d'étudiants pour les transporter à Nankin où ils vont passer leurs examens, comme l'indique le drapeau flottant au mât. Dimensions ordinaires : long., 75 pieds; largeur, 12 pieds ; tirant, 5 pieds. Coût, 12,000 francs.

CHUNGKING

Collection envoyée par
le Directeur des douanes de Chungking.

La ville de Chungking (pr. *Tchoungking*) est située par environ 29 degrés de latitude et 107 degrés de longitude. C'est la grande ville commerciale de la province de Szechwan et de tout l'ouest de la Chine. La ville est située au confluent de la rivière Kialing et du Yangtsze ou Fleuve Bleu. Le climat est fatigant : chaud et humide en été, froid et humide en hiver avec de fréquents brouillards. La différence de niveau dans le fleuve, entre l'hiver et l'été, atteint parfois 30 et même 32 mètres. Ce port fut ouvert au commerce étranger en 1891. Les steamers y arrivent difficilement, à cause des nombreux rapides qui entravent le Yangtsze sous Chungking. On exporte de la soie, de la cire, des peaux, des plumes, du musk. La province de Szechwan est très riche en minéraux.

CLASSE 12.

Photographie.

1. 35 photographies représentant des vues du Haut Yangtsze et des environs de la ville de Chungking (*exposées par M. le lieutenant Léon Collos, de la Marine Française*).

CLASSE 14.

Cartes et appareils
de géographie, cosmographie, etc.

3. Mappe chinoise de la province de Szechwan.
4 Id. de la ville de Chengtou (capitale de la province).
5. Mappe chinoise de la ville de Chungking.

CLASSE 7.

Peintures, dessins, etc.

6. 4 aquarelles sur banderoles peintes à Chengtou.

CLASSE 9.

Sculpture et gravure.

12. Sept figurines en bois sculpté.
14. Une paire d'anneaux de pouce en bois sculpté.

CLASSE 15.

Instruments de précision, monnaies, médailles.

Collection de pièces de monnaie fabriquées par la Monnaie Provinciale de Chengtou, comprenant :

Piéces en argent : 5, 10, 20 et 30 cents, et un dollar.
Piéces en cuivre : 1/2, 1 et 2 cents.
Roubles en argent : cette pièce est faite spécialement pour le marché de Tachienlou et a cours le long de la frontière thibétaine au sud de cette ville. La roupie chinoise est une imitation de la roupie des Indes anglaises et a le même poids d'argent, mais pour une raison quelconque la pièce chinoise est dépréciée de 21 p. c.

CLASSE 87.

Arts chimiques et pharmacie.

151.	Spécimens	de savon de toilette.
244.	Id.	de suif (*exposé par MM. Little et C*^{ie}).
284.	Id.	de soufre.
285.	Id.	de soude.
160.	Id.	d'encens thibétain.
275.	Id.	de colle de cerf
276.	Id.	de colle de tortue.
277.	Id.	de colle de bœuf.
291.	Id.	de vernis.
229.	Id.	d'indigo.
231.	Id.	de yanglan.
210.	Id.	d'opium brut du Szechwan.
211.	Id.	d'opium préparé du Szechwan.
212.	Id.	d'opium brut du Yunnan.
213.	Id	d'opium préparé du Yunnan.

CLASSE 93.

Coutellerie.

154. Spécimens de couteaux du Szechwan.

CLASSE 95.

Joaillerie et bijouterie.

140. Un assortiment de bijouterie de femme du Szechwan, comprenant : deux bracelets, deux anneaux, huit boucles d'oreilles, six épingles à cheveux, un cure-dents et trois étuis à aiguilles.

CLASSE 98.

Brosserie, maroquinerie, tabletterie, etc.

136. Un assortiment de cinq coffrets de toilette en cuir laqué du Yunnan, forme ronde.

137. Un assortiment de cinq coffrets de toilette en cuir laqué du Yunnan, forme carrée.

139. Un assortiment de cinq coffrets de toilette en cuir laqué du Yunnan, forme cœur.

153. Spécimens de peignes de bois.

CLASSE 65.

Petite métallurgie

117. Deux chandeliers en étain.
118. Un encenseur   id.
119. Un chauffe-vin en étain.
120. Trois théières, formes diverses, en étain.
123. Un pot à vin en étain.
125. Une lampe à huile et pied en étain.
126. Un crachoir en étain.
127. Un chandelier en étain.
128. Un encenseur en étain.
129. Un brûleur d'encens en cuivre.
131. Une bouilloire et pied en cuivre.

CLASSE 70.

Tapis, tapisseries, etc.

147. Deux nattes de lit.
148. Une natte de jonc.
149. Une natte. (V. *CANTON*, p. 40.)
150. Trois tapis en laine.

CLASSE 72.

Céramique.

97. Une théière en terra-cotta.
98. Sept vases à fleurs en terra-cotta.
99. Une tasse à thé en terra-cotta.

100. Deux vases à fleurs en terra-cotta.
101. Deux tasses à vin en terra-cotta.
102. Deux bois à riz en terra-cotta.
103. Un réchaud en terra-cotta.
105. Deux pots en terra-cotta.
106. Deux porte-chapeaux en terra-cotta.
107. Un pot à tabac en terra cotta.
108. Neuf théières en faïence.
109. Six tasses à thé.
110. Un bassin en faïence.
111. Un chauffe-vin en faïence.
112. Dix vases à fleurs en faïence.
113. Un crachoir en faïence.
114. Deux encenseurs en faïence.
116. Un petit vase en faïence.

CLASSE 80.

Fils et tissus de coton.

60. Onze pièces de coton tissé à Souifou.
71. Dix   id.   id.   Chungking.

CLASSE 81.

Fils et tissus de lin, chanvre, etc.

82. Deux pièces de toile de ramie fine, blanchie.
85. Une pièce de toile de ramie ordinaire, blanchie.
88. Trois pièces de toile de ramie, non blanchie.
91. Trois pièces de toile de ramie, couleurs diverses.
141. Une planche d'échantillons de cordes de chanvre et fibres de coco.
142. Une planche d'échantillons de cordes de fibres de bambou.

CLASSE 82.

Fils et tissus de laine.

162. Quatre spécimens de drap en laine du Thibet.

CLASSE 83.

Soies et tissus de soie.

235. Spécimen de soie grège de Tongchwan.
236. Id. id. Chiangpei.
237. Id. id. Chintan.
238. Id. id. Souiting.
239. Id. id. Pishan.
240. Id. id. Chichiang.
241. Id. de soie sauvage de Pihsien.
242. Id. de déchets de soie de Chengtu.
243. Id. id. Kiating.
359. Id. de bourre de soie de Chengtou.
15. Six piéces de soie de Chengtou, 4 mètres chacune.
23. Trois piéces id. id.
27. Une piéce de satin broché.
29. Une piéce de taffetas broché.
30. Une piéce de gaze brochée.
31. Deux piéces de damas broché
35. Une piéce de satin de Chengtou.
37. Deux piéces de soie de Chengtou.
51. Id. Tsounifou.
55. Id. Kiating.
39. Deux piéces de velours de soie de Chengtou.
42. Cinq piéces de rubans de soie de Chengtou.

CLASSE 84.

Dentelles, broderies, etc.

7. Dix-sept piéces de soie de Chengtu brodée avec simili or et argent.

9. Une piéce de broderie sur soie de Chungking.
22. Une piéce de soie verte brochée, brodée de fil or imitation.
33. Deux rideaux en soie rouge brochée avec fil simili or.
34. Un rideau rouge et vert en soie brochée.

CLASSE 86.

Industries diverses du vêtement.

144. Quatre paires de sandales de paille.
145. Trois paires de souliers de paille.
143. Deux chapeaux de paille du Szechwan.
146. Cinq spécimens de tresse de paille du Szechwan.

CLASSE 33.

Matériel de la navigation de commerce.

296. Modèle d'un grand bateau appelé « Kwatze ».
297. Id. petit bateau genre « Kwatze ».
298. Id. bateau-garde ou de police.
299. Id. bateau de sauvetage.
300. Id. bateau appelé « Mayang ».
301. Id. bateau appelé « Waiwai » ou arriére courbé.
302. Modèle d'un bateau à sel.
303. Id. bateau allége pour marchandises.

CLASSE 91.

Tabacs.

202. Deux spécimens de feuilles de tabac.
204. Six spécimens de tabac préparé.
155. Quatre spécimens de cigares du Szechwan.
158. Quatre spécimens de tabac roulé du Szechwan.
159. Six spécimens de cigarettes du Szechwan.

CLASSE 39.

Produits alimentaires d'origine végétale.

223. Huile d'arachides.
224. Huile de graines de sésame.
225. Id. id. de pavot.
226. Id. id. de colza.
227. Id. de bois.
228. Id. de ricin.

CLASSE 59.

Sucres et produits de la confiserie.

221. Sucre blanc.
222. Sucre brun.
262. Thé de Showmei.
263. Id. de Yuchien.
264. Id. de Tsoshi.
265. Id. de Mao.
266. Id. appelé Lao.
267. Id. id. Hwa.
268. Id. id. O.
269. Id. id. Chwan.
270. Id. id. Koung.
271. Id. id. Poueur.

CLASSE 41.

Produits agricoles non alimentaires.

214. Chanvre, Boehmeria Nevia.
215. Id. id.
216. Id. Cannabis Satira.
217. Id. Phyllostachys Mitis.
278. Laine blanche (exposée par MM. Little et Cie).
279. Id. grasse (exposée par MM. Little et Cie).
280. Laine noire (exposée par MM. Little et Cie).
281. id. grasse (exposée par MM. Little et Cie).

282. Plumes de poule et de canard (*exposée par MM. Little et Cie*).

283. Soies de porc blanches et noires (*exposée par MM. Little et Cie*).

CLASSE 42.

Insectes utiles et leurs produits.

293. Cire d'abeilles (*exposée par MM. Little et Cie*).

CLASSE 50.

Produits des exploitations forestières.

178. Quinze spécimens de bois du Szechwan.
216. Cire blanche de Kiating.
219.   Id.   Paoning.
Ces cires se trouvent déposées dans les arbres.

CLASSE 63.

Exploitation des mines et carrières.

232. Spécimens de sel appelé Pan.
234. Id.   Id.   blanc.
287. Id.   de sulfate de fer.
286. Id.   de céruse.
289. Id.   de minium.
163. Id.   de charbon de la mine Aiwan.
164. Id.   Id.   Id.   Hosing.
165. Id.   Id.   Id.   Kaotan.
166. Id.   Id.   Id.   n°1, de Lao-yan-ai
167. Id.   Id.   Id.   n°2,   Id.
168. Id.   Id.   Id.   Lingansen.
169. Id.   Id.   Id.   Chingshankow.
170. Id.   Id.   Id.   Hsiangloushan.
171. Id.   Id.   Id.   Tachiao.
172. Id.   Id.   Id.   Wankow.

173.	Id.	id.	id.	Heikow.
174.	Id.	id.	id.	Hsingchiang.
175.	Id.	id.	id.	Shioupaal.
176.	Id.	id.	id.	Tieh-shan-kow.
177.	Id.	id.	id.	Loung-wan-toung
290.	Id.	d'or en feuille.		

CLASSE 52.

Produits de la chasse.

193. Peau de renard gris.
194. Id. id. jaune.
195. . Id. id. d'herbe.
196. Id. de chat sauvage.
197. Id. . chat.
198. Id. mouton.
199. Id. d'agneau.
200. Id. de lapin.
207. id. loup.
295. Cornes de buffle d'eau (*exposée par MM. Lillle et C*^{ie}).

FOOCHOW

Collection envoyée par
le Directeur des Douanes de Foochow.

Foochow (pr. *Fou-tchow*) est la capitale de la province de Foukien et est située par environ 26 degrés de latitude et 119 de longitude. La ville est bâtie sur le fleuve Min, à environ 34 milles de la mer. Il y a longtemps que la ville est connue des étrangers comme le centre du commerce du thé Bohea, mais ce commerce a beaucoup perdu de son importance depuis l'intrusion des thés de Ceylan et de Java. Le climat est doux et délicieux, mais l'été est fatigant et chaud. Le paysage est excessivement pittoresque. Le gibier, et aussi des tigres, se trouvent en abondance. Foochow est renommé pour ses bois sculptés, ses laques et ses cuivres.

.

CLASSE 9.

Sculpture et gravure.

Un lot de figurines en racine de théier sculptée.

1. Un vieux pêcheur.
2. Deux paires Emblêmés du Bonheur et de la Longévité.

4. Les huit Génies ou Immortels du Taoïsme.
12. Le Roi du Dragon.
13. Un prêtre boudhiste.
14. Deux des quatre dieux commandant aux mauvais esprits.
16. Vieux prêtre au bâton.
17. *Liou Haï* pêchant en jetant des pièces de monnaie à l'eau.
18. Un buffle d'eau.

Un lot d'ornements en pierre à savon sculptée.

44. Une pagode en pierre à savon, rouge.
45. Une pagode en pierre à savon, noire.
49. Une table octogonale en pierre à savon, noire.
51. Une table carrée   id.   id.
58. Une collection de singes en pierre à savon, verte.
60. Un échantillon de pierre à savon, noire.
61. Un   id.   id.   verte.

CLASSE 12.

Photographie.

62. Album contenant 50 vues de Foochow et des alentours.
63. Vue panoramique de Foochow, dans cadre de laque.
64. Vue du monastère de Koushan, dans cadre de laque.
65.A. Vue du Settlement étranger et du Pont, en cadre de laque.
65B. Vue du Champ de Manœuvres, en cadre de laque.

CLASSE 14.

Cartes de géographie, cosmographie, etc.

66. Mappe de Nantaï et faubourgs de la ville.
67. Mappe de la ville de Foochow.

CLASSE 94.

Orfèvrerie.

Ornements en cuivre.

71. Une paire vases avec fleurs en relief.
75. Une paire vases gravés, avec pied en bois noir.
77. Un encenseur, avec pied.
80. Une paire vases têtes d'éléphants, sur pied.
81. Une paire de grands vases ciselés, sur pied.
82. Une paire de petits vases ciselés, sur pied.

CLASSE 95.

Joaillerie et bijouterie.

*Ornements pour la chevelure, en argent et plumes
de martin-pêcheur.*

84. Une paire grands ornements, forme croissant, avec perles.
85. Une paire croissants.
88. Un ornement, forme demi-lune, avec perles.
89. Une paire d'ornements avec brindilles.
90. Un ornement forme carrée.
91. Une paire ornements forme demi-lune.
92. Un ornement avec rubis au centre.
93. Une paire d'ornements avec brindilles.
95. Un ornement forme dragon.
96. Sept ornements divers.
97. Une paire boucles d'oreilles.
98. Id. Id.
99. Un ornement forme carrée.
100. Une paire d'ornements forme demi-lune.

CLASSE 98.

Brosserie, maroquinerie, tabletterie, etc.

Objets et ornements en laque de première qualité.

101. Une boîte à mouchoirs, brune, décorée.
102. Une paire vases à fleurs, bleus, décorés.
103. Une boîte à mouchoirs, bleu paon, décorée.
104. Une paire vases, couleur fraise.
105. Deux boîtes ovales, brun pâle, décorées.
107. Une boîte à bijoux, double papillon, couleur or.
108.   Id.   forme pêche, couleur or.
109.   Id.   id.   fruit *litchi*, couleur or.
110. Une boîte à mouchoirs, couleur bleu paon, décorée.
111.   Id.   couleur fraise, décorée.
112. Une boîte à bijoux, forme citron, couleur or.
113.   Id.   id.   éventail   id.
114.   Id.   id.   pêche   id.
115.   Id.   id.   citron,   id.
116. Une boîte à mouchoirs, couleur fraise, décorée.
117.   Id.   id.   verte,   id. ·avec écailles.
118. Une boîte à bijoux, forme double papillon, couleur or.
119.   Id.   id.   pêche, couleur or.
120. Un presse-papier à tête dorée.
122. Un plateau à cartes de visite, forme feuille de lotus.
123. Une boîte à bijoux, forme citron, couleur or.
124. Une boîte à gants, couleur bleu de paon, décorée.
125. Une boîte à bijoux, forme citron, couleur or.
127. Une boîte à gants, brun pâle, décoré.
129. Une boîte à bijoux, forme citron, couleur or.
130.   Id.   forme *litchi*,   id.
131. Une boîte doublée de zinc, couleur bleu paon, décorée.
133. Une boîte à mouchoirs, couleur verte, décorée d'écailles de mer.
134. Une boîte à gants, couleur fraise, décorée d'oiseaux et fleurs.

135. Une boîte à mouchoirs, couleur faon, décorée de fleurs.
136. Un modèle de cercueil, noir et or.
137. Une paire de vases, couleur faon, décorés.
138. Une boîte à gants, couleur fraise, décorée.
139. Une boîte, couleur verte, décorée.
140. Une boîte doublée de zinc, couleur bleue, décorée.
141. Un nid de cinq boîtes, couleurs différentes, décorées.
142. Deux boîtes, couleurs différentes, décorées.
143. Deux étuis à cartes de visite, pour hommes, forme racine de bambou.
145. Deux étuis à cartes de visite, pour dames, forme racine de bambou.
147. Un jeu de deux boîtes à bijoux.
148. Une boîte à cigares.
149. Un jeu de boîtes pour cartes.
150. Un étui à cigarettes.
151. Une paire de vases.
152. Deux vases.
154. Une paire de vases.
155. Un étui à cigares.
156. Une paire de vases pour mur.
157. Un jeu de cinq boîtes.
158. Une boîte à bijoux, forme ronde.

Objets et ornements en laque de seconde qualité.

159. Une tablette.
160. Un plateau à thé, carré.
162. Deux petits vases pour pendre au mur.
163. Deux râteliers à porte-plumes, forme ronde.
164. Un étui pour livre d'adresses.
166. Un cadre de photographie.
167. Une boîte pour photographies.
168. Un cadre pour photographie.
169. Deux plateaux à thé, forme ovale.
170. Un plateau à cartes.
171. Une paire cadres pour photographies.
172. Deux presse-papiers.

174. Quatre plateaux à cartes de visite.
178. Une paire d'étagères.
180. Un plateau à thé, vert, avec dragons.
183. Id. brun, avec dragons.
184. Quatre boîtes de fantaisie, brunes, décorées.
188. Quatre boîtes doublées de zinc, couleur faon.
192. Une boîte à cigares, doublée de zinc.
193. Deux plateaux à thé, forme ronde, couleur verte, modéle dragon.
199. Un plateau à thé, forme ovale, couleur verte, modéle dragon.

CLASSE 69.

Meubles.

228. Une table ronde en laque vert.
229. Id. id. couleur faon.
230. Une table de fantaisie en laque couleur faon, décorée.
231. Id. id. vert, décorée
233. Une étagére de fantaisie, en laque couleur faon, décorée.
234. Un pupitre de dame, en laque vert, décoré.

Le vernis employé dans la fabrication des objets en laque à Foochow est le jus résineux d'une ou plusieurs espéces de Sumac (*Rhus* ou *Vernix Vernicia* et l'*Aglus sinensis* de Tour). La séve est extraite de l'arbre pendant les nuits d'été, exsudant doucement dans des écailles, et est apportée au marché dans un état semi-fluide ou séchée en morceaux de couleur blanchâtre. Pour l'usage, on mélange 7 kilos de laque avec 14 kilos d'eau et 300 grammes de vinaigre, et l'on en forme une masse pâteuse d'un noir brillant. Le bois destiné à être enduit de laque doit être bien sec et bien uni et les rainures doivent être recouvertes de papier solide ou mélangé avec du sable rouge très fin jusqu'à ce que le bois soit uniformément couvert par cette couche préparatoire. L'objet est placé ensuite dans une chambre obscure et enduit d'une couche de laque et mis à sécher. Cette couche de laque doit être répétée de quinze à vingt fois suivant le degré de finesse qu'on désire obtenir. Quand la laque est entièrement séchée les objets à dorer sont envoyés au doreur. Celui-ci ayant tracé sur un morceau de papier le dessin à reproduire, au moyen de tous petits trous d'épingle, il frotte sur le papier de la craie en poudre ou de la céruse et obtient ainsi son dessin sur l'objet laqué. Il peint ensuite son dessin avec de la laque mélangée de vermillon, répétant les couches quand une surface élevée est requise. L'or en poudre est ajouté au moyen d'un tampon de coton, et l'or en feuilles au moyen d'un pinceau, les traits les plus délicats étant faits au moyen de fumée de charbon de bois flottant sur de l'huile. Quelquefois on emploie du camphre dans la couche rouge pour mettre l'or, mais la vérité est qu'on sait peu de chose sur la fabrication de la laque, du moins à Foochow, où les fabricants conservent jalousement leur secret.

CLASSE 71.

Décoration du tapissier.

25. Deux pagodes à sept étages en bois sculpté.

29. Dix cadres de photographies, formes et dessins divers.

CLASSE 33.

Matériel de la navigation de commerce

235. Modèle de bateau à passagers de Foochow. Long, 25 pieds ; large, 5 pieds ; porte 10 passagers. Valeur 125 francs.

236. Modèle de trois bateaux liés ensemble pour voyager dans le pays. Long, 20 pieds ; large, 4 pieds ; portent 150 kilos chacun ; coûtent 25 francs chacun.

237. Bateau pour le transport du thé de l'intérieur à Foochow. Long, 40 pieds ; large, 6 pieds ; porte 1,000 kilos ; coûte 200 francs.

238. Bateau pour transporter de la paille. Long, 25 pieds ; large, 5 pieds ; porte 750 kilos ; coûte 75 francs.

239. Bateau-dragon. Long, 60 pieds ; large, 4 pieds ; porte 29 hommes ; coûte 250 francs.

240. Grand bateau à passagers. Long, 35 pieds ; large, 9 pieds ; porte 30 passagers ; vaut 350 francs.

241. Bateau allége pour le transport des marchandises. Long, 80 pieds ; large, 16 pieds ; porte 6,000 kilos ; coûte 2,500 francs.

242. Bateau pour le transport de bois. Long, 70 pieds ; large, 16 pieds ; porte 4,500 kilos ; vaut 1,750 francs.

243. Bateau pour remonter les rapides. Long, 65 pieds ; large, 9 pieds ; porte 500 kilos ; vaut 875 francs.

244. Bateau pour remonter les rapides. Long, 65 pieds ; large, 15 pieds ; porte 550 kilos ; vaut 1,000 francs.

245. Bateau pour remonter les rapides. Long, 65 pieds ; large, 10 pieds ; porte 750 kilos ; vaut 500 francs.

246. Bateau pour petits canaux. Long, 30 pieds ; large, 5 pieds ; porte 450 kilos ; vaut 50 francs.

247. Petit bateau passe-eau. Long, 15 pieds ; large, 5 pieds ; porte 5 ou 6 passagers ; vaut 50 francs.

248. Barquette de jonque. Long, 15 pieds ; large, 5 pieds ; porte 5 ou 6 hommes ; vaut 50 francs.

249. Bateau de plaisance. Long, 30 pieds ; large, 10 pieds ; porte 450 kilos ; vaut 100 francs.

250. Bateau à passagers pour l'intérieur Long, 30 pieds ; large, 7 pieds ; porte 20 hommes ; vaut 250 francs.

251. Bateau pour remonter les rapides. Long, 45 pieds ; large, 7 pieds ; porte 450 kilos ; vaut 250 francs.

252. Petit bateau employé dans les ruisseaux. Long, 15 pieds ; large, 5 pieds ; porte 250 kilos ; vaut 50 francs.

253. Bateau pour marchandises ou passagers. Long, 25 pieds ; large, 5 pieds ; porte 400 kilos ou 8 passagers ; vaut 100 francs.

254. Bateau pour transporter des pierres. Long, 45 pieds ; large, 10 pieds ; porte 750 kilos ; vaut 500 francs.

255. Bateau à marchandises. Long, 45 pieds ; large, 8 pieds ; porte 600 kilos ;·vaut 500 francs.

256. Bateau pour transporter le bois. Long, 30 pieds ; large, 6 pieds ; porte 600 kilos ; vaut 200 francs.

257. Bateau pour le transport du sel. Trafique jusqu'en Annam.·Long, 90 pieds ; large, 25 pieds ; profondeur, 9 pieds ; porte 75,000 kilos ; vaut 30,000 francs.

258. Jonque trafiquant le long de la côte. Long, 90 pieds ; large, 20 pieds : profond, 9 pieds ; porte 70,000 kilos ; vaut 25,000 francs.

259. Jonque trafiquant vers Sanghaï. Long, 110 pieds ; large, 25 pieds ; profond, 15 pieds ; porte 150,000 kiloi ; vaut 45,000 francs.

260. Jonque trafiquant avec le Shantoung. Long, 120 pieds ; large, 30 pieds ; cale 20 pieds ; porte 200,000 kilos ; vaut 62,500 francs.

261. Bateau mandarin. Long, 70 pieds ; large, 15 pieds ; cale 4 pieds ; porte 10 passagers ; vaut 3,000 francs.

262. Etendard du Vice-roi de la province de Fouklen.

263. Id. du Général Tartare, commandant des troupes impériales.

264. Etendard d'un haut mandarin quelconque.

CLASSE 59.

Sucres et produits de la confiserie.

265. Thé appelé Pekoe fleuri : valeur 15 fr. par kilo.
267. Id. Souchong : valeur fr. 3.40 par kilo.
268. Id. Pekoe Orangé : valeur fr. 3.70 par kilo.
269. Id. Oolong : valeur fr. 2.80 par kilo.
270. Id. id. id. 2.00 »
271. Id. Congou id. 2.45
272. Id. id. id. 2.10 ⸗
273. Id. id. id. 1.70 »
274. Id. id. id. 1.85
275. Id. id. id. 2.00

CLASSE 50.

Produits des exploitations forestières.

Spécimens de bois de construction :

276. *Jong Mou* : le banyan bâtard. Coût par pied carré, 1 fr.

277. *Tou Mou* : un sapin très dur. Coût par pied carré, fr. 3.75.

278. *Nan Mou* : un bois dur jaunâtre. Coût par pied carré, fr. 2.50.

279. *Hsie Mou* : une sorte de genévrier. Coût par pied carré, 2 francs.

280. *Tsao Mou* : le jujubier. Coût par pied carré, fr. 1.50.

281. *Paili Mou* : bois de poirier sauvage. Coût par pied carré, fr. 2.50.

282. *Longyen Mou* : bois de l'arbre Longngan. Coût par pied carré, fr. 2.25.

283. *Shanchu Mou* : une espéce de saule. Coût par pied carré, 2 francs.

284. *Hongkwai Mou* : bois rouge inférieur. Coût par pied carré, fr. 1.25.

285. *Hwangli Mou* : un poirier sauvage, jaunâtre. Coût par pied carré, 2 francs.

286. *Hong Mou* : bois rouge. Coût par pied carré, 8 francs.

287. *Paikwo Mou* : noyer blanc sauvage. Coût par pied carré, fr. 1.25.

288. *Woulong Mou* : Dryandra cordifolia. Coût par pied carré, fr. 1.25.

289. *Painan Mou* : un bois dur jaunâtre. Coût par pied carré, fr. 2.25.

290. *Shan Mou* : sapin tendre. Coût par pied carré, fr. 1.25.

291. *Hsiou Mou* : bois de pamplemousse. Coût par pied carré, fr. 1.25.

292. *Lichih Mou* : bois de l'arbre litchi. Coût par pied carré, fr. 2.50.

293. *Chang Mou* : bois du camphrier. Coût par pied carré, fr. 2.50.

294.	*Chishan Mou.* Coût par pied carré, fr.	1.50.
295.	*Chialong Mou.*	Id.	0.75.
296.	*Fenkwai Mou.*	Id.	1.00.
297.	*Kwei Mou.*	Id.	2.00.
298.	*Hwangtou Mou.*	Id.	3.75.
299.	*Sangchih Mou.*	Id.	1.75.
300.	*Chiaochen Mou.*	Id.	3.25.
301.	*Tang Mou.*	Id.	1.75.
302.	*Ta Mou.*	Id.	1.75.
303.	*Tsu hin Mou.*	Id.	2.25.
304.	*Pien Mou.*	Id.	1.50.
305.	*Shanchu Mou.*	Id.	1.00.

CLASSE 51.

Matériel de chasse.

Armes anciennes consistant en :

306. Deux lances.
307. Deux sabres en forme de couteau.
308. Un sabre de grandeur moyenne.
309. Un petit sabre.
310. Un sabre d'exécuteur des hautes œuvres.
311. Un fusil à pierre.
312. Un trident.
313. Un arc et treize flèches.

CLASSE 52.

Produits de la chasse.

Collection d'oiseaux :

314. Martin-pêcheur à crête.
315. Drongo à la huppe poilue.
316. Hirondelle de mer noire avec ailes blanches.
317. Sarcelle falciforme.
318. Pallas plongeur.
319. Martin-pêcheur à huppe blanche.
320. Barbet vert de Chine.

321. Héron d'étang chinois.
322. Martin-pêcheur à crête blanche.
323. Rollier à large bec.
324. Poule d'eau à crête blanche.
325. Pivert vert chinois.
326. Monticola solitaria.
327. Martin-pêcheur à crête blanche.
328. Hirondelle de mer à ailes blanches.
329. Hibou à pattes dénudées.
330. Loriot indien.
331. Pivert bai du Foukien.
332. Tourterelle de l'Est.
333.   Id.
334. Sturna Sinensis.
335. Poule des prairies.

CLASSE 53.

Engins et produits de la pêche.

336. Bateau à pêcher des coquillages, 15 pieds de longueur sur 4 pieds de largeur, portant 3 hommes; valeur fr. 37.50.
337. Bateau de pêche de rivière, long 24 pieds; large 5 pieds; porte 4 hommes; valeur 100 francs.
338. Bateau de pêche de mer, long 25 pieds; large 5 pieds; porte 4 hommes; valeur 100 francs.
339. Bateau de pêche de rivière avec filet en cadre, long 30 pieds; large 6 pieds; porte 4 hommes; valeur 300 fr.

CLASSE 85.

Industries de la confection et de la couture.

20. Modèle de la chaise à porteurs d'un haut fonctionnaire et d'une suite de 60 personnes.
21. Costume d'une jeune mariée.
22.   Id.   d'une jeune fille.
23. Une paysanne portant des paniers.

HANKOW

Collection envoyée par
le Directeur des Douanes de Hankow.

Hankow (bouche de la rivière Han), est située au point où cette rivière se jette dans le Yangtsze (le fleuve bleu des Français), par environ 30 degrés de latitude et 114 degrés de longitude. De l'autre côté de la rivière Han se trouve la ville de Hanyang, et de l'autre côté du fleuve Yangtsze se trouve la ville de Wouchang. Ces trois villes n'en forment pour ainsi dire qu'une seule, d'une population totale d'un million et demi d'habitants. Hankow est à 600 milles de la mer et pourtant le fleuve a encore plus de deux kilomètres de largeur Les plus grands navires peuvent y arriver et évoluer à l'aise, surtout pendant l'été où le niveau d'eau monte de quinze mètres. La chaleur est forte pendant les mois d'été, mais les autres saisons sont agréables. Hankow semble réunir tous les produits et attirer tous les commerces et toutes les industries. C'est la porte d'entrée de neuf provinces et ce sera aussi le Chicago de la Chine.

CLASSE 7.
Peintures et dessins.

1. Neuf ornements en agate de Tao Yang.

CLASSE 12.

Photographie.

19. Vue panoramique du boulevard de Hankow.
20. Id. des hauts-fourneaux de Hanyang installés et dirigés par des Belges pour compte du Vice-Roi.

CLASSE 13.

Librairie, reliure, journaux, etc.

21. Spécimen du journal *Hankow Daily News*, publié quotidiennement par les autorités de la province du Houpeh.

CLASSE 14.

Mappes géographie, cosmographie, etc.

22. Mappe en anglais de Hankow.
23. Mappe de Hankow en chinois.
24. Carte du port de Yochow.
25. Mappe de la province de Hounan.

CLASSE 15.

Instruments de précision, monnaies, etc.

34. Mesures pour le grain.
38. Mesures pour liquides.
39. Collection de pièces de monnaie fabriquées par la Monnaie de Wouchang.

La Monnaie de Wouchang fut établie en 1895, par Son Excellence Chang Chih Toung, gouverneur-général des provinces de Houpeh et Hounan, et elle est entièrement fournie de machines et outils d'origine étrangère et les méthodes étrangères de frappe sont suivies dans toutes les opérations de monnayage. L'établissement est divisé en deux grands départements, un pour les monnaies d'argent et l'autre pour les pièces de cuivre. Le département de l'argent fabrique des dollars et des pièces de 20, 10 et 5 cents pour une valeur de 60 000 francs par jour; et le département du bronze fabrique 50,000 pièces de dix sapèques (5 centimes) par jour.

CLASSE 87.

Arts chimiques et pharmacie.

40. Vernis, trois qualités différentes.
43. Pilules employées comme fortifiant et tonique.

CLASSE 88.

Fabrication du papier.

49. Papier de couleur et ornementation différentes, fait de fibres de bambou, employé pour doubler les boîtes et fabriquer des mannèquins.

50. Papier de couleurs variées, fait de bambou, employé pour fabriquer des boîtes à allumettes, des lanternes, des ornements, etc.

51. Papier blanc fait de fibres de bambou, employé pour emballages et cahiers de grosse écriture.

52. Papier blanc fait de bambou, employé pour emballages légers.

53. Papier blanc fait de paille, employé pour emballages et lanternes.

54. Papier gris fait de paille, employé pour garnir les fenêtres et fabriquer des pétards.

55. Papier gris fait de paille, employé pour emballages.

56. Papier noir glacé fait de fibres de bambou, employé pour mannequins.

57. Papier huilé fait de paille, huilé de trois couches d'huile de bois blanche et bouillie, puis séché au soleil; employé comme imperméable.

6

58. Papier huilé fait de paille, couvert de deux couches d'huile et séché au soleil; employé pour emballages.

59. Papier huilé fait de paille, avec deux couches d'huile et séché à couvert; employé pour emballer la toile et faire des emplâtres.

60. Papier huilé fait de paille, une couche d'huile et séché à l'ombre; employé pour emballages et emplâtres.

61. Papier à imprimer ordinaire, pour livres à bon marché.

62. Papier de qualité moyenne, employé principalement pour cahiers d'écolier.

63. Papier de qualité inférieure, employé pour livres de comptes brouillon.

64. Papier de qualité moyenne, surface luisante, employé pour livres de brouillon.

65. Papier à lettre.

66. Papier à brûler, employé dans les cérémonies religieuses.

67. Papier d'emballage.

69. Papier à imprimer.

CLASSE 66.

Décoration fixe des édifices publics et des habitations.

71. Modèle d'une maison de maître en ville.

Les éléments entrant dans l'architecture domestique chinoise ne sont pas nombreux, et les traits les plus frappants dans les meilleurs bâtiments indigènes sont les toits et les pignons — avec leurs faîtes et leurs extrémités fantastiques. Les fondations sont, en général, faites de pierre, et la charpente ou squelette est faite de bois. Le toit repose généralement sur des poteaux ou montants sur lesquels reposent des traverses ou entraits faits de grosses pièces de bois. Là-dessus viennent reposer les pannes et sur celles-ci les chevrons sur lesquels on place les tuiles. Les espaces entre les montants sont remplis avec des briques ou des moellons liés avec du mortier, et les fenêtres sont construites de bois découpé de manières variées et recouvertes de papier résistant. Parmi les classes aisées le verre a graduellement remplacé le papier, car le Chinois sait apprécier la supériorité du médium transparent sur celui qui n'est que translucide, et il est intéressant de suivre les modifications qui se produisent dans la construction des fenêtres afin d'admettre l'emploi du verre à vitre, lequel, soit dit en passant, vient presque en totalité de Belgique.

Le modèle montre l'habitation d'une famille qui a eu le suprême honneur de produire un « Tchwang Yuan », c'est-à-dire l'étudiant qui est sorti premier aux examens qui se tiennent dans le Palais une fois tous les trois ans, — l'honneur littéraire le plus haut auquel puisse atteindre un étudiant chinois. Le placard portant un double dragon et des caractères dorés annonce ce fait aux passants. La maison se compose de deux bâtiments, chacun de deux étages, reliés par des passages couverts, avec une cour ouverte au milieu. En entrant on trouve à gauche la loge du concierge, et à droite la remise des chaises à porteurs. Près de la porte d'entrée on voit deux tambours en pierre sculptée, un restant de l'ancienne coutume de placer des tambours à la porte des résidences des haut fonctionnaires afin que ceux qui avaient des griefs puissent les frapper et demander justice. Dans la cour ouverte, sous la véranda, un petit-fils sert du thé à son grand-père le maître de la maison qui maintenant jouit des attentions et des honneurs que lui a mérités son grand âge vertueux, tandis que son fils adresse quelques paroles d'avertissement à l'un de ses rejetons qui est en retard pour son école. Plus loin se trouve le salon de réception et l'autel familial; puis derrière vient la cuisine. Les étages, les chambres particulières. Dans le premier bâtiment, à gauche, se trouve un boudoir; à droite se trouve l'école où l'on peut voir un autre petit-fils répétant sa leçon le dos tourné vers son professeur, afin qu'il ne puisse d'aucune façon voir le texte qu'il répète. Dans le bâtiment de derrière sont les chambres à coucher.

72.   Modèle du magasin d'un bijoutier.

Ce modèle représente un magasin de premier ordre, et
montre les décorations qu'on peut voir dans les principales
rues d'une ville chinoise. Son enseigne porte « Au Phénix
Rouge » et, en harmonie avec la valeur des marchandises en
vente à l'intérieur, est elle-même richement ornée de
balcons, piliers, et dorures. En Chine les affaires se font parfois avec très peu de capital, et afin de suppléer au manque
de nombreux bijoux à l'étalage, le magasin doit être orné et
meublé d'une manière attrayante; et ainsi les deux groupes
de figures mythologiques, ainsi que les chaises, les tables,
les lanternes, servent à rehausser l'éclat de quelques
vitrines contenant les échantillons de l'art du bijoutier. Le
groupe à gauche représente « Tien Kwan », le mandarin du
Ciel, le directeur du Panthéon chinois, qui est aussi le
gardien de la famille et aux bons offices duquel la famille
doit ce qu'il lui arrive d'heureux. Il est entouré de ses suivants. Le groupe à droite représente le P'an Tao Hwei,
c'est-à-dire la célébration de l'anniversaire de naissance de
« Wang Mou Niang Niang », la déesse du Paradis Occidental,
qui a lieu le troisième jour de la troisième lune. Elle est
occupée à recevoir les génies et les esprits qui viennent la
complimenter et elle leur offre des pêches dont la saveur
confère l'immortalité. Ces figures portent le costume des
temps anciens. Qu'on remarque l'éclairage effectif du devant
du magasin au moyen de la grande fenêtre de toit; et aussi
les panneaux soigneusement sculptés et le balcon en dessous, — l'encombrement des rues par la foule et aussi la
peur des voleurs forçant l'architecte à avoir recours aux
lucarnes pour l'éclairage de l'intérieur. Les affiches sur les
murs annoncent la bonne qualité des produits et la modé-
ration des prix et informe les acheteurs qu'on vend à prix
fixe A gauche, par la porte intérieure, on remarque l'autel
de la famille où l'on rend hommage chaque jour aux dieux
du bonheur, de la richesse et de la longévité; et à droite,
derrière, se trouve le bureau de la comptabilité. L'étage
est divisé en chambres particulières et en ateliers de bijouterie. La plateforme entourée d'une balustrade sur le toit
d'arrière est employée pour sécher le linge.

73. Modèle d'un Débit de Thé.

En Chine le Débit de Thé prend la place du Café et de l'Estaminet dans nos pays. Au Débit de Thé les Chinois se rencontrent pour fumer, causer, jouer aux cartes, ou parler affaires, comme en Belgique, et aussi pour y régler leurs disputes et différents; car nul être au monde ne fait un plus fréquent usage de l'arbitrage que le Chinois. Chaque affai·e est discutée d'après les règles propres à la situation, et beaucoup d'honneur revient à l'intermédiaire qui a su piloter une affaire délicate vers une issue heureuse et amicale. Tandis que les pour et les contre de l'affaire sont débattus par les intermédiaires tout le monde, pour quelques centimes, boit du thé et se rafraîchit le gosier sans avoir recours aux alcools et liqueurs qui si souvent, dans nos pays occidentaux, viennent envenimer nos discussions au lieu de les arranger. Ce modèle représente un Débit de Thé qui fait des affaires florissantes dans une ville, et, en reconnaissance de faveurs reçues et d'autres qu'il espère encore recevoir, le propriétaire a érigé un autel au dieu de la richesse dans le salon de réception. Les balcons sont tous soigneusement sculptés et sont le rendez-vous de tous les hommes à la mode (les femmes ne vont pas au cabaret) de l'endroit. Le rez-de-chaussée sert aussi de magasin où les pancartes nous disent que seuls les meilleurs thés sont en vente et à bon marché. Le premier étage est la pièce la plus spacieuse, éloignée des odeurs de la rue, offrant généralement une belle vue, et est par conséquent la partie recherchée par les visiteurs. Le deuxième étage est aussi la deuxième classe, toujours très respectable, naturellement; mais le propriétaire trouve nécessaire de prévenir les clients, au moyen d'affiches, de prendre garde à leur argent et à leurs habits, car il n'est pas responsable des pertes qui pourraient se produire. Ses appartements particuliers sont derrière.

74.   Modèle d'un magasin où l'on vend des bottes, des éventails et des parapluies.

Ce modèle est la copie d'un des bons magasins de Hankow, appartenant à un négociant nommé Ho dont l'enseigne porte les caractères « Tchi Siang Tai » (Heureuse Prospérité). Le commerce est divisé en deux départements, à gauche pour la chaussure, à droite pour les parapluies et les éventails. Ses pancartes déclarent que ses marchandises sont de la dernière mode et les plus récents arrivages de Pékin, toutes de haute qualité et valant bien les prix demandés, et l'acheteur au comptoir semble par son attitude confirmer ces déclarations. Derrière il y a l'autel familial habituel au dieu de la longévité. La famille vit à l'étage.

75. Modèle d'un atelier de charpentier-menuisier.

Le menuisier se trouve dans tous les villages. Son outillage complet coûte tout au plus dix francs, et avec cela il est capable de produire des résultats vraiment étonnants comme travail. Le grand désavantage du métier c'est la rareté du bois de construction dans beaucoup d'endroits, les Chinois ayant l'habitude, bonne ou mauvaise, de déboiser leur pays. Les ouvriers sculpteurs et ébénistes atteignent à un rare degré d'habileté dans leur métier comme aussi en ce qui concerne le dessin artistique, comme le prouvent les vitrines et les meubles venant de Ningpo et de Canton. Le modèle représente un magasin de meubles, comme on peut en voir dans toute rue d'une ville chinoise, et n'est en réalité qu'un atelier et, par conséquent, dépourvu de décoration.

76. Modèle d'une Ferme.

Si nos pays occidentaux se distinguent par la culture « extensive », on peut dire que la Chine est caractérisée par la culture « intensive ». Une famille chinoise composée des membres de trois générations pourrait vivre confortablement sur un morceau de terre grand comme les cours et bâtiments d'une de nos fermes. Il peut y avoir, ou ne pas y avoir, un cheval pour aider à charruer la terre; mais bien probablement il y aura une vache, un buffle, ou un âne pour faire ce travail. La source principale d'énergie, c'est le travail humain, et le fermier, sa femme, ses enfants, tout le monde travaille sans relâche, donnant toute leur attention à chaque racine, presque à chaque tige qui pousse. Aucun travail n'est plus honoré en Chine que le travail agricole, et l'Empereur lui-même trace un sillon chaque fois que revient le Printemps. La fermière élève des poules, parfois des canards ou autres volatiles, et toujours le porc ubiquiste, lequel, soit dit en passant, est de couleur noire et encore moins soigneux de sa toilette que son cousin occidental. Le modèle montre suffisamment le mode de construction des maisons ordinaires chinoises, sauf que la claie est recouverte de terre quand vient l'hiver. Le mobilier très primitif consiste en quelques bancs, une table, quelques jarres dans lesquels on tient l'eau potable, le grain, les choux, etc., pour l'usage quotidien. Le poêle en terre cuite est un appareil simple et pourtant des plus suffisants dans lequel on brûle de la paille, des branchettes, et tout ce qui peut se ramasser ou se racler du sol. On aperçoit la fermière occupée à moudre du grain au moulin à main, tandis que son mari tire de sa pipe quelques bouffées philosophiques avant de reprendre son travail. Dehors sont ses deux fils, l'un une houe à la main, et l'autre conduisant le buffle et la vache. La grande huche est le réceptacle dans lequel le riz est battu, et à côté se trouve une excellente représentation d'une charrue avec son joug et son harnais.

77. Modèle d'une pagode.

L'original se trouve dans l'enceinte du monastère de Paoting, à Wouchang, capitale de la province de Houpeh. Elle fut érigée à la fin de la dynastie des Soung (420 à 477 de notre ère), mais elle fut détruite pendant la rébellion des Taiping, puis reconstruite. La pagode est une conception bouddhique qui est venue de l'Inde en Chine avec le bouddhisme lui-même. Ce sont généralement des tours polygonales ayant sept, neuf, onze, et parfois treize étages, représentant symboliquement les Cieux superposés au-dessus de la Terre. L'effet architectural se trouve dans la hauteur du monument, tandis que l'effet décoratif se trouve dans le revêtement extérieur qui est tantôt de pierre, tantôt de marbre, tantôt de porcelaine, et plus rarement de bois décoré de peintures. La fameuse tour de porcelaine qui s'élevait prés de Nankin et qui fut détruite en 1853 par les rebelles Taiping avait plus de cent mètres de hauteur et trente mètres de diamètre à la base. Une superstition veut qu'une pagode ne doit jamais être achevée sous peine d'attirer la colère des dieux.

CLASSE 92.
Papeterie.

78. Papier fait de fibres de bambou pour lettres, imprimerie, etc.
82. Euveloppes faites de paille.

CLASSE 98.
Brosserie, maroquinerie, tabletterie, etc.

87. Deux boîtes en bambou.
88. Quatre étuis à lunettes en laque.
89. Quatre parapluies faits de papier.

CLASSE 71.
Décorations et ouvrages du tapissier.

92. Berceau d'enfant comprenant berceau et literie.
93. Cinq coussins de paille rembourés de son de riz.

CLASSE 65.
Petite métallurgie.

98. Collection de clous, crampons, etc.. en fer.
112. Deux encenseurs en métal blanc, avec lignes en cuivre.

113. Deux brasiers en métal blanc.

115. Deux crachoirs en métal blanc avec dessins enchâssés.

116. Deux cuvettes en métal blanc avec dessins enchâssés.

117. Six lots de tasses à thé (tasse, sous-tasse, et couvercle) en métal blanc enchâssé de fleurs et papillons.

118. Deux théières en métal blanc enchâssé.

119. Six assortiments de chauffe-vin en métal blanc enchâssé, comprenant citerne à eau chaude et pot à vin.

120. Douze tasses à vin avec sous-tasses. métal blanc enchâssé.

121. Six tasses à vin, métal blanc enchâssé.

123. Trois boîtes à encre, métal blanc enchâssé.

124. Une boîte   id.   id.

125. Deux râteliers à pinceaux, métal blanc enchâssé.

127. Quatre chandeliers, métal blanc enchâssé.

129. Deux réchauds, métal blanc enchâssé.

130. Onze pipes à eau en métal blanc, dessins de fantaisie.

142. Deux plateaux en métal blanc enchâssé de paysages.

143. Une boîte à pinceaux et encre, métal blanc.

144. Lampe à esprit de vin en étain avec cheminée en cuivre, de Yochow.

145. Encenseur en étain, avec lignes cuivre sur pied, de Yochow.

147. Chauffe-vin en étain, avec pied en cuivre, de Yochow.

147B. Deux boîtes ovales en cloisonné.

CLASSE 70.

Tapis, tapisseries. etc.

148. Tapis en coton, bleu et blanc.

150.   id.   quatre modèles de couleur différente

151.   id.   cinq carrés de modèles et couleurs différentes.

CLASSE 75.

Appareils d'éclairage non électrique.

152. Une paire de lanternes en corne.

CLASSE 76.

Matériel et procédés de la filature, etc.

153. Modèle de rouet à filer pour faire le filé de coton avec lequel on tisse le tissu indigène appelé *nankin*.

154. Modèle de machine à fabriquer le cordon.

155. Modèle de tour à fabriquer la corde de bambou. La corde est tordue à la main, comme le montre le modèle, et est faite de toute grosseur et grandeur. La corde de fibre de bambou peut supporter énormément de fatigues.

CLASSE 78.

Matériel et procédés du blanchiment, teinture, etc.

156. Patrons en papier de dessins pour imprimer les tissus de coton.

CLASSE 80.

Fils et tissus de coton.

160. Filé de coton travaillé à la main.

161. Filé de coton n° 14, produit de la filature gouvernementale du Houpeh qui fut établie en 1893 et contient 15,000 broches. La production ne dépasse pas les besoins locaux, plus une petite quantité pour la province de Szechwan, en tout environ trois millions et demi de kilogrammes par an.

162. Coton préparé, de Shasi.

164. Flocons de coton de Shasi.

165. Flocons de coton, de Hankow.

166. Coton préparé de Hankow.

167. Tissu de coton, blanc, fait avec du filé indigène.

168. Tissu de coton fait avec du filé étranger, c'est-à-dire, japonais, indien, ou anglais.

171. Tissu de coton, couleurs variées, fait de filé indigène et teint de couleurs indigènes.

174. Tissus de coton fait de filé indigène teint ; divers modèles.

176. Peau d'agneau imitation, faite en coton.

178. Tissu de coton, blanc, tissu de filé indigène fabriqué à Kingchow.

179. Tissu de coton, bleu pâle.

180. Tissu de coton gros bleu.

181. Tissu de coton couleur chamois.

La ville de Yochow est renommée pour ses tissus de coton fabriqué dans toutes les maisons du district. La production, consommée entièrement dans la province de Hounan, s'élève à 350,000 pièces par an. Le filé étranger a tout à fait chassé du marché le filé indigène, mais il a augmenté la production de 50 p. c. L'article indigène se fait seulement sur commande et on en fait environ 3,000 pièces par an.

182. Tissu de coton à lignes bleues, fait de filé étranger.

183. Tissu de coton croisillé, fait de filé étranger.

184. Tissu de coton blanc,   id.

185. Tissu de coton gris cendré, id.

186.   Id.   id.   id.

Ceci est du tissu fait à Yochow et vendu à Canton.

187. Tissu de coton noir, fait de filé étranger. Tissé dans les familles à Changsha ; teint localement et employé localement.

188. Tissu de coton vert, fait de filé étranger.

189. Tissu de coton blanc, fait de filé indigène, fin.

190.   Id.   id.   id.   ordinaire.

191. Tissu de coton gris cendré, fait de filé indigène.

192. Tissu de coton à lignes, fait de filé étranger à une spécialité de la ville de Changteh, où l'on en tisse environ 80,000 pièces par an.

193. Tissu de coton croisillé, dernier genre de Yochow ; production : environ 1,000 pièces par an.

194. Ruban de coton, couleurs variées, fait de filé indigène.

197. Bandes de coton, croisillé blanc, noir.

200. Ceintures de coton, couleurs diverses.

201. Cordeliéres en coton, blanc et jaune.

202. Cordeliéres en coton, croisillé blanc et bleu.

203. Ceintures en coton, croisillé blanc.

204. Tissu de coton imprimé, figures bleues sur fond blanc, des deux côtés.

205. Tissu de coton imprimé, figures blanches sur fond bleu, d'un seul côté.

207. Tissu de coton imprimé, figures blanches sur fond bleu, marqué des deux côtés.

208. Tissu de coton imprimé, figures bleues sur fond blanc, deux côtés.

210. Dix-huit mouchoirs de coton imprimé, figures bleues sur fond blanc, marqué des deux côtés.

213. Six mouchoirs imprimés, figures blanches sur fond bleu.

214. Huit serviettes de bain, figures bleues sur fond blanc.

215. Tablier imprimé, figures blanches sur fond bleu, d'un côté.

216. Tablier imprimé, figures bleues sur fond blanc, marqué des deux côtés.

217. Deux rideaux de porte imprimés, figures bleues sur fond blanc, deux côtés.

219. Quatre rideaux de porte imprimés, figures blanches sur fond bleu, marqué de deux côtés.

221. Quatre robes de femme imprimées, figures blanches sur fond bleu, un côté.

223. Jaquette d'enfant imprimée, figures blanches sur fond bleu, un côté.

224. Pantalon de femme imprimé, figures blanches sur fond bleu, un côté.

225. Cordelettes pour tresse, noir pour l'usage ordinaire, blanc pour le deuil, et bleu pour le demi-deuil.

226. Toile Shirting gris, 40 yards par 39 pouces, produit par la filature gouvernementale du Houpeh.

227. Douze courtepointes de coton, figures bleues sur fond blanc, deux côtés.

CLASSE 81.

Fils et tissus de lin, chanvre, etc.

229. Filé de « China Grass » (l'herbe de Chine), différentes sortes de plantes telles que Urtica nivea, Dolichos bulbosus, etc.

230. Filé de la plante Pueraria.

231. Filé obtenu de la plante Rhea.

233. Filé obtenu des fibres de la plante Urtica nivea, la ramie : produit des filatures du gouvernement du Houpeh.

236. Tissus de fil de ramie, gris, couleur naturelle.

238. Tissu de fil de ramie, blanc. Ce tissu est obtenu du fil tiré des fibres de la plante Pueraria Thunbergiana. Une bonne qualité est appelée « toile de fil d'argent ». Une qualité encore plus fine est fabriquée dans les familles et est appelée « toile de demoiselle ».

239. Gaze de fil ramie, jaune, faite de fibre de Pueraria. Ce tissu est fabriqué dans le district de Chi-yang dans le sud de la province de Hounan. C'est un article pour l'usage de la Cour Impériale et est difficile à se procurer.

240. Gaze de chanvre, blanche, faite à Liou-yang. Il y a à peine dix ans qu'on a commencé à tisser cet article et c'est maintenant une industrie florissante. On la distingue en gaze à 3, 5, ou 7 fils, d'après le nombre de fils dans la trame qui complètent la maille.

241. Filet de fibre de Rhea, vert. Les couleurs principales sont verte, blanche ou blanche et verte. Très employé dans le Hounan.

242. Ficelle blanche faite d'herbe de Chine, ramie, de Changsha.

243. Cordons de tresse d'herbe de Chine, blanc pour deuil, bleu pour demi-deuil.

244. Ficelle de chanvre.

249. Ficelle de fibre de coco.

250. Corde de fibre de coco.

CLASSE 82.

Fils et tissus de laine.

253. Quatre couvertures, chaîne de coton et trame de laine, de Kalgan.
255. Feutre rouge, fait de laine de mouton, employé comme matelas, etc.
257. Feutre blanc.

CLASSE 83.

Soies et tissus de soie.

259. Soie grége blanche, meilleure qualité de Mien-yang-chow.
260. Soie grége jaune, meilleure qualité de Mien-yang-chow.
261. Soie grége jaune, seconde qualité de Mien-yang-chow.
262. Soie grége blanche, première qualité de Hwang-chow.
263. Id. jaune, id. id.
264. Id. id. seconde qualité id.
265. Id. blanche, première qualité de Ho-young.
266. Id. jaune, seconde id.
267. Id. id. id. de Nan-yang.
268. Id. inférieure.
269. Id. inférieure, bouts.
270. Soie de grége, déchets.
271. Cocons de rebut.
272. Soie grége sauvage.
273. Id. jaune et blanche, de Ho-young dans le Houpeh.
275. Soie grége blanche et jaune, marquée du dragon impérial ; produit de la filature à vapeur du gouvernement provincial du Houpeh.

277. Fil de soie, couleurs diverses, fin et gros.
279. Deux pièces de soie pongée, couleurs diverses avec modèles de fleurs, de la province de Honan.
280. Six pièces de soie pongée, couleurs variées, dessins fleurs, de Hankow.
282. Une pièce soie blanche unie du Honan.
284. Une courtepointe en satin avec figures géométriques de couleurs variées tissées dans l'étoffe, du Houpeh.
285. Deux courtepointes en satin avec figures géométriques de couleurs variées tissées dans l'étoffe, de Kingchow.
287. Une courtepointe en satin, avec lignes et fleurs, de Kingchow.
288. Cinq courtepointes en satin, couleurs variées, de Shasi.
289. Quatre pièces de soie, couleurs diverses, de Shasi.
290. Quatre pièces de soie, noir et jaune, de Changsha.
294. Crêpe de soie, noir.
295. Cordes de tresse en soie, couleurs variées.
296. Cinq pièces de velours, couleurs diverses.
297. Une pièce de velours, face de soie et derrière de coton, gris d'acier.
299. Cinq pièces de passementeries de soie, couleurs diverses.
301. Douze pièces de passementeries de coton, couleurs variées.

CLASSE 86.

Industries diverses du vêtement.

302. Jaquette d'enfant.
303. Pantalon.
304. Chapeau fait de bambou et papier huilé.
306. Deux éventails de paille.
307. Quatre éventails de bambou.

CLASSE 30.

Carrosserie, charronnage, etc.

309. Modèle de chaise à porteurs, employée par un particulier ou un fonctionnaire pour relations particulières.

310. Modèle de chaise à porteurs pour voyager dans le Hounan.

311. Modèle de brouette.

La brouette est l'un des plus anciens moyens de transport connus en Chine et l'un des plus répandus. La brouette se compose d'un cadre en bois avec une grande roue au centre; une plate-forme recouvre et protège la roue, et deux plate-formes de côté portent les marchandises ou les passagers-voyageurs, suivant les circonstances. L'homme qui pousse la brouette se place entre les brancards, passe une courroie ou patte sur ses épaules afin d'équilibrer le poids sur son corps et de l'aider à guider le véhicule. Les petites brouettes sont poussées par un homme; mais quand le poids est lourd, des hommes ou des animaux sont attachés à l'avant avec des cordes pour aider à tirer. Un poids dépassant une tonne peut ainsi être tiré le long des sentiers étroits où ne pourraient passer des charrettes.

312. Modèle de brouette avec voile, employée principalement dans le Hounan.

313. Brouettes à deux roues, une devant et une derrière. Cet arrangement de deux roues permet à la brouette et à son chargement de passer sans secousse au-dessus des nombreux fossés-rigoles qui coupent les sentiers dans les districts à rizières, où l'eau doit pouvoir passer librement d'un champ à l'autre pour les besoins de l'irrigation.

314. Charrette à buffles d'eau, communément employée pour les besoins de l'agriculture et du commerce, là où les routes en permettent l'emploi. Ce chariot est souvent d'une construction tout à fait primitive, fait par le fermier lui-même, avec les outils les plus rudimentaires, et l'on peut encore voir des chariots dans la construction desquels n'entre pas le plus petit morceau de fer. Mais il y a aussi des chariots d'une structure plus moderne.

CLASSE 31.

Sellerie et bourrellerie.

315. Paniers-bâts pour âne.
316. Bât pour âne ou mulet.
317. Bât de chameau.

CLASSE 33.

Matériel de la navigation de commerce.

318. Modèle de jonque à charbon, capacité 50 à 80 tonnes; porte le charbon de Paoking dans le Hounan jusque Hankow. Construite de planches de sapin grossièrement attachées l'une à l'autre, suffisamment bien pour permettre au bateau de faire un seul voyage; car à son arrivée à destination on le brise et les bois en sont vendus tandis que les ancres et les cordages sont renvoyés à Paoking.

319. Modèle d'une jonque à marchandises. Capacité, environ 16 tonnes, dimensions, 60 pieds de long par 10 de large et 6 de tirant d'eau. Construite de bois dur et de bois tendre. Trafiquant entre Changsha et Hankow avec du riz, du papier, etc., et retournant à Changsha avec des marchandises d'origine étrangère.

320. Modèle d'une jonque à marchandises générales. Bateau de Changsha appelé *Tao Ha Tsze.* Capacité environ 18 tonnes; dimensions, 60 pieds par 11 pieds, par 6 pieds de tirant.

321. Bateau à passagers. Capacité environ 19 tonnes. Dimensions, 62 pieds par 12 pieds de largeur et 6 pieds et demi de tirant. Fait de bois dur avec compartiments mobiles; va du Hounan ouest à Hankow avec passagers. Retourne avec des marchandises. Construit spécialement pour passer les bancs de sable.

322. Jonque à charbon. Construite à Hengchow de bois dur et employée principalement dans le transport du charbon; capacité 50 tonnes; longueur 70 pieds, largeur 13 pieds, tirant 7 pieds.

323. Jonque à marchandises générales. Bateau de Paoking appelé *Chinptse.* Capacité 27 tonnes. Dimensions 65 pieds par 13 pieds par 6 et demi. Vient à Hankow avec du charbon, des peaux, du riz, de l'acier, etc., et retourne à Paoking avec des marchandises étrangères.

324. Bateau à passagers. Bateau de Siangtou appelé *Man Chiang Houng.* Divisé en compartiments avec fenêtres. Employé principalement par les fonctionnaires pour voyager. Pendant la saison des thés vont à Hankow chargés de thé. Capacité 95 tonnes. Longueur 100 pieds, largeur 20 pieds, tirant 14 pieds.

325. Jonque à sel. Bateau de Changsha et Siangtou appelé *Tiao Kow Tse.* Capacité de 70 à 180 tonnes. Longueur 90 pieds, largeur 18 pieds, tirant 12 pieds.

326. Jonque à charbon. Capacité 50 à 60 tonnes.

327. Jonque à marchandises générales. Longueur 80 pieds, par 14 pieds, par 7 pieds. Capacité 60 tonnes.

328. Deux bateaux de police pour le fleuve.

330. Sept jonques à sel.

337. Jonque à marchandises générales.

338. Jonque du gouvernement.

339. Jonque à sel.

340. Jonque pour le transport du sucre.

341. Jonque pour le transport du sel et du coton.

342. Quatre jonques à sel.
346. Jonque à passagers,
347. Jonque à sel.
348. Jonque à riz.
349. Jonque officielle.
350. Deux jonques à sel.
352. Radeau voyageant sur le Yangtsze central.

Les radeaux qui arrivent à Hankow sont de grandes constructions de 300 à 500 pieds de longueur, 50 à 100 pieds de largeur et 6 à 20 pieds de profondeur. De 10,000 à 15,000 troncs d'arbre sont employés dans la formation d'un de ces radeaux qui forme une île flottante sur laquelle on bâtit un petit village donnant asile aux cent ou cent et cinquante hommes nécessaires pour naviguer le radeau. La majorité des troncs d'arbre viennent des régions éloignées de l'Empire, des forêts entourant le lac Toungting, du Szechwan, du Yunnan et des bords du Thibet. Sur le haut Yangtsze les radeaux ne sont pas aussi profonds, mais on les reconstruit et on les agrandit plusieurs fois durant le voyage au fur et à mesure que le fleuve permet leur expansion. Les conducteurs comptent sur le courant pour les amener à destination à Chinkiang, 500 milles plus bas que Hankow, et ce voyage prend de deux à quatre mois et même parfois toute une année, lorsque le radeau doit être reconstruit en cours de route. Un radeau de grandeur moyenne peut coûter 75,000 francs.

353. Radeaux du Hounan. Radeaux de bois de construction et de bambous, sont expédiés en grand nombre des montagnes centrales et occidentales du Hounan et des bords des provinces adjacentes. La valeur de ce commerce de bois a été évaluée à quarante millions de francs par an.
354. Cordages de bambou employés communément sur le Haut Yangtsze pour le halage et l'amarrage des jonques dans ce voyage périlleux.

Les espèces tressées sont faites de bambou importé par bateau et radeau du Hounan. Trois hommes travaillant ensemble, un tressant et les deux autres coupant et apprêtant le bambou, peuvent en trois jours faire un câble de 1,860 pieds de longueur et variant de 3 à 6 pouces en circonférence. Leur gain, en outre de la nourriture, n'est que de 1600 sapèques, environ 4 fr. 50, et pourtant ce câble va se vendre de 7,000 à 20,000 sapèques, d'après l'épaisseur et la qualité.

Les échantillons de cordage tordu sont fabriqués en longueur de 230 pieds des lanières extérieures des tiges de bambou.

CLASSE 35.

Matériel des exploitations rurales.

361. Tourteau de fèves. Les fèves et pois mûrs sont écrasés et bouillis, puis la masse est pressée en tourteaux et l'huile en est extraite. Ces tourteaux sont employés extensivement comme engrais pour la canne à sucre dans les districts de Swatow et d'Amoy.

CLASSE 91.

Tabacs.

362. Tabac en feuilles.
365. Machine à couper le tabac.
367. Tabac préparé. Tabac ordinaire du Houpeh, coupé pour fumer dans les pipes longues.
373. Tabac préparé. Tabac en gâteau, qualité fine.

CLASSE 48.

Graines, semences, etc.

377. Riz non écossé.
380. Graines de sésame, noires et blanches.

384. Fèves vertes.
385. Id. jaunes.
386. Id. larges.
387. Pois jaunes.
388. Fèves noires.
389. Id. id. et jaunes.
390. Id. jaunes.
391. Id. noires.
392. Fongus noir.
393. Fleur de lis.
394. Noix de lotus.
395. Graines de choux.

CLASSE 39.

Produits agricoles d'origine végétale.

Il y a plus d'un millier d'années, quinze cents ans peut-être, que les Chinois cultivent l'arbre à thé, et la tradition va même jusqu'à dire que cette plante fut découverte par l'empereur Shennoung qui vivait 2737 ans avant l'ère chrétienne. Quoi qu'il en soit, l'infusion des feuilles séchées de l'arbuste à thé est mentionnée par un auteur chinois du VIᵉ siècle, et en l'an 793 de notre ère le Gouvernement commença à prélever des taxes sur le thé. Les premiers voyageurs européens qui touchèrent à la Chine mentionnent le thé comme formant un trait spécial de la vie sociale et commerciale chinoise à cette époque; et, depuis plus de 150 ans, le thé s'est conquis une place importante dans l'économie de toutes les nations occidentales et de nos jours plus de la moitié des habitants du globe l'emploie d'une manière ou d'une autre. Son nom étranger est dérivé du nom du breuvage dans le dialecte d'Amoy, où il est appelé *tat*; mais, dans toutes les autres parties de la Chine, on ne le connaît que sous le nom de *tcha*, et le terme s'applique aussi bien à la plante elle-même qu'à l'infusion de ses feuilles. Le théier (*Ternstromiaceæ, Thea sinensis*), dont on trouve **deux** variétés en Chine, est un arbuste buissonneux, résistant et toujours vert, allié au camélia, qui peut croître sous divers climats et est indigène à la Chine méridionale et centrale, au Japon et à l'Inde. En culture, on lui permet d'atteindre une hauteur d'environ un mètre, rarement un mètre et demi; on dit pourtant qu'à l'état sauvage le théier, dans l'Assam, atteint jusqu'à dix et douze mètres avec des feuilles longues de vingt centimètres et un tronc d'environ trente centimètres de diamètre. Les fleurs sont simples et blanches, paraissant en grand nombre en hiver et au printemps. Les feuilles sont elliptiques, serrées et veinées. En Chine, elles atteignent rarement plus de 10 centimètres de longueur, et les feuilles du commerce n'ont, en général, pas plus de cinq centimètres de longueur sur deux et demi de largeur. Pendant la période de développement progressif de la feuille, ses veines et sa structure cellulaire sont caractéristiques, de sorte qu'un expert dira avec assez de certitude l'âge approximatif d'une feuille quelconque. Toutefois, le cultivateur ne vise pas à la grandeur des feuilles, mais à leur qualité et leur saveur. Des tentatives pratiques ont été faites d'introduire l'arbre à thé aux Indes occidentales, dans la Caroline du Sud, au Brésil, dans l'Afrique du Sud, en Australie et dans d'autres pays, avec bien peu de succès. Aux Indes anglaises, à Ceylan et à Java, l'arbre à thé n'a pas eu grand'peine à s'acclimater, mais au grand détriment des vertus de ses feuilles, et quoiqu'un commerce important se soit développé, à force de réclame bruyante et de dépréciation malveillante des thés chinois, il est incontestable que les thés chinois ont conservé toutes leurs vertus et qualités, que le berceau du théier et le seul pays qui convienne à sa constitution, c'est la Chine, et que l'expatriation lui ravit sa saveur et lui donne un excès de tanin qui le rend âcre et déplaisant au goût tout en en faisant un bien mauvais ami pour les nerfs et la gorge. Afin de bien croître et de donner des feuilles dignes d'être conservées, le théier demande un climat tropical humide où il pleut beaucoup, et un sol convenant à ses besoins particuliers, modérément riche, mais un peu sablonneux et friable, bien drainé et pourtant ne manquant pas d'humidité, surtout dans le sous-sol. Ces conditions favorables se rencontrent sur le versant des collines et dans les vallées des provinces de Canton, Foukien, Chekiang ; mais où le théier pousse à la perfection, c'est dans le bassin du Yangtsze (le Fleuve Bleu),dans les provinces de Kiangsou, Anhwei, Kiangsi et dans le Houpeh et le Hounan, les régions de la Chine produisant ce qu'en Europe on appelle le thé noir. Dans le commerce, il y a deux sortes de thés : le noir et le vert qu'on a cru longtemps être le produit de deux plantes différentes; mais, on sait aujourd'hui que la couleur dépend entièrement du mode de préparation des feuilles. Les feuilles tendres et les bourgeons sont cueillis à trois ou quatre périodes pendant la saison, chaque cueillette diminuant graduellement en saveur et en valeur ; mais on n'expédie à l'étranger que les feuilles de la première récolte et une partie de celles de la deuxième cueillette, le reste étant préparé pour la consommation indigène. La première cueillette se fait au commencement d'avril, la deuxième un mois plus tard, la troisième en juillet et la quatrième a lieu en août et septembre, les dates exactes variant naturellement avec le degré de latitude et l'avancement ou le retard de la saison... Les diverses opérations de séchage, pressage, fermentation, roulage et cuisson ne sont pas suivies uniformément, soit en ce qui regarde l'ordre ou la durée des opérations, chaque district ayant adopté la méthode lui paraissant donner les meilleurs résultats; cependant, afin d'assurer le maximum de finesse de qualité, chaque étape dans la préparation d'une cueillette particulière doit être conduite avec la plus grande régularité et attention; car, un délai à finir une opération ou de la précipitation à en commencer une autre pourrait gâter toute la récolte. Dans la préparation du *thé vert*, les feuilles fraîchement cueillies sont étendues d'une manière clairsemée sur des plateaux de bambou et exposées pendant deux ou trois heures afin de sécher et de se faner partiellement. On les jette ensuite par poignées sur une poêle en fer chauffée à rouge où on les tient, les remuant sans cesse pendant quatre ou cinq minutes. Au fur et à mesure que la chaleur agit sur la sève, les feuilles deviennent molles et flasques, elles craquettent et émettent de la vapeur. On les transfère ensuite sur une table en rotin ou bambou, où les ouvriers en saisissent une poignée, en forment une boule de dimension facile à manipuler qu'ils roulent et pressent pour en extraire le jus et rouler les feuilles. Les boules passent d'un ouvrier à un autre qui répète l'opération jusqu'à ce qu'une inspection minutieuse montre que le pressurage et le roulage sont suffisants et que la couleur a la teinte voulue. On ouvre ensuite les feuilles et on les rôtit une seconde fois en les plaçant sur une poêle en fer sous laquelle brûle un feu de charbon de bois. Au besoin, on roule et on rôtit les feuilles une troisième fois. La dernière cuisson se fait à une température qui sèche complètement les feuilles; et toutes les opérations sont conduites avec la plus grande rapidité possible afin de conserver aux feuilles leur couleur verte et empêcher la fermentation. Pour les meilleures qualités ou peut rôtir et rouler une quatrième fois. Quand l'opération est finie, les feuilles sont soigneusement tamisées et séparées, puis vannées; et elles passent ensuite au marché sous le nom de *lu cha*, thé vert. Il est bon de faire observer que le thé vert retient presque entièrement son huile et sa sève originelles et, par conséquent, est beaucoup plus amer que le thé noir. A la rigueur, on peut dire que les feuilles du thé vert, aussi bien que celles du thé noir, subissent un certain degré de fermentation, car dès que les feuilles sont cueillies elles se dessèchent et un changement chimique doit en être le résultat; mais, en ce qui regarde le *thé vert*, le degré de fermentation qu'on lui permet d'atteindre est très léger, tandis qu'avec le *thé noir* non seulement la fermentation est provoquée, mais elle forme un des éléments essentiels de sa préparation. Les feuilles fraîches qu'on désire convertir en *thé noir* sont placées sur de grands plateaux en bambou et exposées à l'air et parfois au soleil pendant plusieurs heures, et il arrive même qu'on les y laisse toute la nuit. Pendant qu'elles sont en train de se faner, on les secoue et on les bat à intervalles jusqu'à ce qu'elles soient ramollies. On les dresse ensuite en tas et on les laisse ainsi pendant au moins une heure jusqu'à ce qu'elles soient devenues d'une couleur plus foncée. Puis, on les met sur une poêle en fer chauffée et on les remue pendant cinq minutes jusqu'à ce qu'elles soient molles et pliables, et on en prend des poignées qu'on roule et presse comme dans le cas du *thé vert*, mais en ayant soin d'en extraire tout le jus possible. Il arrive, toutefois, que la séve est extraite avant le rôtissage en mettant les feuilles partiellement séchées dans des sacs de coton qu'on place dans des caisses percées de trous, et on les presse et on les pétrit afin d'en faire surgir le jus qui sort par les trous des caisses sous forme d'un fluide semi-visqueux de couleur verdâtre et en quantité considérable. Le but de cette opération est d'extraire le tanin, lequel rendrait une infusion des feuilles trop amère. Après avoir été roulées, les feuilles sont placées dans des paniers et recouvertes, afin de favoriser la fermentation. La température monte sensiblement et est soutenue jusqu'à ce que les changements chimiques soient suffisamment avancés; puis, on secoue les feuilles et on les étend sur des plateaux. Après cela, on les jette sur des poêles en fer chauffées et on les remue rapidement pendant quatre ou cinq minutes. C'est à ce moment que l'arome caractéristique du thé se fait sentir. Les opérations de rôtissage et de roulage sont répétées aussi longtemps qu'il est possible d'extraire de la séve, mais le nombre de fois dépend des coutumes du district, de la qualité des feuilles manipulées et les demandes du marché. Le *thé Congou*, un des noms bien connus, signifie *habilement travaillé*. En régle générale, le dernier passage au feu — habituellement le deuxième ou le troisième — est fait par l'acheteur, le négociant en gros, qui va s'établir dans un centre convenable où il achète des producteurs et où il classe et mélange les diverses cueillettes qui contribuent à former les marques demandées. Il choisit ces derniéres des thés d'un district fournissant un produit uniforme. C'est lui qui décide du rang final des produits et qui les fait emballer dans les caisses doublées d'étain prêtes pour l'exportation. On nomme généralement les thés d'après les districts qui les produisent et ils reçoivent en outre une marque qui, d'une manière indéfinie, indique son arome particulier. Mais ces marques changent d'année en année, et le devoir de les étudier et de les évaluer incombe au *chasze* ou goûteur de thé, un expert anglais capable de déterminer non seulement la finesse et la valeur d'une

marque quelconque, mais encore de dire quelles marques
peuvent convenir à telle ou telle partie du monde. Quant à
la composition des thés chinois et indiens, le Professeur
Dittmar a trouvé les résultats suivants :

		Théine.	Tanin.
Thé Indien	pour cent	3.78	9.68
Thé Chinois	id.	4.10	6.16

et ceci dans du thé chinois ordinaire, c'est-à-dire pas
pressuré soigneusement, tandis que 'tout le thé Indien est
pressuré de même à la machine. La théine est un alcaloïde
($C_8 H_{10} N_4 O_2$) riche en nitrogène, aisément soluble dans
l'eau chaude ; et c'est à elle que le thé doit ses propriétés
stimulantes et bienfaisantes. Le tanin a un goût amer et
piquant ; sa présence dans le thé en grande proportion a
certainement un effet délétère, et, étant la partie la plus
abondante des substances solubles de la feuille, il est très
important de s'en débarrasser autant que possible, et c'est
là le but du pressurage et de la fermentation. On comprend
que les qualités supérieures du thé chinois ne renferment,
après trois ou quatre manipulations, presque plus de tanin.
L'huile de thé est une substance stimulante volatile à
laquelle le thé doit principalement son odeur caractéristique. Quant à la toute importante et très compliquée
qualité du thé qu'on appelle *arome,* quoiqu'elle prenne la
première place au point de vue commercial, elle ne se prête
pas à une analyse scientifique. Elle est régie par la présence
de substances qui touchent les sens du goûter et de l'odorat,
principalement l'huile de thé ; mais les quantités de ces
ingrédients délicats dans le thé sont minimes, au point de
ne pouvoir être ni déterminées, ni séparées. Les thés noirs
supérieurs de Chine contiennent pourtant sans contestation
possible, à un plus haut degré que tous les thés indiens,
javanais, ou autres, les propriétés qui contribuent à former
la finesse de l'arome et l'excellence de la qualité. Ils
donnent un breuvage rafraîchissant et bienfaisant qui
fortifie et l'esprit et le corps ; ils produisent l'activité de la
pensée et rendent l'énergie aux muscles fatigués, calmant
tout en égayant, et différant des autres stimulants en ce
qu'ils ne laissent derrière eux, ni abattement, ni épuise-

ment. Mais c'est tout un talent de savoir faire du thé : Il faut d'abord chauffer sa théière au moyen d'eau bouillante, qu'on.jette. Pour chaque litre d'eau que la théière peut contenir, il faut employer deux bonnes cuillerées à thé de feuilles·et verser dessus de l'eau bouillante au plus haut degré, en quantité requise. On couvre la théière au moyen d'un *cosey* ou couvre-théière capitonné, et on laisse infuser pendant cinq minutes. Les feuilles doivent être placées à l'aise, non pressées et serrées, dans une passoire ou récipient quelconque qu'on peut aisément enlever de la théière, tels qu'un linge propre, un sachet, un œuf en argent ou en nickel ou un cylindre perforé qu'on suspend dans la théière. Pour obtenir du bon thé plus de cinq minutes d'infusion ne valent rien ; si l'on désire une infusion plus forte, il faut employer plus de feuilles, mais ne pas prolonger l'infusion. On peut boire le thé avec du sucre et du lait ou, comme en Russie, un morceau de citron.

Échantillons de thé.

396. Marque ou *chop* I Cheong.
398. Marque Hsien Pin.

Le district de Ichang produit les meilleurs thés comme qualité et arome, mais seulement en petite quantité qui est exportée presque en totalité en Russie.

400. Marque Kee Hing.
402. Marque Tien Hing.
404. Marque Foo Cheong.

Ces thés sont produits dans les districts de Ningchow, sur les hautes montagnes et sont sans conteste les Congou les plus fins et les plus délicats que produise la Chine.

406. Mut Wha *chop*.
408 Marque Shing Kee.

Le district de Onfa qui produit des thés est aussi connu pour ses produits de bonne qualité et la force et l'arome de ses thés.

410. Marque Sin Chun.
412. Marques Hoey Yoey.
414. Marque Ming Gua.

Le thé produit par le district de Keemun est.aussi de haute qualité et donne une liqueur forte.

457. L'huile de thé extraite des graines du théier, forme une huile excellente pour la lampe.
466. Riz glutineux.
470. Riz de Chinkong.
474. Blé de Hankow.

CLASSE 58.

Conserves de viande, poissons, légumes, etc.

475. Amandes.
476. Jujubes ou dattes rouges.
477. Jujubes ou dattes noires.

CLASSE 61.

Sirops et liqueurs, spiritueux, etc.

479. Vin *samchou* rouge, distillé de *kaoliang* ou millet des Barbades.
480. Vin samchou blanc, distillé de kaoliang.
481. Vin samchou jaune, distillé de blé.

CLASSE 41.

Produits agricoles non alimentaires.

482. Cotonnier ou plante à coton.
483. Coton brut avec graines.
484 Graines de coton.

485. Graines de théier, séchées.
486. Id. avec cosse.
487. Id. de Hengchow.
488. Id. de Hsiangtan.
489. Suif végétal.
490. Graines.
491. Id. de l'arbre produisant l'huile de bois.
492. Id. de coton.
493. Huile de bois, noire et blanche.

L'arbre à huile de bois (*Aleurites cordata*) pousse partout dans les champs. Il semble préférer un sol léger et rocailleux, et on le trouve en abondance sur les bords du Yangtsze à l'ouest d'Ichang. Il atteint une hauteur d'environ cinq mètres et possède de grandes et belles feuilles vertes et des bouquets de petites fleurs d'un blanc rosé. Il produit un grand fruit vert, comme une pomme, dont les graines contiennent l'huile qui donne à l'arbre sa renommée. On récolte le fruit en août et septembre. Des presses primitives en bois avec coins sont employées pour l'extraction de l'huile qu'on envoie au marché dans des cuves en bois dont les couvercles ferment hermétiquement. Cette huile s'emploie pour une variété d'objets tels que la préparation des couleurs, vernis, papier imperméable, parapluies en papier, éclairage, etc.

496. Suif végétal extrait du fruit de l'arbre à vernis, le *Rhus vernicifera*.
497. Suif végétal fabriqué à Shasi des graines de l'arbre à suif, le *Stillingia sebrifera*.
498. Huile végétale fabriquée à Shasi des graines de l'arbre à suif, employée principalement pour l'éclairage.
499. Suif animal.
500. Noix de galle, unies (*Nux gallæ*).

Ce sont les noix produites par un hémiptère sur l'arbre *Rhus semi Alata*. On passe les noix à la vapeur pour tuer l'insecte. Les noix sont employées par les teinturiers et les tanneurs pour produire une couleur noire, ou on les mélange avec de la cochenille ou autres substances colorantes pour produire les couleurs grises, brunes ou chamois. On en exporte beaucoup à l'étranger pour la fabrication des encres.

501. Noix de galle, cornues.
502. Id.   : cônes.
503. Id.   glands.

CLASSE 42.

Insectes utiles et leurs produits

504. Cocons jaunes.
505. Cire d'abeille jaune.

Les alvéoles sont bouillies et le produit liquide est refroidi dans un moule. Employée pour entourer les pilules, polir le bois et fabriquer des chandelles.

506. Cire blanche.

L'excrétion d'un insecte (*Coccus pela*) vivant sur les feuilles d'une espéce de troéne (*Ligustrum lucidum*). La source principale de production est le Szechwan, mais on en trouve aussi dans les provinces de Kweichow, Hounan, Foukien, Chekiang et Anhwei. On l'emploie dans la fabrication des cierges; mais depuis l'introduction du pétrole en Chine, la culture de l'insecte à cire a beaucoup diminué. On l'emploie aussi pour lustrer la soie et en médecine pour couvrir les pilules.

CLASSE 49.

Matériel et procédés des exploitations forestières

507. Orme (*Saphora Japonica*). Les fleurs servent à faire une teinture jaune et le bois sert pour fabriquer des barres et des gouvernails.

508. Cédre (*Thuya orientalis*), employé dans la construction des navires et des meubles.

509. Poirier (*Pyrus sinensis*), employé en menuiserie.

510. Sapin blanc (*Cunninghamia sinensis*), employé dans la construction des maisons et charpentes ordinaires.

511. Sapin rouge, employé dans la construction des maisons et pour pilotis.

512. *Ligusticum sinense*, employé pour seaux, baquets et construction de bateaux.

513. Saule (*Salix babylonica*), employé pour entraits et arbalétriers dans la construction des maisons.

514. *Boixus sempervirens*, employé pour faire des bâtonnets à manger, des tasses et des cuillers.

515. *Cedrela odorata*. On en fait bouillir les bouts pour les manger.

516. Camphrier (*Laurus camphora*), employé pour faire des ouvrages d'ébénisterie et des jonques.

517. Coir (*Fibres de coco*).

Ce nom est donné aux téguments fibreux des feuilles non développées ou abortivès de plusieurs espéces de palmiers (*Cham œrops excelsa*), desquels on les cueille au printemps. La fibre n'est pas longue, mais elle est forte et très utile pour faire des cordages, des balais, etc.

518. Fibre de coir peignée. Le produit brut est amolli dans l'eau, puis peigné avec un peigne en fer.

519. Natte de lit.

La plante qui sert à tisser ces nattes très estimées pousse sur les montagnes du Sud du Hounan, sur les bords de la province de Canton. Elles forment une couche fraîche et délicieuse dans la saison chaude.

524. Pardessus contre la pluie, fait de fibres de coir, employé par les classes pauvres en guise d'imperméable.

525. Résine.

CLASSE 63.

Exploitation des mines, carrières, etc.

526. Plateau et bambou employé par les mineurs pour laver l'or.

Avec ces outils primitifs un Chinois travaillera courageusement pendant toute une journée pour la somme de 30 centimes. Le tube en bambou est le réceptacle dans lequel les pépites d'or sont soigneusement lavées. Ce tube est lié à la jambe ou à la ceinture. L'or d'alluvion se trouve dans plusieurs parties de la Chine, mais l'or récolté suffit à peine pour payer les frais d'exploitation. Dans les environs de la ville de Yochow, sur le Yangtsze, après les inondations annuelles de l'été, des hommes, principalement les matelots des bateaux arrêtés par le manque de vent, peuvent être aperçus cherchant l'or déposé par les eaux, bien heureux si ce travail leur rapporte quelques centimes de profit. Le Yangtsze ou Fleuve Bleu est connu, dans ses régions supérieures, sous le nom *Fleuve au sable d'or*, et il paraît qu'on pourrait bien appliquer le même nom aux rivières prenant leur source dans la province du Hounan.

527. Salpêtre, de Changsha.

528. Soufre, de Lichow.

530. Coke. de Hengchow.

531. Charbon dur, de Hengchow.

532. Anthracite, de Chang-yang, dans le Houpeh.

533.   id.   de Ho-young, dans le Houpeh.

534. Antimoine : Sulfite d'antimoine, de Hengchow. Antimonite.

535. Math. : Sulfite d'antimoine.

536. Sulfite de zinc, de Hengchow : Ce minerai est transporté à Hankow où on le concentre avant de l'envoyer en Europe.

537. Galène : Sulfite de plomb, de Hengchow.

538. Carbonate de cuivre. de Feng Hwang.

539. Cinabre : Sulfite de mercure, de Feng Hwang.

540. Vermillon, de Hankow.
541. Id. Id.
542. Minerai de cuivre, de Yochow.
543. Galéne : Sulfite de plomb, de Chinchow.
545. Nickel.
546. Quartz aurifère, de Pingchiang.
547^A Hématite : Oxyde de fer massif.
547^B Pyrolencite : Oxyde manganique massif.
547^C Pierre à chaux : Carbonate de calcium massif.

Les mines de Ta Yeh, à environ 60 milles en aval de Hankow, sur le Yangtsze, furent découvertes il y a une dizaine d'années à un moment où les Chinois commencérent sérieusement à s'occuper de mines. Le nom du district, qui signifie « grande fonderie », suggéra au Vice-Roi Chang Chih-toung l'idée que l'endroit devait avoir été, à une période des temps anciens, le siége de travaux métallurgiques ; et après des recherches on trouva un dépôt énorme de minerai de fer accompagné d'une certaine quantité de manganèse et de l'excellente pierre à chaux ; et l'on découvrit aussi des traces distinctes d'opérations de fonte que l'on suppose dater du sixième siécle. Le minerai est employé dans les fonderies de Hang Yang, établies par des Belges, et aussi exporté au Japon.

CLASSE 64.

Grosse métallurgie.

548. Lingot de fer, 5 spécimens.
549. Angles d'acier roulé, 2 spécimens.
550. Barres d'acier roulé, 9 spécimens.
551. Angles d'acier roulé, 2 spécimens.
552. Barres d'acier roulé, 6 spécimens.
553. Section d'un rail d'acier montrant le joint boulonné.

En 1893 les fonderies de fer et d'acier du Gouvernement de la province de Houpeh furent établies dans la ville de Han Yang par un belge, M. l'ingénieur des mines Braive, avec une équipe d'assistants belges, par ordre de S. E. le

Vice-Roi Chang Chih-toung ; le capital s'élevait à 6 millions de taels, soit 20 millions de francs. La production annuelle s'élève à environ 200,000 tonnes et la dépense annuelle à environ quatre millions de francs. Pour chaque tonne de fer produite par l'établissement,le Gouvernement reçoit un tael (fr.3,50), comme une sorte de remboursement du capital placé.Outre l'acier nécessaire pour l'arsenal, l'établissement fournit des rails employés dans la construction du chemin de fer de Pékin-Hankow.

554. Fer en lingots, de Paoking, préparé d'après les méthodes indigènes.

555. Barres de fer de Paoking,préparé d'après les méthodes indigènes.

556. Acier de Changsha, de Paoking, préparé d'après les méthodes indigènes.

Cet acier jouit d'une très grande vogue dans le Hounan et les provinces voisines.

CLASSE 52.

Produits de la chasse.

557. Plumes de faisan.
558. id. de faisan doré.
559. id. de héron.
562. id. de canard.
566. id. de canard sauvage.
567. id. de canard mandarin.
568. id. de vautour.
569. id. d'aigle royal.
570. id. d'aigle brun.
571. id. d'aigle jaune.
572. id. d'aigle rayé.
573. Duvet d'aigle.
574. Plumes d'outarde.
575. id. de cygne.
576. id. de grue.
577. id. de grue coréenne.
578. id. de hibou.

579. Plumes de pélican argenté.
580. Id. d'oie.
581. Id. de mouette.
582. Id. de poule.

CLASSE 69.

Meubles.

584. Autel domestique qui se trouve dans toutes les maisons.

CLASSE 87.

Arts chimiques et pharmacie.

590. Potasse fabriquée de cendres de bois ; employée dans la fabrication du papier et aussi pour nettoyer les habits.
591. Cinabre, sulfite de mercure préparé du produit indigène.
592. Bupleurum octoradiatum.

Cette racine est prescrite dans les inflammations du thorax et de l'abdomen, dans la fièvre puerpérale et dans la diarrhée aiguë.

593. Peaux de scarabée : Une décoction de ces peaux est employée pour réagir contre les mauvaises odeurs.
595. Colle de sang de poule, réputée très nourrissante.
596. Cuirasse d'armadille, employée dans les maladies de peau.
597. Racine de Platycodon grandiflorum ; tonique et stomachique en cas de syphilis.
598. Racines séchées de Gendarussa ; bouillies dans du lait on les donne contre le rhumatisme, la fièvre, la jaunisse, etc.
599. Plante inconnue ; probablement de la famille des orchidées ; possédant des propriétés toniques et stomachiques.

600. Calomel. Sel ordinaire, mercure et aluŋ mélangés puis chauffé sur une poêle en fer, couverte d'un plat en faïence, bien luté. On chauffe et le calomel sublime en cristaux blancs dans le couvercle. Comme onguent on l'emploie pour ulcères et plaies, et aussi contre la syphilis.

601. Indigo. Une sorte d'indigo employé en médecine contre les enflures, coups, etc. C'est un spécifique dans les convulsions.

602. Sel ordinaire. Chlorure de soude impur, contenant probablement du sulfate de soude. Employé dans le traitement des hypertrophies du foie, etc.

603. Punaise d'arbre, employée comme onguent pour les plaies.

604. Pour maladie des reins.

605. Lichen d'arbre. Une excroissance trouvée sur l'arbre à ambre liquide, recommandée dans les maladies des organes urinaires, etc.

606. Vermillon imitation.

607. Angélique, une plante à l'odeur douce employée comme stimulant dans les cas de catarrhe, rhumatisme, apoplexie et mal de dents.

608. Graine de croton (*Croton Tiglium*) produisant une huile employée dans les cas de dysenterie, diarrhée, apoplexie, paralysie, constipation, etc. Est un poison irritant, en grande quantité.

609. Uvularia grandiflora, donné dans les cas de fièvre, toux, hémorrhagies, manque de lait et maladies d'yeux.

610. Valériane. Les rhizomes d'une sorte de valériane. On l'aspire en cas de phtisie ; est considérée bonne pour la goutte et enflure des pieds.

611. Cordyceps, un fongus qui pousse sur la tête d'une chenille. On l'emploie dans la jaunisse, la phtisie, etc.

612. Chrysanthème, blanc et coloré, et plusieurs autres variétés sont employés comme tonique et sédatif et aussi pour les yeux.

613. Pelure d'orange. Les nombreuses sortes de pelures d'orange sont fort employées dans la pharmacopée chinoise pour leurs qualités stomachiques, stimulantes et anti-spasmodiques.

614. Pelure d'orange. La partie intérieure de la pelure employée comme ci-dessus et pour assaisonner le manger.

615. Scorpions conservés dans du sel; on en fait une teinture pour le rhumatisme, la paralysie et la fièvre.

616. Libanotis. Cette racine est donnée comme dérivatif dans les maladies causées par des refroidissements, et aussi comme antidote pour l'aconite.

617. Racine d'une plante, un fébrifuge.

618. Citron (*Citrum medica*), stimulant et tonique.

619. Sable. On le fait bouillir dans l'eau et le liquide sert de lotion pour rendre les yeux brillants.

620. Ecorce de magnolia hypolenca, un remède tonique et stomachique.

621. Fleurs de magnolia.

622. Dendrobium Ceraia, de plusieurs espèces, possède des qualités toniques, stomachiques et pectorales.

623. Barkhausia Repens, employé comme lotion pour les yeux; mélangé avec du fiel d'oie peut s'appliquer aux hémorroïdes.

624. Patate douce (*Dioscorea sativa*). Plusieurs espèces employées en médecine, très nourrissante; employée pour les enfants et les gens affaiblis.

625. Sophora tementosa, très employé comme tonique pectoral et diurétique.

626. Justicia (*Coptis tecta*). Racine employée comme fébrifuge et contre la dyspepsie.

627. Tige d'une plante, employée dans la fièvre et les maladies des reins.

628. Oxyde de mercure rouge. On verse du mercure métallique dans un mélange d'alun et de nitre contenu dans un bol en fer qu'on recouvre d'un couvercle en faïence bien luté. L'oxyde sublime dans le bol. On l'emploie pour bubons, ulcères et plaies.

629. Oxyde de mercure, un mélange d'oxyde mercuriel et un peu de nitrate. Fait en fondant du cinabre avec du nitre, du realgar, de l'alun, du sulfate de fer et quelquefois du minium.

630. Convolvulus. Racines employées pour adultérer le ginseng.

631. Pyrites de fer, en cubes. Avec les cristaux on fait des bracelets qu'on porte comme amulette protectrice contre les névralgies et la lèpre. La vertu réside principalement dans la symétrie des cubes.

632. Gingembre (*Zingimber officinale*). Gingembre séché employé contre les maux de tête, les maux de dents, et en lotions pour les yeux.

633. Racines de Passerina, employées dans le traitement des hernies, tympanite, et pour soulager la douleur.

634. Berberis Lycium. Les fruits, pousses et feuilles sont employés en médecine en infusions pour maux de tête nerveux, la fièvre, etc.

635. Realgar inférieur. Bisulfite de mercure.

636. Pilules du tonnerre (*Mylitta lapidescens*), un fongus trouvé dans la terre. Les pilules sont recommandées contre les vers, les maladies infantiles et l'impuissance.

637. Veratrum Nigrum, considéré comme un poison âcre. On le donne comme émétique dans les cas d'apoplexie.

638. Lotus stamens (*Nelumbium speciosum*), employé comme astringent et cosmétique.

639. Noularia, une variété coûteuse du Chwanpei.

640. Dent de dragon (*Ossac draconis*). Dents fossiles de plusieurs variétés d'animaux employées comme médecine pour le foie et comme cordial.

641. Os de dragon. Morceaux d'ivoire et d'os fossiles et impressions des mêmes dans la craie. Réduit en poudre de composition calcaire et prescrit contre la fièvre, etc.

642. Gentiane. Herbe du fiel de dragon. La racine est un remède rafraîchissant et utile aussi dans l'ophthalmie.

643. Licoperdon giganticum. Appliqué en poudre pour sécher les ulcères et les plaies, et aussi pour les affections de la gorge et des poumons.

644. Racines de lis (*Ophispogon Japonicus*), un remède pectoral et réfrigérant.

645. Uncaria Gambir; en décoction pour maladies d'enfant.

646. Racines de convolvulus (*Adenophora*). Les racines séchées sont employées comme un substitut peu coûteux du véritable ginseng et sont prescrites dans les cas de spermatorrhée, débilité et dyspepsie.

647. Galles de diverses espéces de chêne. Un astringent employé dans la dysenterie, la diarrhée, etc.

648. Arum pertaphyllum, anciennement donné dans les cas d'apoplexie. Un poison à grandes doses.

649. Ecorce de pivoine (*Pœonia moutan*), pour les congestions, maladies du sang, désordres menstruels, etc.

650. Une racine. Fraîche, elle agit comme un émétique; préparée, on la donne contre la fiévre, le rhumatisme, etc.

651. Une racine; arrête toute tendance à la congestion du sang.

652. Poivre long (*Blavica Roxburghii*), un stimulant.

653. Grains de Gardenia florida, employées en médecine pour les fiévres, hydropisie, jaunisse, etc.

654. Feuilles de ginseng (*Panax quinquefolium*), possédant des propriétés comme émétique et expectorant.

655. Rhemannia Chinensis, une drogue rafraîchissante et dépurative.

656. Crabes fossiles. On réduit les fragments en poudre fine pour les maladies d'yeux.

657. Ecailles fossiles, employées intérieurement dans les fiévres, la syphilis, en ophthalmie, etc.

658. Aralia Edulis, un tonique prescrit dans les maladies menstruelles et puerpérales.

659. Urtica tuberosa, une espéce d'ortie, prescrite pour les rhumatismes, névralgies, lumbago, etc.

660. Amornum, ayant de nombreuses propriétés.

661. Melanthium Cochin Chinense, recommandé en cas de débilité générale et maladies de la poitrine.

662. Atractylodes rubra, réputé fortifiant et conduisant à la longévité.

663. Cardamomes employés pour arrêter le vomissement et aussi comme condiment.

664. Une racine pour maladies des reins.

665. Tige de plante aquatique; un tonique.

666. Enonymus Japonicus. La racine posséde des qualités toniques et fortifiantes ; employée dans la spermathorrée, transpiration excessive.

667. Scarabée de terre; une décoction augmente le sang menstruel.

668. Pas d'âne, un expectorant dans l'apoplexie, l'asthme, etc.

669. Aralia papyrifera. Diurétique et pectoral.

670. Racine de bourrache (*Anchuşa tinctoria*). Employée pour exciter l'éruption de la petite vérole et pour colorer les chandelles.

671. Convolvulus très employé dans le traitement des affections pulmonaires.

672. Centipédes. Une décoction est employée dans les cas de gonorrhée, et, en poudre, aux plaies vénériennes.

673. Prosopis algaroba. Peu employée.

674. Actinolite. Mélangé d'autres médicaments est employé contre les maux de reins et comme aphrodisiaque.

675. Safran. Les fleurs rouges séchées du Carthamus tinctorius, un stimulant et sédatif, etc.

676. Artemesia abratanum, pris en bouillon contre catarrhe.

677. Curcuma, dont les racines sont employées comme teinture et aussi par les vétérinaires, etc.

678. Atractylodes alba. Se prend en infusion.

679. Borax. Borate de soude. Anti-phlogistique, expectorant, stomachique; employé pour les clous et pour fortifier la chevelure.

680. Cantharides, employées dans le traitement de l'hydrophobie.

681. Racine de Chine (*Pachyma cocos radix*). On la trouve poussant aux racines des sapins ou dans les terrains environnants. On l'emploie comme aliment et comme médicament, ayant des qualités diurétiques, etc.

682. Rhubarbe, est une des drogues les mieux connues en Chine. Celle de la province du Shensi est la meilleure. On déterre les racines pendant la deuxième lune et encore pendant la huitième lune, et on les coupe soigneusement en morceaux et met au soleil pour sécher. Les docteurs chinois donnent la rhubarbe comme laxatif, astringent, éliminatif et diurétique.

684. Curcuma longa. Les racines séchées sont employées eu médecine dans les cas de colique et de congestion. On l'emploie aussi comme teinture et on l'exporte aux Indes où elle sert de condiment dans le curry.

685. Noix inconnue dont on extrait une boisson.

687. Indigo de Paoching.

688. Alun vert, ordinaire, de Yochow

689. Alun vert (*Copperas*), fait en mélangeant du charbon sulfureux avec des pyrites de fer et laissant l'action chimique se produire spontanément, le mélange étant recouvert de mortier pour empêcher le contact de l'air. On l'emploie pour faire des teintures, du vernis et en médecine pour la fièvre, le flux utérin et les maladies de gorge.

690. Alun blanc. On jette la pierre d'alun dans un feu de bois vert au moment de son extraction et l'on fait bouillir les fragments. Le résidu est versé dans des réservoirs pour se cristalliser en une masse solide. L'alun est employé dans l'apoplexie, l'aphonie, les affections de l'estomac, de la langue, du nez, des oreilles et des yeux.

691. Réglisse, employée pour adoucir les médicaments désagréables; aussi pour la gorge.

CLASSE 35.

Matériel et procédés des exploitations rurales.

(*Exposé par le docteur C.-C. Stuhlman, directeur des douanes, à Shast.*)

376. Modèle d'une manufacture de suif végétal et d'huile, contenant :

1. *Devant* : la fournaise pour passer le suif à la vapeur et chauffer les noyaux; mortier pour séparer le suif des graines; presse pour extraire le suif et l'huile.

2. *Derrière* : machine à écosser; machine à écraser.

Notes sur la fabrication du suif dans le Houpeh. Le suif et l'huile sont extraits des graines d'un arbre connu dans le pays sous le nom de *Moutse-chou*, qu'on croit être le *Sapium sebiferum.* Son fruit forme des capsules qui s'ouvrent en mûrissant et montrent trois ou quatre graines ressemblant un peu, comme forme et grosseur, au grain de café. Ces graines sont recouvertes d'une couche de suif sous lequel se trouve un noyau dur et noir contenant une amande huileuse. Ces graines sont apportées en grande quantité de la campagne à la ville pendant les derniers mois de l'année et vendues aux fabricants à raison d'environ 2,500 sapèques soit environ six francs par picul d'environ 60 kilogrammes. On sépare le suif et l'on extrait l'huile de la manière suivante. On place d'abord les graines dans des cuves en bois dont les fonds sont faits en osier tressé, et on les passe à la vapeur pendant un temps très prolongé, ce qui se fait en plaçant les cuves sur de grandes casseroles remplies d'eau qu'on fait bouillir au moyen d'un feu de charbon. Quand le suif commence à se mollifier, on vide les cuves dans des mortiers en pierre de forme conique et on pile les graines au moyen d'un grand maillet mû rapidement par un long levier que trois ou quatre jeunes gens font mouvoir avec les pieds. Par ce travail la plus grande partie du suif se détache des noyaux contenant l'amande huileuse. Le résidu, qui est d'une consistance ressemblant à de la terre, est alors placé sur un crible en bambou. Par le criblage, le suif passe à travers les mailles, tandis que les noyaux restent au-dessus. Le suif, à ce moment, est d'une couleur brun sale ; on le mesure en lots d'environ 30 kilos et on le place sur des morceaux de linge étendus sur des cadres en fer reposant sur les casseroles d'eau bouillante, et on le passe une seconde fois à la vapeur. Quand il est devenu assez liquide on verse le suif dans un panier de paille entouré de cercles de fer de 50 centimètres de diamètre et un homme le piétine pour bien le tasser et les gâteaux ainsi formés sont recouverts de paille, placés sur des plateaux, et portés, aussi chauds que possible, sous la presse. Cette presse consiste en un cylindre creux formé de deux pièces de bois approximativement carrées et placées horizontalement l'une sur l'autre Ces deux pièces sont fortement attachées l'une à l'autre et aussi à un cadre en bois qui est lui-même solidement attaché au sol. Entre les deux pièces de bois formant le cylindre, il y a une ouverture latérale par laquelle on introduit les gâteaux de suif avec leur entourage de paille et de cercles. On introduit ensuite un disque de bois très dur et on exerce la pression au moyen de coins de bois recouverts de fer qu'on enfonce l'un après l'autre en les frappant avec une espèce de bélier. Ce bélier est formé d'une lourde pièce de bois attachée par le milieu au moyen d'une corde de bambou suspendue au toit du bâtiment. Au fur et à mesure que la pression augmente le suif commence à couler des gâteaux par le dessous de la presse où des cuves le reçoivent. La température est alors encore bien au-dessus du point de congélation, une des conditions de succès étant que le suif dans les gâteaux reste liquide aussi longtemps qu'il est sous pression. Quand les cerceaux de fer viennent à se toucher, le suif cesse de couler et l'on enlève les gâteaux de la presse. En général, il ne reste alors plus de suif, mais quand il fait froid et que le suif se congèle plus vite, on casse les gâteaux de paille et on les presse une seconde fois. Après cela, les moules sont séchés à l'air et employés comme combustible dans les opérations suivantes. Le suif obtenu est d'apparence propre et blanche, et quand il est refroidi à la consistance du saindoux, on le met dans des moules en forme de seau et il se durcit en blocs pesant environ 54 kilogrammes. Chaque bloc porte au centre un morceau de bois carré sur lequel est inscrit le nom de la firme. Le suif est alors prêt pour le marché, et s'il doit voyager on l'emballe dans des nattes recouvertes d'un filet en lanières de bambou. Il fond à 46 degrés centigrades. Son prix est d'environ 12,000 sapèques (30 francs) par picul (60 kilos), et il est employé pour fabriquer des chandelles. Quant aux noyaux à l'amande huileuse restés sur le crible après que le suif en a été séparé, on les passe d'abord à un moulin ordinaire dont les meules sont arrangées de façon à craquer les noyaux sans écraser les amandes. Le mélange est ensuite vanné et les amandes qui sont encore mélangées à des morceaux de noyau sont mises dans une poêle placée à 45 degrés sous laquelle on brûle les noyaux et des morceaux de moules à gâteaux qui ont servi plus haut. On remue constamment les amandes avec un râteau afin qu'elles ne brûlent pas, puis on les transporte au moulin qui forme la partie la plus en évidence de l'établissement. Ce moulin est composé d'un long bras en bois pivotant au centre d'un plancher et dont l'autre bout porte un disque en pierre qui roule dans une auge en pierre circulaire profonde de 30 centimètres. On verse les amandes dans l'auge et un bœuf aux yeux bandés fait mouvoir le levier et son disque. Au fur et à mesure que le disque poursuit sa route circulaire dans l'auge, il écrase les amandes. Un petit balai attaché derrière le disque maintient les amandes en position. Quand le broiement des amandes est complet on met la masse dans des morceaux de toile, on la chauffe à la vapeur, on en fait des gâteaux, et éventuellement on en extrait l'huile de la même manière que pour le suif. Cette huile qui sert pour l'éclairage, etc., se vend environ 7,000 sapèques (17 fr. 50 c.) le picul (60 kilos). Par ce qui précède on voit qu'on obtient, de ces graines précieuses, du suif, de l'huile et des gâteaux de paille pouvant servir de combustible ou d'engrais. Même les morceaux de noyau sont vendus au marché ou employés comme combustible, et valent encore cinq centimes le kilogramme. Le rendement moyen d'un picul de graines dont le prix d'achat a été 2,500 sapèques est à peu près le suivant :

24 catties de suif, à 12,000 sapèques par picul, soit . . . . 2,880 sapèques.
12 catties d'huile, à 7,000 sapèques par picul, soit . . . . 840 id.
18 catties de gâteau, à 800 sapèques par picul, soit . . . . 144 id.
18 catties gâteau de suif employé comme combustible.
15 catties noyaux carbonisés, à 600, soit. 90 id.

Total. . . sapèques. 3,954

soit un surplus de 1,454 sapèques pour frais de fabrication.

Cette industrie remarquable est décrite ici aussi longuement, d'abord pour faire ressortir l'ingéniosité et l'économie remarquables des Chinois, ensuite parce que le suif végétal a, depuis quelques années, trouvé des marchés à l'étranger où on l'emploie dans la fabrication des savons et des chandelles. On pourrait l'employer à beaucoup d'autres usages, si l'on trouvait le moyen de le débarrasser du poison qu'on dit qu'il contient.

CLASSE 39.

Produits agricoles alimentaires d'origine végétale.

(*Exposés par* The Trading Company, *Hankow*.)

Thés Congou :

En général ces thés viennent de l'intérieur au marché de Hankow, en paquets appelés *demi-caisses*, c'est-à-dire des boîtes en bois recouvertes de papier orné de caractères et de dessins, et doublées de feuilles de plomb très minces et de papier à thé, comme le montrent les modèles 417-483, mais sans l'emballage de nattes et de rotin qu'y ajoutent les négociants étrangers lorsque le thé doit être exporté par mer. Le poids ordinaire d'une demi-caisse est d'environ 33 kilos. Les modèles 419 à 426 montrent le soigneux emballage adopté pour protéger le thé pendant son long et souvent difficile voyage à dos de chameau à travers la Sibérie. On place le thé dans une boîte en bois doublée de feuilles de plomb, qu'on relie de trois couches de lanières de bambou, et parfois on recouvre l'extérieur de canevas qu'on entoure de cordes de fibre de coco. Depuis l'installation du Transsibérien on a pu remplacer le plomb par du parchemin, ce matériel, vu la rapidité du transport, étant suffisant pour préserver l'arome du thé par la route de Sibérie, outre l'économie de fret que son usage amène. Ces échantillons représentent des caisses entières et peuvent contenir de 85 à 105 livres de thé.

417. Thé noir de Keemun.
418. Id. de Ningchow.
419. Id. de Keemun.
420. Id. de Oanfa.

421. Thé noir de Yang-low-toung.
422.   Id.   de Nip-car-see.
423.   Id.   de Cheong Sow Kai.
424.   Id.   de Tow Yuen.
425.   Id.   de Wun-Kai.
426.   Id   de Tai-Sar-ping.

Les numéros suivants sont des spécimens des thés
exportés de Hankow :

427. Thé de Ningchow.
430.   Id.   Keemun.
433.   Id.   Oanfar.
436.   Id.   Tow Yuen.
438.   Id.   Tai-sar-ping.
439.   Id.   Cheong-Sow-Kai.
441.   Id.   Yang-low-toung.
443.   Id.   Nip-car-see.

Quant au thé de tablette, il est fait avec le criblage du Congou appelé *poussière de thé* (V. Bouteille, n° 19). On met la quantité nécessaire de poussière de thé sec dans un petit moule carré dont le couvercle et le fond s'enlèvent et on met le moule sous une presse hydraulique et on le soumet à une pression de 300 livres par pouce carré. Cela convertit la poussière en une gentille petite tablette d'un quart de livre environ. On l'enlève de la presse, on l'enveloppe dans du papier de thé, puis dans une feuille d'étain, enfin dans une enveloppe imprimée importée de Russie. Le nombre de tablettes dans une caisse varie : transports à dos de chameau 432, par chemin de fer 504.

446. Thé en tablettes. Une boîte de dix tablettes.
447. Thé en tablettes. Une boîte d'échantillons : dix tablettes.

Thés noirs en briques.

Ces thés sont préparés avec la même matière que les tablettes, la *poussière de thé*, qu'on place d'abord dans des petits sacs qu'on passe à la vapeur. Quand il est bien imprégné on met le thé dans des moules et on le presse comme le thé en tablettes à une pression de 240 livres au pouce carré. Pendant qu'il est encore sous presse on visse les moules le plus possible et on les laisse ainsi pendant trois ou quatre heures, et ensuite on enlève la brique et on la pèse. Elle passe ensuite à la chambre de séchage où elle reste pendant 21 jours. Quand elle est sèche on l'enveloppe dans deux feuilles de papier et on l'emballe dans des paniers qu'on ferme avec du rotin et qu'on recouvre de toile à sac liée avec des cordes. Pour la route de Mongolie on met de 72 à 80 briques dans un grand panier, ou de 24 à 60 dans un petit panier. Chaque brique pèse 3 livres russes et coûte, tous droits payés, 60 centimes au moment de l'exportation.

448. Un paquet de briques de thé recouvert de toile de sac.

449. Un paquet de briques de thé entouré de lanières de bambou.

Thés verts en briques :

450. Thé vert commun.

La matière employée pour la préparation de ces thés c'est les vieilles, feuilles de thé ordinaire et même des branchettes. La méthode de fabrication est la même que pour le thé noir. Le poids d'une brique est de quatre livres russes coûtant 25 centimes prêt pour l'exportation.

451. Thé vert en briques.

Un paquet avec couverture en toile à sac.

452. Thé vert en briques.

Un paquet entouré de lanières de bambou, montrant comment le thé en tablettes et le thé en briques sont emballés pour le transport à dos de chameau à travers la Mongolie, 36 à 45 briques par paquet.

Les Mongols emploient le thé non seulement comme breuvage, en le faisant infuser de la manière ordinaire, mais ils en font aussi bouillir les feuilles comme un légume et les mangent avec du beurre. Les briques leur servent aussi de moyen d'échange dans leurs ventes et achats.

Ustensiles indigènes pour la fabrication du thé en briques.

453. Van. Quand le thé pour tablettes ou briques arrive de la campagne on le vanne afin d'en séparer la poussière des bonnes feuilles.

454. Poêle à sécher.

C'est un poêle en fer dans lequel on met quelques charbons ardents dont on fait un feu lent et tempéré au moyen de cendres. Il sert à chauffer le tube dans lequel on fait sécher le thé.

455. Cribles pour passer et classer le thé.

456. Presse pour brique de thé.

CLASSE 15.

Instruments de précision, monnaies, etc.

Collection de monnaies et amulettes chinoises, annamites, japonaises et coréennes. La collection est aussi complète que possible et, d'après la déclaration de l'exposant : *M. Schepens, des douanes chinoises, à Hankow*, il n'y a pas une dynastie, un seul souverain, dont le règne ne soit représenté par l'une ou l'autre pièce. La collection comprend 2,975 spécimens, dont les formes, les dimensions, la matière, les inscriptions diffèrent autant que leur âge, ou du moins l'âge des époques qu'ils représentent.

CLASSE 40.

Produits agricoles alimentaires d'origine animale.

(Exposés par M. S. Rosenbaum, de Hankow.)

459. Albumine d'œuf de poule.

C'est le blanc d'œuf tout pur sans aucune addition, clarifié et séché. Il est aisément soluble et peut être employé par les boulangers et les pâtissiers de la même manière que le blanc d'œuf frais. L'albumine des œufs de canard est similaire, mais d'une couleur moins foncée. Au printemps, on emploie les œufs de poule; mais aux autres saisons, les œufs de canard sont la source principale de production. En se séchant, l'albumine se casse en petits morceaux, et au bout de quelque temps elle peut devenir très brune si on ne la préserve pas de l'humidité et de l'air, et il se développe de petits cristaux rougeâtres qui, toutefois, n'influent pas sur la qualité de l'albumine, car ils se dissolvent facilement. Ces cristaux doivent être distingués des plaques rouges causées par un excès de chaleur dans la chambre de séchage; celles-ci ne sont pas solubles dans l'eau.

460. Albumine fermentée d'œuf de poule.

C'est de l'albumine pure sans mélange, mais, comme elle a été fermentée, elle n'est pas bonne pour l'alimentation et n'est employée qu'en technologie. Elle se casse en morceaux plus grands que la première, et est préférée par le commerce parce qu'elle est moins apte à changer de couleur.

461. Albumine d'œuf de canard, préparée comme la précédente.

Cet échantillon est fait entièrement d'œufs de canard pendant l'automne, quand les œufs de poule sont rares. A d'autres saisons on mélange, quand c'est possible, l'albumine de poule à celle de canard afin d'améliorer la couleur.

462. Jaune d'œuf de poule, préparé avec du sel et de l'acide borique, de manière à ce que le sel n'excède pas 10 p. c.

Il est employé par les tanneurs de peau de chevreau en France, en Angleterre, en Allemagne et en Autriche. C'est un article si connu qu'on l'accepte en toute liberté et sans analyser la quantité d'huile.

463. Jaune d'œuf de canard préparé comme le précédent.

Celui-ci est devenu en faveur à cause de sa richesse en huile, un ingrédient si nécessaire dans le tannage du chevreau. Il en contient au moins 24 p. c., et l'analyse en a montré davantage.

464. Jaune d'œuf de poule.

Celui-ci est conservé avec un petit pourcentage d'acide borique, que, toutefois, on peut enlever, et alors le jaune est frais et doux, tout prêt pour les besoins culinaires. On peut aussi l'employer en technologie dans les cas où le sel n'est pas nécessaire. La présence du sel semble affecter l'huile d'œuf, et comme ce spécimen ne contient pas de sel, le pourcentage d'huile est plus élevé.

465. Jaune d'œuf de canard. Mêmes remarques que pour le précédent.

HANKOW (Houpeh)

Collection envoyée par
le Gouvernement Provincial du Houpeh

CLASSE 9.

Sculpture et Gravure.

692. Antique vase à fleurs en jade, sur pied en bois rouge sculpté.

693. Antique tablette en jade pur blanc, bosselée de dessins d'éléphants en relief, sur pied en bois rouge sculpté et marqueté.

694. Scène montagneuse en jade blanc, sur pied en bois rouge sculpté.

695. Scène montagneuse en jade vert, sur pied en bois rouge sculpté.

696. Antique vase à fleurs en jade pur blanc avec chrysanthèmes en haut relief, sur pied en bois rouge sculpté.

697. Antique vase à fleurs en jade en forme de poisson, monté sur pied en bois rouge sculpté.

698. Vase à fleurs en malachite, sur pied en bois rouge sculpté.

699 Presse-papier en jade blanc, en forme de canard, sur pied en bois rouge sculpté. Ce spécimen date de la dynastie des Han, soit au moins cent ans avant J. C.

700. Plateau à fruits en jade blanc, sur pied en bois rouge sculpté. Date de la dynastie des Han (an 206 avant J. C. à 25 de notre ère).

701. Presse-papier en jade nuageux, en forme d'animal fabuleux, sur pied en bois rouge sculpté (dynastie des Han).

702. Vase à fleurs en jade, bosselé d'ornements admirablement sculptés, sur pied en bois rouge sculpté. Très ancien.

703. Vase à fleurs en jade blanc avec dessin en relief d'un phénix sur une branche de bambou, sur pied en bois rouge sculpté.

704. Bol en jade blanc, avec trois dragons en relief, sur pied en bois rouge sculpté. Date des Han, 200 ans avant J. C.

705. Vase à brûler de l'encens en jade blanc, rectangulaire, couvercle en bois de Tszetan, bouton en cristal taillé et marqueté de nacre, sur pied en bois rouge sculpté.

706. Antique coupe en jade en forme d'une demi-pêche avec fleurs de pêcher en haut relief, sur pied en bois rouge sculpté.

707. Antique vase à fleurs en jade en forme de feuille de lotus avec fleurs et feuilles en haut relief, sur pied en bois rouge sculpté.

708. Antique bol en jade blanc, monté sur un pied en bois rouge admirablement sculpté et représentant une fleur de lotus. Date de la dynastie des Han.

709. Presse-papier en jade blanc, en forme de buffle d'eau monté par un petit garçon, sur pied en bois rouge sculpté. Date de la dynastie des Han.

710. Presse-papier en jade blanc en forme de buffle d'eau, sur pied en bois rouge sculpté.

711. Presse-papier en jade blanc en forme d'un éléphant caparaçonné et monté par un homme ; sur pied en bois rouge sculpté. Date de la dynastie des Han.

712. Presse-papier en jade blanc, en forme d'un éléphant caparaçonné et conduit par deux petits garçons ; sur pied en bois rouge sculpté. Dynastie des Han (200 ans avant J. C.).

713. Tasse à vin à ambre sculpté en forme d'une feuille de lotus avec fleurs, oiseaux, insectes et animaux en haut relief; sur pied en bois rouge sculpté.

714. Porte-pinceaux ou plumes en ambre sculpté représentant un homme, un cerf et un singe; sur pied en bois sculpté.

715. Tablette en jade blanc portant en relief une scène champêtre et des figures; sur pied en bois rouge sculpté.

716. Vase à fleurs en jade blanc avec dragons en bas-relief, sur pied en bois rouge sculpté. Très ancien.

717. Coupe en jade blanc avec fleurs et bourgeons en haut relief; sur pied en bois rouge sculpté.

718. Bouteille en cristal ornée de sculptures; sur pied en bois rouge sculpté.

719. Bouteille à suspension en jade blanc avec bouchon, taillée tout d'une pièce; sur pied en bois sculpté. Date de la dynastie des Han.

720. Un ornement en jade blanc avec dessin de dragons en deux morceaux reliés. Anciennement des ornements de ce genre étaient employés comme passeport. Deux pièces supendues à un cadre en bois rouge sculpté. Date de la dynastie des Han.

721. Deux bols antiques en jade vert; sur pied en bois sculpté.

722. Un ornement en pierre sculptée représentant un paysage avec un temple et des hommes; sur pied en pierre sculptée.

723. Neufs sceaux de dessins variés en marbre, en une boîte.

724. Un ornement en racine de bambou en forme d'un éléphant avec trois hommes; sur pied en bois rouge sculpté.

725. Gourde en bambou sculpté, forme ancienne; sur pied en bois rouge.

726. Ecran en ivoire sculpté avec fleurs de pêcher et bambous d'un côté et un paysage admirablement sculpté de l'autre côté.

727. Une brique datant de la dynastie des Han, creuse, avec figures et ornements.

Le régne des Han qui commença 206 ans avant J.-C. fut
l'époque la plus brillante d'activité intellectuelle et celle
dont les lettrés chinois sont le plus fier. A cette époque la
Grande Muraille, longue de plus de mille lieues, construite
en grosses briques d'une solidité remarquable. existait déjà
depuis vingt-cinq ans. L'art de faire des briques est donc
très ancien en Chine.

728. Vase ancien en porcelaine, en cinq couleurs sur fond
noir, décoré de chrysanthèmes, mains de Boudha,
pêches et fleurs de pêcher, feuilles de bambou, etc.

Fait pendant le régne de l'Empereur Kangsi (1662 à 1723).
Ce spécimen est d'une extrême rareté et d'une grande
valeur, il est probablement unique au monde. Un spécimen
du même genre. mais fêlé, a été vendu à Pékin. en 1900,
pour 25,000 francs. Celui-ci, pour la beauté du travail, la
qualité de la matiére, et l'état de préservation. est la perfection même.

729. Vase en porcelaine bleu-blanc avec fleurs datant du
régne de l'empereur Kanghsi, il y a 200 ans.

C'était alors l'époque de la renaissance de la porcelaine
et beaucoup des secrets des fabricants de ces temps sont
aujourd'hui perdus.

730. Ancien vase en porcelaine bleu-blanc avec chauve-
souris rouges et caractéres blancs en relief. La chauve-
souris s'appelle « fou » et l'idée de bonheur est rendue
par un son semblable, c'est-à-dire « fou »: de là l'emploi
de la chauve-souris pour représenter le bonheur. Le
caractére blanc se lit « show » et signifie longévité.
Cinq chauve-souris (wou fou) représentent en chinois
les cinq bonheurs (wou fou) qui sont : obtenir des honneurs, gagner des richesses, avoir des enfants mâles,
se bien porter, et vivre vieux. Ce vase date du temps
de l'empereur Kienlong (1736 à 1796 de notre ére).

731. Vase en porcelaine avec fleurs bleues et rouges.
Epoque Kanghsi.

732. Vase en porcelaine bleu-blanc avec paysages. Période de l'empereur Kanghsi, soit vers l'an 1700.

733. Vase en porcelaine en cinq couleurs avec tableaux historiques. Fait durant le règne de Kanghsi.

734. Grand vase noir en porcelaine. Le brillant du vernis est excessivement remarquable. Il date de Kanghsi.

735. Grand vase en porcelaine bleu-blanc. Epoque Kanghsi.

737. Vase vert en porcelaine avec ornements bosselés. Provient de la manufacture Long Chwan.

738. Antique vase bleu en porcelaine.

739. Vase en porcelaine avec dessins bosselés, datant de la dynastie des Ming (1368 a 1644 de notre ère).

740. Ancien vase en porcelaine en cinq couleurs, décoré de dessins historiques.

741. Ancien vase en porcelaine bleu-blanc craquelé avec phénix et pivoines. On considère le dessin comme excellent. Date de la dynastie des Ming (1368 à 1644 de notre ère).

742. Vase bleu-blanc craquelé, de l'époque des Ming.

743. Vase en porcelaine bleu-blanc craquelé, avec figures.

744. Vase vert en faïence datant de la dynastie des Han (206 ans avant J.-C.).

745. Vase vert en faïence, datant de la dynastie des Han.

746. Brûleur d'encens en faïence, de l'époque des Han.

747. Vase à brûler l'encens, en faïence, de l'époque des Han.

748. Vase à brûler l'encens, en faïence. Epoque des Han.

749. Pot en faïence de l'époque des Han (environ 200 ans avant J.-C.).

750. Deux anciens chandeliers en faïence, en forme de lions.

751. Deux anciennes statuettes en faïence, datant de la dynastie des Yuan (1127 à 1180).

752. Pot en porcelaine jaune avec fleurs bleues, datant de l'époque des Ming (1368 à 1644).

753. Vase en porcelaine bleu-blanc, orné d'animaux fabuleux. Epoque Kanghsi.

754. Pot en porcelaine bleu-blanc, avec fleurs blanches et couvercle en bois rouge sculpté. Epoque Kanghsi.

755. Pot vert en faïence, employé sur les tombes aux cérémonies en l'honneur des parents décédés. Date de la dynastie des Song (960 à 1127 de notre ère).

756. Vase jaune en porcelaine avec trois lions bleus sculptés. Date de l'époque des Ming.

757. Vase vert en porcelaine avec dessin de dragons et poissons en relief.

758. Vase jaune en porcelaine en cinq couleurs, orné de papillons.

759. Vase noir en porcelaine avec médaillon bleu-blanc et deux dragons planant dans les nuages.

760. Vase en porcelaine bleu-blanc, avec dessin de pêcher en fleurs, en imitation d'un modèle ancien.

761. Vase à fleurs en porcelaine blanc, avec dessin de pêcher en fruits.

762. Vase en porcelaine bleu-blanc, avec fleurs bleues.

763. Vase en porcelaine bleu, rectangulaire.

764. Vase blanc en porcelaine avec scène lacustre, fleurs de lotus et canards, d'après un modèle ancien.

765. Vase en porcelaine couleur sang de bœuf.

766. Vase blanc en porcelaine craquelée, rectangulaire, avec dessin des Pa Kwa en relief. Les Pa Kwa sont huit diagrammes de lignes entières ou brisées inventés par l'antique empereur Fouhsi (environ 2800 ans avant J.-C.) et qui sont supposés avoir de mystérieux rapports avec tout ce que la nature engendre de forces morales ou physiques.

767. Vase à fleurs en porcelaine, orné de pêchers en fruits.

768. Vase en porcelaine couleur peau de requin.

769. Vase en porcelaine noir, imitation d'un modèle ancien.

770. Vase bleu en porcelaine, décoré de dragons et phénix en or.

771. Vase jaune en porcelaine, avec dessin d'amandes en bosselage.

772. Vase en porcelaine sang de bœuf, en forme d'olive.

774. Vase blanc en porcelaine avec dragon et phénix rouges. Le dragon est l'emblème de l'empereur ; le phénix, de l'impératrice.

775. Vase noir en porcelaine avec dessin en relief d'animaux aquatiques.

776. Vase noir en porcelaine avec couvercle rectangulaire, décoré de dessins anciens.

777. Vase bleu en porcelaine décoré de dessins de pêchers et de chrysanthèmes.

780. Grand plateau en porcelaine, orné de chauves-souris, de caractères et de fleurs.

781. Deux plats en porcelaine blancs, ornés de fleurs.

782. Deux plats en porcelaine verts, ornés de dessins de fleurs.

783. Deux plateaux en porcelaine décorés de fleurs.

784. Deux plateaux roses en porcelaine, forme ovale, avec fleurs.

785. Deux bols blancs en porcelaine, rectangulaires, avec couvercles; décorés de dessins de fleurs or et rouges. Employé dans les cérémonies religieuses.

786. Deux bols en porcelaine bleue, forme ovale, décorations or. Employés dans les cérémonies religieuses.

787. Deux bois blancs en porcelaine, forme ronde, décorés de fleurs rouges. Employés dans les sacrifices.

788. Deux bois bleus en porcelaine, forme ronde, avec dessins rouges,·jaunes et bleuâtres. Servent dans les sacrifices religieux.

789. Pots à fleurs en porcelaine jaune, ornés de cigognes et de dragons à l'intérieur et de dragons à l'extérieur. Deux pièces.

790. Pots à fleurs en porcelaine bleue avec dessous, forme ronde, ornés des caractères Fou et Show (bonheur et longévité).

792. Deux pots à fleurs couleur vert de paon, forme ronde.

795. Deux vases en porcelaine jaune avec couvercle, ornés de dessins.

796. Deux pots à fleurs avec dessous en porcelaine sang de bœuf.

797. Deux plateaux en porcelaine jaune décorés de dragons verts et bruns.

798. Deux plateaux en porcelaine blanche, ornés de pêchers à l'intérieur et de fleurs de lotus en dehors.

799. Deux bols pour sacrifices en porcelaine jaune, forme ovale, ornés de sculptures.

800. Deux bols pour sacrifices en porcelaine jaune, forme ronde, ornés de sculptures.

801. Deux pots à fleurs en porcelaine bleu-blanc, ornés de dragons.

802. Deux pots à fleurs en porcelaine blanche, ornés de dragons et phénix.

804. Grand bol en porcelaine jaune, orné de chauves-souris rouges.

805. Grand bol en porcelaine blanche avec dragons bleus.

806. Bol en porcelaine blanche, avec fleurs et médaillons.

807. Tasse à thé en porcelaine bleue.

808. Grand bol en porcelaine blanche, avec fleurs et animaux fabuleux.

809. Bol à riz en porcelaine couleur rouge corail, avec quatre médaillons, bleu et blanc à l'intérieur.

811. Bol à riz en porcelaine couleur vert de paon avec dragons.

813. Bol à lait en porcelaine blanche, avec fleurs de couleurs variées.

814. Bol à riz en porcelaine blanche, avec fleurs en cinq couleurs.

817. Bol à riz en porcelaine couleur or sombre.

818. Tasse à thé en porcelaine blanche avec décorations florales.

819. Bol à riz en porcelaine noire.

821. Bol à riz en porcelaine verdâtre, orné de six phénix.

822. Bol à riz en porcelaine avec dessins de fleurs, dragons et phénix en rouge et vert.

823. Bol à riz en porcelaine bleu-blanc avec les huit diagrammes ou symboles mystérieux et des cigognes.

824. Grand bol en porcelaine avec dessin représentant les huit génies voyageant sur la mer.

825. Bol à riz en porcelaine jaune avec dessins de dragons verts et bruns.

826. Bol à riz en porcelaine couleur brun de rouille, avec dragons.

827. Récipient à vin en porcelaine jaune, rectangulaire, avec dragons en brun et vert.

828. Tasse à vin en porcelaine bleue, avec jointure de bambous.

829. Tasse à vin en porcelaine en forme de fleur de lotus.

830. Tasse à vin en porcelaine avec dessins de dragons rouges,

831. Tasse à vin en porcelaine jaune avec chauves-souris vertes et brunes.

833. Tasse à vin en porcelaine noire sur trois pieds, en imitation d'un ancien vase en bronze employé dans les sacrifices religieux

834. Tasse à vin en porcelaine noire, avec dragons en relief.

835. Tasse à vin en porcelaine bleue, avec dragons or, trois pieds.

836. Tasse à vin en porcelaine, ancien modèle, trois pieds, orné de fleurs.

837. Tasse à vin en porcelaine jaune, orné de chauves-souris, pêches et caractères.

838. Tasse à vin en porcelaine, avec fleurs rouges.

839. Petite tasse à vin, en porcelaine, avec fleurs en trois couleurs.

840. Pot à pinceaux en porcelaine jaune, avec bambous et chrysanthèmes.

841. Nettoie-pinceaux en porcelaine jaune, aigle perchant sur un arbre et un ours le regardant.

842. Presse-papier en porcelaine brune en forme de lion.

843. Pot à pinceaux en porcelaine jaune, avec crabes et fleurs en relief.

844. Pot à pinceaux en porcelaine grise, avec figures en relief.

845. Pot à vin en porcelaine couleur vert-olive, avec fleurs en relief.

846. Vase à fleurs en porcelaine avec paysage et figures en relief.

847. Râtelier à pinceaux en porcelaine jaune avec fleurs en relief.

848. Tasse à vin en porcelaine blanche avec dessins transparents de dragons.

849.   Nettoie-pinceaux en porcelaine grise avec fleurs en relief.

850.   Tasse à vin en porcelaine noire, intérieur blanc avec tête de vache.

Service de table en porcelaine avec bordure dorée et dessins de fleurs de thé et de narcisses,·comprenant :

878.   1 Plateau à fruits.
881.   2 Assiettes à fruits.
883.   4 Assiettes.
884.   3 Assiettes à soupe.
885.   1 Assiette à thé.
886.   3 Tasses à café et soucoupes.
887.   6 Assiettes, petites.
888.   1 Soupière.
889.   1 Saucière.
890.   1 Légumier.
891.   3 Compotiers.
894.   5 Plats à viande.

Service à thé en porcelaine, comprenant :

899.   4 Assiettes à bonbons.
900.   12 Tasses et sous-tasses.
901.   1 Bol à sucre.
902.   1 Pot à lait.
903.   4 Pots à confitures.
904.   4 Beurriers.
905.   1 Pot à lait.

La Compagnie Chinoise pour la fabrication de la Porcelaine fut fondée en 1903 avec la sanction Impériale et elle a reçu la permission d'exploiter la fameuse Manufacture de Porcelaine de King Te Cheng, près de Kioukiang dans la province de Kiangsi, où la porcelaine impériale a été fabriquée de temps immémorial. La Compagnie est en état de fabriquer tous les modèles et dessins possibles. Les spécimens exposés ont été fabriqués en grande hâte spécialement sur l'Exposition.

906. Antique bassin en bronze, sur pied en bois rouge sculpté. Date de la dynastie des Han, 200 ans avant J.-C.

907. Antique bassin en bronze, sur pied en bois rouge sculpté. Date de l'époque des Han.

908. Antique vase en bronze, sur pied en bois rouge sculpté. Epoque des Han, soit 200 ans avant J.-C.

909. Antique cloche en bronze ornée de caractères en forme de têtard, sur pied en bois rouge sculpté. Date de la dynastie des Chow qui a régné sur la Chine septentrionale de l'an 1122 à l'an 225 avant J.-C.

910. Antique vase en bronze bosselé d'ornements sculptés, sur pied en bois rouge. Epoque des Han.

911. Antique bouteille en bronze, sur pied en bois rouge sculpté. Epoque des Han.

912. Antique brûleur d'encens en bronze doré, rectangulaire, avec couvercle en bois rouge sculpté, sur pied en bois.

913. Antique vase en bronze, sur pied en bois. Date de l'époque des Chow qui régnèrent de l'an 1122 à 225 avant J.-C.

914. Antique vase en bronze, rectangulaire, avec cent anneaux, sur pied en bois.

915. Deux canards en bronze doré, anciens, montés sur pied.

916. Ancien vase pour sacrifices en bronze monté sur trois pieds. Epoque des Chow.

917. Vase à victuailles pour sacrifices, en bronze marqueté d'or et d'argent, monté sur pied en bois. Epoque des Chow.

919. Pot en bronze, monté sur pied en bois. Date de la dynastie des Shang qui a régné sur la Chine septentrionale de l'an 1766 à l'an 1122 avant J.-C.

920. Bouteille à suspension en bronze, employée dans les cérémonies religieuses des temples impériaux, sur pied en bois rouge. Epoque des Chow.

921. Encenseur en bronze sur trois pieds, ustensile pour sacrifices impériaux. Dynastie des Chow.

922. Cloche en bronze de la dynastie des Chow, sur pied en bois rouge.

923. Encenseur en bronze sur trois pieds, couvercle en bois rouge, avec bouton en jade en forme de génie, sur pied en bois rouge. Epoque des Chow.

924. Encenseur en bronze, sur pied en bois rouge. Dynastie des Chow.

926. Grand encenseur en bronze, sur trois pieds avec ornements. A l'intérieur, des caractères en forme de têtard.

927. Miroir de la dynastie des Tang, orné de fleurs (618 à 907 de notre ère).

928. Miroir de la Dynastie des Han (206 ans avant J.-C.) orné des caractères représentant les douzes heures divisant le jour chinois. Fêlé.

929. Miroir de la dynastie des Han avec caractères anciens. Ces sortes de miroirs étaient jadis offerts en cadeaux et les caractères exprimaient des souhaits de bonheur et de prospérité aux descendants du récipiendaire.

930. Miroir de la dynastie des Han avec dessins de fleurs et dragons en relief (206 ans avant J.-C.).

931. Miroir de la dynastie des Han, bosselé de dessins de fleurs.

932. Miroir de la dynastie des Tang (618 à 907 de notre ère) avec oiseaux et nuages.

933. Miroir de l'époque des Tang, orné d'animaux.

934. Deux miroirs de l'époque des Tang, ornés d'animaux.

935. Miroir de la dynastie des Han avec fleurs en relief et caractères exprimant des vœux de succès dans la carrière officielle au récipiendaire.

936. Sceau en bronze d'un gouverneur de province, sous la dynastie des Min (1368 à 1644 de notre ère).

937. Idole en bronze doré de la dynastie des Wei du Nord qui a régné de l'an 386 à l'an 535 de notre ère.

938. Huit tableaux en fer.

939. Tambour militaire employé par le fameux général et premier ministre Chou Ke Liang de l'époque des trois royaumes. Pied sculpté.

940. Deux anciennes cloches en bronze montées sur pied en bois. Datant de la dynastie des Chow (1125 à 225 avant J.-C.).

941. Ancien vase en bronze pour sacrifices avec couvercle en bois Toutan et bouton en jade sculpté. Epoque des Chow.

942. Ancien bol à vin en bronze. Epoque des Chow.

966. Ancien vase en cloisonné, avec décorations florales, datant de l'époque des Ming (1368 à 1644 de notre ère).

CLASSE 12.

Photographie.

943. Une photographie des directeurs, professeurs et étudiants du Collège de traduction à Wouchang, capitale de la province de Houpeh.

944. Une photographie des membres du Département des traductions à Wouchang.

945. Six photographies de l'Ecole préfecturale à Han-yang, Houpeh.

CLASSE 15.

Monnaies et Médailles.

960. Cinq boîtes contenant :

32 sapèques en cuivre, épaisses,
8 id. minces, datant de l'époque des Han, 200 ans avant J.-C.

961. Deux sapèques en cuivre de l'époque des Han.

962. Une sapèque en cuivre, en forme de rasoir, valant 5,000 petites sapèques. Epoque des Han.

963. Dix petites sapèques en cuivre de l'époque des Han.

964. Trois amulettes en cuivre.

965. Six sapèques en cuivre datant du règne des divers empereurs de la dynastie des Han (206 ans avant J.-C.).

CLASSE 95.

Joaillerie et bijouterie.

967. Boutons portés sur les chapeaux officiels par les fonctionnaires de tous rangs.

Ceux-ci sont divisés en neuf classes et chaque classe en deux sections. L'importance de la position officielle se distingue par la nature des boutons.

Voici les couleurs et pierres marquant les divers rangs :

Premier rang : rubis,
Deuxième id. corail,
Troisième id. pierre bleu clair,
Quatrième id. pierre bleu foncé.
Cinquième id. cristal,
Sixième id. pierre blanche,
Septième id. or travaillé,
Huitième id. doré,
Neuvième id. cuivre.

De par les rgèlements, le titre de sous-préfet donne droit au bouton de cristal ; le préfet est du quatrième rang ; un préfet-général, ou taotai, gouvernant plusieurs préfectures, a droit au bouton bleu clair ; un gouverneur peut porter le bouton de corail ; et un vice-roi, le bouton du premier rang. Mais il arrive souvent qu'un fonctionnaire a reçu l'autorisation de porter un insigne plus élevé que son rang réel, comme il arrive aussi que beaucoup de personnes obtiennent la permission de porter un bouton sans avoir aucune fonction officielle, comme c'est le cas avec nos diverses décorations. De sorte que l'insigne n'est pas toujours l'indice de la fonction, et l'on peut porter un bouton sans posséder la moindre autorité, et aussi être dépouillé par mesure disciplinaire de tous insignes tout en restant chargé de fonctions officielles.

CLASSE 98.

Tabletteries, etc.

976. Deux boîtes en laque de Foochow (voir le catalogue de cette ville), richement décorées de fleurs et paysages en relief.

CLASSE 70.

Tapis, etc.

977. Grand tapis provenant des nouveaux territoires.

Fond jaune avec fleurs en cinq couleurs. On appelle en Chine, nouveaux territoires (en anglais : New Dominion), le Turkestan, qui fait maintenant partie de la province de Kansou. Ces tapis sont faits en poil de chameau. On en fait aussi en soie.

CLASSE 84.

Dentelles, broderies, etc.

978. Grand tapis de mur rouge, brodé de figurines de cent petits garçons, représentant tous les jeux et travaux.

979. Petit tapis de mur bleu, brodé de dessins d'un chat et de papillons.

980. Petit tapis de mur rouge en soie mosaïque avec figure d'une fée.

981. Grand tapis de table brodé, couleur vert foncé.

Ces quatre broderies sont anciennes. Les suivantes sont modernes.

982. Un grand tapis de table brodé, couleur vert foncé.

983. Un tapis de table en soie brodée, couleur olive.

984. Vingt-cinq tapis de table en soie brodée.

989. Une courtepointe en soie brodée.

990. Quatre couvre-pianos en soie brodée.

992. Quatorze rideaux brodés.

999. Cinq rideaux de mur en soie brodée.

1001. Quarante couvre-chaises en soie brodée.

1002. Trois coussins de voiture en soie brodée.

1005. Quatre petites banderolles blanches brodées.

1006. Un rideau de mur blanc brodé.

1007. Seize grandes banderolles blanches brodées.

1008. Sept couvre-cheminées blancs brodés.

1009. Dix écrans blancs brodés pour foyers.

1010. Deux coussins blancs brodés.

1011. Deux sacs à brosses, etc.

1012. Un sac à brosses en soie brodée.

1013. Trois sacs de nuit en soie brodée.

1014. Deux grands sacs en soie brodée.

1015. Deux petits sacs en soie brodée.

1016. Deux grandes pochettes à mouchoirs en soie brodée.

1017. Huit petites pochettes à mouchoirs en soie brodée.

1018. Dix bonnets en soie brodée, couleur gros-bleu.

1028. Huit couvre-théières en soie brodée.

1036. Cinq paires de pantoufles en soie brodée.

1037. Onze paires de souliers en soie brodée.

1040. Huit paires de souliers en soie blanche brodée.

1041. Huit couvre-dossiers de chaise en soie brodée.

1042. Dix-sept drapeaux chinois portant le dragon impérial.

1046. Dix ceintures en fil de soie.

1047. Dix mouchoirs en soie brodée.

1048. Neuf paires d'insignes pour les neufs rangs de la hiérarchie officielle chinoise. Ces insignes se mettent un sur la poitrine et l'autre dans le dos et, avec les boutons décrits sous le numéro 967, aident à reconnaître le rang de la personne qui les porte. Les mandarins militaires portent des quadrupèdes; les mandarins civils, des oiseaux.

CLASSE 52.

Produits de la chasse.

1057. Une peau de tigre.
1058. Deux peaux de léopards.
1059. Quatre peaux de singes.
1060. Deux cents peaux de chèvres du Thibet.

CLASSE 9.

Sculpture et Gravure.

1061. Quarante-deux impressions de sculptures datant de la dynastie des Han (qui a régné de l'an 206 avant J.-C. à l'an 25 de notre ère), prises au temple Wou Liang.
Deux impressions du monument Wou Shih.
Dix impressions de monuments dans le temple Wou Liang.
1062. Cinq impressions de monuments dans le Tai Shan, dynastie des Tang (618 à 907 de notre ère).

CLASSE 120.

Armement, etc.

3. Canon se chargeant par la culasse, sur trépied, avec accessoires. Datant du XVIᵉ siècle.
4. Fusil à mèche exigeant deux hommes chacun pour le maniement.
5. Fusil.
6. Sabre se maniant des deux mains.
7. Sabre simple.
8. Trident.
9. Grand sabre à deux mains.
10. Hallebarde.
11. Fléau en fer.
12. Boîte à poudre en cuir.

13. Deux boîtes à poudre en bois.

14. Arquebuse.

15. Carquois en cuir de flèches empoisonnées.

16. Cotte de maille avec face et doublure de soie, pour la protection contre la lance et le sabre.

17. Casque en fer.

18. Une armure complète, comprenant :

Juste-au-corps doublé de plaques de fer et de dragons;
Deux plaques pour les bras;
Deux plaques pour les cuisses ;
Un cotillon ;
Un jeu de plaques pour poitrine et dos.

91. Une tente militaire.

26. Drapeau au dragon, soie, triangulaire, pour signaux militaires.

27. Drapeau au dragon, soie, carré, pour signaux.

28. Drapeau au dragon, soie, carré, petit, pour signaux.

29. Drapeaux officiels : soie, bleu à bord rouge, porté devant les hauts dignitaires quand ils sortent dans la rue, afin d'inviter le peuple au respect.

30. Drapeaux officiels : soie, bleu uni, portés devant les chaises des mandarins dans les processions.

31. Drapeaux au tigre volant : soie, blanc à bordure rouge, armée.

32. Drapeaux au dragon volant : soie, rouge à bord noir, armée.

33. Drapeau au dragon céleste : soie, jaune impérial à bord vert, employé dans les cérémonies impériales.

HANKOW (Hounan).

Collection envoyée par
le Gouvernement Provincial du Hounan.

CLASSE 7.

Peintures, etc.

1063. Une aquarelle représentant un lièvre peint par Yang Chi Fang, un peintre renommé, habitant la ville de Ninghsing dans la préfecture de Changsha, province de Hounan.

Classe 9.

Sculpture et Gravure.

1064. Un ornement en jade, grappe de raisins, sur pied sculpté.

1065. Un vase en jade, deux tubes, phénix et dragon, sur pied.

1066. Nettoie-pinceau en jade, avec cigogne volant dans les nuages, en haut relief.

1067. Un ornement en jade, feuilles et fleurs de lotus sur un étang.

1068. Tableaux en pierres sculptées, en haut relief.

1069. Vase en agate sculpté, avec bambous et prunes en relief, sur pied.

1070. Nettoie-pinceaux en agate sculpté, avec dragons en haut relief.

1071. Nettoie-pinceaux en agate sculpté, forme ronde.

1072. Ornement en agate sculpté, fleurs de lotus et rides.

1073. Deux boucles en agate sculpté.

1074. Douze tableaux gravés sur verre, encadrés en bois noir.

1075. Théière et quatre tasses en porcelaine ciselée, fabriquées à Changsha par la maison Lai Ching Ko.

1076. Vase en porcelaine bleu-blanc, sur pied, de l'époque Kanghsi (1662 à 1723 de notre ère).

1077. Vase en porcelaine blanche, en forme d'olive, craquelé, ancien, pied.

1092. Deux anciens vases en cloisonné, sur pieds en bois.

1078. Ancien miroir en bronze sur pied sculpté ; dynastie des Chow (1122 à 225 ans avant J.-C.).

CLASSE 87.

Arts chimiques, etc.

1079. Savon parfumé fabriqué dans la ville de Changsha, capitale du Hounan.

1080. Poudre blanche parfumée pour la figure, fabriquée à Changsha.

CLASSE 92.

Papeterie

1089. Vingt carnets composés de papiers de différentes couleurs, avec couvertures en satin.

CLASSE 94.

Orfèvrerie.

1090. Six médaillons en argent battu.

1091. Deux boîtes à fleurs en argent battu.

CLASSE 98.

Brosserie, tabletterie, etc.

1093. Deux boîtes à bracelets, laque brun.

1094. Deux boîtes à bijoux, laque noir avec bambous.

1095. Quatre boîtes à chapeaux, laque noir.

1096. Huit boîtes à lunettes, en laque.

1097. Quatorze boîtes à tabac, en laque.

1101. Trois casiers à papier,laque noir avec images ciselées.

1103. Un jeu de quatre boîtes en laque noir, ornées de caractéres Fou (bonheur) et Kwei (honneurs).

1104. Un jeu de quatre boîtes en laque noir,forme oblongue, ornées de fleurs vertes et rouges.

1105. Une boîte à thé, laque noir.

1106. Quatre boîtes en laque

1109. Deux plateaux.

1111. Six boîtes à habits, laque noir.

1114. Trois boîtes à savon, ovales.

1115. Deux plateaux en bambou sculpté.

1117. Cinq cadres en bambou sculpté.

1118. Deux boîtes à thé en bambou sculpté.

1119. Deux boîtes à sceaux en bambou sculpté.

1121. Deux boîtes à ouvrage en bambou sculpté.

1122. Deux boîtes à pinceaux en bambou sculpté.

1123. Six boîtes à bijoux en bambou sculpté.

1126. Quatre boîtes à gants en bambou sculpté.

1128. Trois jeux de tasses, en bambou tressé et laque.

1129. Deux repose-main en bambou, sculpté en relief.

1130. Quatre repose main en bambou sculpté.

1131. Vingt boîtes à bâtons d'encre de Chine.

1132. Quatorze boîtes à cigarettes.

1133. Huit boîtes à papier à lettres.

1135. Douze boîtes à lunettes.

1136. Une boîte en bambou, avec bordures variées.

1137. Cent quarante manches de pipe en bambou,1re qualité.

1138. Soixante manches de pipes en bambou, 2e qualité.

1139. Quatre tableaux sculptés en bambou, trois scènes chacun.

1140. Un peigne en bois de Hwang Yang.

1142. Une boîte verte en bois sculpté en relief.

1143. Un porte-cigarette,de bois de Hwang Yang, sculpté.

1144. Deux porte-cigarettes, en bois de Hwang Yang, sculpté.

1145. Deux porte-cigarettes en bois noir.

1146. Un jeu de noyaux de pêche sculpté représentant les douze heures du jour.

CLASSE 99.

Objets de voyage.

1147. Six chaises pliantes avec siéges en peau de porc.

1148. Douze chaises pliantes avec siéges en peau de porc.

CLASSE 66.

Décoration des habitations.

1149. Huit carreaux d'ardoise polis, couleur vert varié, 22 cent. carrés.

1153. Une pierre appelée *pierre pagode.*

1154. Une pierre noire polie, en forme d'ancienne cloche.

CLASSE 69.

Meubles pour habitations.

1155. Une table ronde, dessus en laque noir, sur piédestal.

1156. Une table ovale, avec dessus en pierre de pagode.

1157. Quatre chaises jaunes, avec siéges en laque noir.

1158. Une table carrée, avec dessus en porcelaine.

1159. Une table carrée, avec dessus en laque noir.

1160. Dix coussins en herbes appelées *barbe de dragon.*

1164. Un écran ou paravent, quatre panneaux peints, dos en bambou tressé.

1165. Un paravent avec deux panneaux brodés.

CLASSE 97.

Ferronnerie d'art.
Articles en métal blanc ou argent de Berlin.

1166. Un grand réchaud, sur trépied en cuivre.
1167. Un petit réchaud avec trois pieds en cuivre, sur pied en bois.
1168. Quatre presse-papiers.
1169. Six cuillers à manches sculptés.
1170. Quatre cuvettes.
1172. Quatre plateaux ronds à fleurs et feuilles ciselées.
1174. Quatre cendriers, sur pieds.
1176. Deux boîtes à cure-dents.
1177. Deux boîtes à semences.
1178. Deux encenseurs, sept pièces chacun, avec couvercle en cuivre.
1179. Deux encenseurs carrés, huit pièces chacun.

Articles en étain.

1180. Quatre plats à fruits.
1182. Deux soupières, avec réservoir à eau chaude.
1183. Douze petites assiettes.
1184. Deux grandes assiettes profondes.
1185. Deux petites assiettes profondes.
1186. Deux assiettes à réservoir à eau chaude.
1187. Quatre boîtes à sucre.
1188. Un appareil pour chauffer le vin et la nourriture, avec pot à vin, deux tasses, deux bassins et deux assiettes et lampe à esprit de vin.
1189. Deux appareils à chauffer le vin.
1190. Une théière.
1191. Deux encenseurs.

CLASSE 70.

Tapis, tapisseries, etc.

1192. Deux carpettes, chaîne de coton et trame de poil de vache, avec deux cigognes, en six couleurs ; employées comme couvre-lits.

CLASSE 75

Appareils d'éclairage non électrique.

1194. Huit lanternes, bambou, avec panneaux de soie blanche peints.

CLASSE 80.

Fils et tissus de coton.

1195. Quatre pièces toile de coton, dessin bambous, couleur bleu-blanc.

1196. Quatre pièces toile de coton, dessin lignes gros-bleu, bleu-blanc.

1197. Quatre pièces toile de coton, dessin bambous, carreaux bleu-blanc.

1198. Quatre pièces toile de coton, grands carreaux, bleu et blanc.

1199. Une pièce toile de coton, blanc, inférieur.

1200. Douze pièces toile de coton blanc, fin.

1201. Une pièce toile de coton, blanc, qualité moyenne.

1202. Deux pièces toile de coton, couleur noire.

1203. Deux pièces toile de coton inférieur, couleur cendrée.

1204. Deux pièces toile de coton, couleur jaune, qualité inférieure.

1205. Quatre pièces toile de coton, gaze verte, pour robes de dames.

CLASSE 81.

Fils et tissus de lin, chanvre, etc.

1206. Quatre écheveaux de fil de ramie ou *herbe de Chine.*
1207. Quatre pièces tissus de ramie, blanc, supérieur.
1208. Une pièce tissus fil de ramie, blanc, inférieur.
1209. Deux pièces tissus fil de ramie, couleur noire.
1210. Une pièce tissus fil de ramie, jaune, supérieur.
1211. Une pièce tissus de ramie, blanc, qualité extra supérieure.
1212. Une pièce tissus de ramie, jaune, inférieur.
1213. Deux pièces tissus de ramie, gaze jaune.

CLASSE 83.

Soies et tissus de soie.

1214. Deux pièces soieries de Changsha, couleur noire.
1215. Une pièce soie de Changsha, jaune, qualité supérieure.
1216. Une pièce soie de Changsha, qualité inférieure.

CLASSE 84.

Dentelles, broderies, etc.

1217. Quatre pièces satin brodé, dans cadres ovales sculptés.
1218. Quatre pièces satin blanc brodé, dans cadre en bois rouge.
1219. Une pièce satin noir brodé, représentant trois lièvres.
1220. Quatre pièces satin blanc brodé, dans cadres de bois rouge.
1221. Une pièce satin vert-olive brodé, bordure de cheminée.
1222. Deux pièces satin blanc brodé, bordure de cheminée.
1223. Un carnet à cartes de visite en satin bleu héliotrope brodé.
1224. Deux carnets, couverture satin bleu et héliotrope brodé.

1225. Deux milieux de table satin rose brodé.
1226. Vingt-quatre mouchoirs soie rose brodée.
1227. Deux foulards en satin noir.
1228. Deux pochettes en satin.
1229. Deux tapis de table en satin brun brodé.
1231. Deux sacs à linge en satin rouge brodé.
1232. Deux blagues à tabac en satin bleu brodé.
1233. Douze tapis de table ronds en satin rouge brodé.
1234. Douze tapis de table ronds en satin vert-olive brodé.
1235. Deux coussins en satin blanc brodé.
1236. Un morceau de satin blanc brodé, encadré.

CLASSE 89.

Cuirs et peaux.

1237. Huit peaux de cerf, employées pour bottes, pochettes, bourses, etc.

CLASSE 86.

Industries diverses du vêtement.

1238. Deux bonnets en satin pour jeunes garçons.
1239. Douze paniers de fleurs artificielles.
1240. Un porte-manteau en cuivre.

CLASSE 39.

Produits alimentaires d'origine végétale.

1242. Champignons poussés sur des fibres de chanvre, à Lin-Yang.
1243. Pousses de bambou, de Changsha.
1244. Racine de l'arbre Ling-chih.
1245. Dix caisses thé noir appelé *Kwei Hwa*.
1246. Cinq caisses thé noir appelé *Hwa Mo*, de Lin-yang.
1247. Six caisses de thé noir appelé *Chou-Lan*, de An-hwa.
1248. Dix briques de thé, fabriquées à Lin-hsiang.
1249. Deux boîtes de semences d'herbes de Tong-shan.

CLASSE 56.

Produits farineux et leurs dérivés.

1250. Quatre boîtes de farine d'arrowroot.
1251. Deux boîtes de farine de marrons d'eau.
1252. Deux boîtes de farine de racine de lys.

CLASSE 58.

Préserves de viandes, légumes, etc.

1253. Deux boîtes de noix de lotus, blancs.
1254. Deux boîtes de noix de lotus, rouges.

CLASSE 50.

Produits des industries forestières.

1255. Spécimen de bois de Lao Shan Hsiang employé pour fabriquer de l'encens à cause de son doux parfum.
1256. Deux nattes de lit tissées en herbe appelée *barbe de dragon*.
1257. Deux nattes carrées.

CLASSE 63.

Exploitation des mines, etc.

1258. Soufre, en partie raffiné.
1259. Cinabre, 1re qualité, du district de Chen-chow.
1260. Id. 2me id. id. id.
1261. Id. montrant son apparence dans les filons de Cheng-chow.
1262. Galéne avec blende, du district de Chang-ling.
1263. Blende du district de Chang-ling.
1264. Quartz aurifère du district de Ping-chiang.

1265. Antimoine du district de Hsing-hwa.
1266. Id. id. Shao-yang.
1267. Id. Regulus du district de Changsha.

CLASSE 64.

Grosse métallurgie.

1269. Acier indigène en barres, du district de Pao-chiog.

CLASSE 9.

Sculpture et gravure, etc.

1270. Trois assortiments de figurines représentant le Bonheur, la Richesse et la Longévité.

KIUKIANG.

Collection envoyée par
le Directeur des Douanes de Kiukiang.

La ville de Kiukiang (lit des neuf fleuves) est située sur le
Yangtsze ou Fleuve Bleu, près de l'endroit où le lac Po-yang
se joint au fleuve. Kiukiang est à 445 milles de Shanghai et
Hankow est 187 milles plus loin. La ville fut jadis très
populeuse, mais elle fut détruite par les rebelles vers 1853.
La population est aujourd'hui d'environ 60,000 habitants.
Kiukiang est l'endroit d'où l'on exporte le thé vert, et aussi
les porcelaines qui sortent des fameuses manufactures de
King-te-chen.

CLASSE 12.

Photographie.

1. Vue panoramique du port de Kioukiang.
2. Vue d'une forteresse près de Kioukiang.
3. Scène de montagnes à Kouling près de Kioukiang.
4. Vue de la ville de Houkow.
5. Quatre vues du sanatorium de Kouling.
9.   Id.   , route dans les montagnes de Kouling.

13. Temple et pagode dans la ville de Kioukiang.
14. Ile du Petit Orphelin, à 40 milles en aval de Kioukiang. Une autre île de forme semblable, appelée le
Grand Orphelin, se trouve dans le lac Poyang à une
grande distance du Petit Orphelin. La tradition veut
que ces deux îlots aient jadis été voisins, puis séparés
par un cataclysme.

CLASSE 88.

Fabrication du papier.

15.	Papier à dessiner, 1ʳᵉ qualité, valeur fr. 7 40 le kilo.				
16.	Id.	Id.	Id.	6.25	Id.
17.	Id.	Id.	Id.	5.85	Id.
18.	Id.	Id.	Id.	5.30	Id.
19.	Papier à écrire,	Id.	Id.	2.10	Id.
20.	Id.	Id.	Id.	2.80	Id.
21.	Id.	Id.	Id.	0.90	Id.
22.	Papier à dessiner,	Id.	Id.	3.10	Id.
23.	Id.	Id.	Id.	4.20	Id.
24.	Papier rouge pour banderolles, 1ʳᵉ qual., valeur fr. 5.25				Id.
25.	Id.	id.	Id.	8.40	Id.
26.	Papier gros,		Id.	0.40	Id.
27.	Id.		id.	0.35	Id.
28.	Papier coloré,		Id.	2.90	Id.
29.	Id.		Id.	2.10	Id.
30.	Id.		Id.	2.25	Id.
31.	Id.		Id.	3.10	Id.
32.	Id.		Id.	5.40	Id.
33.	Papier à lettres,	8 lignes	Id.	2.95	Id.
34.	Id.	Id.	Id.	3.00	Id.
35.	Id.	16 Id.	Id.	4.15	Id.
36.	Id.	12 Id.	Id.	4.15	Id.
37.	Id.	8 Id.	Id.	7.90	Id.
38.	Id.	32 Id.	Id.	3.35	Id.
39.	Id.	rouge, 32 lignes,	Id.	3.35	Id.
40.	Id.	32 lignes,	Id.	1.70	Id.

41.	Papier à écrire,	1re qualité	valeur fr.	2.20	le kilo.
42.	Id.	2e Id.	Id.	1.90	Id.
43.	Id.	3e Id.	Id.	1.65	Id.
44.	Id.		Id.	1.45	Id.
45.	Id.		Id.	1.40	Id.
46.	Cartes de visite, petites,		Id.	6.25	Id.
47.	Id.	grandes,	Id.	8.35	Id.
48.	Papier à plier,		Id.	2.60	Id.
49.	Enveloppes : échantillon	A,	valeur par 100 : fr. 0.32.		
	Id.	B,	Id.		0.50.
	Id.	C,	Id.		0.50.
	Id.	D.	Id		1.00.
	Id.	E,	Id.		1.00.
	Id.	F,	Id.		0.75.
	Id.	G,	Id.		1.25.
	Id.	H,	Id.		1.25.
	Id.	I,	Id.		1.50.
	Id.	K,	Id.		1.50.
	Id.	L,	Id.		1.50.
	Id.	M,	Id.		1.75.
	Id.	N,	Id.		1.75.
	Id.	O,	Id.		2.50.
	Id.	P,	Id.		2.25.
	Id.	Q,	Id.		3.25.

CLASSE 92.

Papeterie.

50. Collection de brosses, pinceaux, bâtons d'encre, encriers, boîtes, etc

CLASSE 94.

Orfèvrerie.

51. Plateau en argent, rond, martelé, bordure forme bambou, dessin dragons.

11

52. Plateau en argent, forme oblongue, martelé, anses forme bambou, dragons.

54. Douze poivriers, forme pagode, modèles divers.

59. Un service à thé, quatre pièces, forme ronde, dragons et fleurs, manches forme dragon.

60. Plateau, rond, martelé, bordure forme bambou, dessins dragons, trois pieds.

61. Deux plateaux à cartes de visite, en argent, forme ronde, martelé, bordure forme bambou, dessins de dragons.

62. Deux plateaux en argent pour cartes de visite, forme octogonale, martelé, dessins de dragons.

63. Deux vases à fleurs, dessins de cigognes.

64. Id. en argent, dessin fleur de lotus.

65. Id. id. bambous et dragons.

66. Un vase à fleurs en argent, dessins fleurs.

67. Neuf porte-verres en argent, anses forme de dragons.

69. Deux cadres à photographies en argent, forme ovale, chrysanthème.

71. Deux cadres à photographies en argent, bambous et figures.

72. Un cadre de photographie en argent, fleurs et oiseaux.

76. Id. id. ovale, figures.

79. Id. id. dessins, bambous.

80. Un service à thé, quatre pièces, martelé, manches bambou.

81. Plateau en argent, carré, martelé, dessin dragon, bordure bambou, quatre petits pieds.

82. Plateau en argent, octogone, martelé, dessin dragons et manches bambou.

84. Deux gobelets en argent, figures et manches forme dragon.

85. Deux bougeoirs en argent, forme carrée, dessins dragons.

86. Un service à thé en argent, cinq pièces, dessins ronds, fleurs et figures, manches forme bambou.

87. Un service à thé en argent, cinq pièces, dessin tressé et fleurs.

88. Six bougeoirs en argent, dessin dragons.

91. Un pot à vin en argent, martelé, dessins dragons, bambous et figures.
92. Porte-allumettes en argent.
94. Une boîte à cigarettes en argent, martelé, dessin dragon sur couvercle.
96. Douze étuis à cigarettes en argent, dessins divers.
97. Plateau en argent avec bordure et dessin de dragons, et trois pieds.
97ᴬ. Un service à thé en argent, quatre pièces, martelé, dessin dragon et manches forme bambou.

CLASSE 72.

Céramique.

La ville de King-te-chen, quoiqu'elle ait beaucoup perdu de sa gloire passée, est encore toujours le grand centre de la manufacture de la porcelaine en Chine. Le nom de la ville vient de l'empereur Chen Tsoung, de la dynastie des Soung du Nord, qui régna de l'année 998 à l'an 1023, et dont la deuxième année de règne fut appelée King-te. C'est lui qu'on doit considérer comme le fondateur de ces célèbres poteries. Un missionnaire, le Père d'Entrecolles, qui était en Chine vers 1712, en fit une description complète; mais de nos jours, non seulement la qualité des produits a diminué, mais l'importance des bâtiments est aussi beaucoup amoindrie, les rebelles Taipings les ayant presque tous détruits vers 1853. Il y a encore aujourd'hui environ 120 fours employant 160,000 hommes. La seule porcelaine fine fabriquée aujourd'hui c'est la porcelaine dite *porcelaine de tribut*, dont une grande quantité est expédiée chaque année à Pékin pour l'usage de l'Empereur. Cette porcelaine était jadis cuite dans des fours spéciaux appelés *Yu vao* ou *Yuan vao*, fours impériaux, pour les distinguer des *wai vao* ou *ming vao*, fours extérieurs ou populaires. Mais depuis la destruction opérée par les Taipings, les fours impériaux sont restés en ruine et toute la porcelaine est cuite dans les fours extérieurs. On n'envoie à la Cour Impériale que les spécimens absolument parfaits, de sorte que beaucoup d'articles fabriqués pour l'usage Impérial, mais trouvés défectueux ou imparfaits, sont rejetés et vendus sur le marché local. Ce sont les seuls spécimens de porcelaine fine moderne accessible au public en général. La plupart des modèles faisant partie des porcelaines de tribut de nos jours sont encore exactement les mêmes que les modèles qu'on envoyait déjà au Palais sous l'empereur Chia Ching, de la dynastie des Ming, en 1528; et la plupart des objets exposés à Liége sont des duplicatas de la porcelaine de tribut. Les procédés de manufacture n'ont pas varié non plus. On emploie deux sortes de terres, l'une nommée *pai-toun-tsze*, un quartz fusible, blanc et dur, et l'autre appelée *kao-ling*, un feldspath granitique décomposé. King-te-chen ne produit pas ces ingrédients; ils sont importés d'autres endroits dans les provinces de Kiangsi et d'Annwei. On a, de temps en temps, essayé d'autres matières, entre autres la pierre à savon, mais rien n'approche du kaolin. On obtient le brillant en mélangeant les cendres d'une fougère qui pousse dans les environs de la ville, avec du paitountze en poudre, formant ainsi un silicate de silex et d'alcali. Il est difficile d'évaluer le produit annuel des poteries de King-te-chen; on dit que la valeur des objets fabriqués dépasse dix millions de francs par année, et que, dans les temps prospéres du siécle dernier, la valeur pouvait atteindre 25 millions.

Matériaux et produits chimiques employés en céramique :

98.	Pigment blanc	valeur, fr.	2.90	le kilo.
99.	Id. ocre	id.	6.25	id.
100.	Id. bleu	id.	6.25	id.
101.	Id. vert	id.	6.25	id.
102.	Id. blanc	id.	0.83	id.
103.	Id. rouge, mélangés ensemble	18.75	id.
104.	Id. vert pour former du vert.	6.25	id.
105.	Id. jaune	valeur, fr.	6.25	id.
106.	Id. blanc	id.	0.85	id.
107.	Id. vert	id.	6.25	id.

108.	Pigment	vert pâle	valeur fr.	6.25	le kilo.
109.	Id.	vert	id.	6.25	id.
110.	Id.	blanc	mélangés ensemble	6.25	id.
111.	Id.	vert foncé p. form. du vert.		6.25	id.
112.	Id.	blanc	valeur, fr.	6.25	id.
113.	Id.	rouge pâle	id.	6.25	id.
114.	Id.	vert	id.	6.25	id.
115.	Id.	rouge	id.	6.25	id.
116.	Id.	jaune foncé	id.	6.25	id.
117.	Id.	rouge	id.	6.25	id.
118.	Id.	ocre	mélangés ensemble	2.50	id.
119.	Id.	blanc	pour faire du jaune	0.85	id.
120.	Id.	jaune pâle	valeur. fr.	6.25	id.
121.	Id.	blanc	id.	6.25	id.
122.	Id.	blanc	id.	0.85	id.
123.	Id.	rouge	id.	37.50	id.
124.	Id.	vert	id.	6.25	id.
125.	Id.	rouge	id.	16.65	id.
126.	Id.	blanc	id.	6.25	id.
127.	Id.	olive	id.	6.25	id.
128.	Id.	jaune	mélangés ensemble	6.25	id.
129.	Id.	rouge	pour former	6.25	id.
130.	Id.	vert	du vert foncé	6.25	id.
131.	Id.	blanc	valeur, fr.	0.85	id.
132.	Id.	olive	id.	6.25	id.
133.	Id.	jaune	id.	6.25	id.
134.	Id.	rouge	id.	6.25	td.
135.	Id.	bleu	id.	6.25	id.
136.	Fluide pour vernir en bleu		id.	25.00	id.
137.	Id.	id.	brun	id.	18.75	id.
138.	Id.	id.	brun	id.	18.75	id.
139.	Id.	id.	bleu pâle id.		18.75	id.
140.	Id.	id.	noir	id.	5.85	id.
141.	Id.	id.	bleu	id.	25.00	id.
142.	Id.	id.	rouge	id.	18.75	id.
143.	Id.	Id.	jaune	id.	18.75	id.
144.	Id.	id.	blanc	id.	18.75	id.
146.	Id.	id.	opale	id.	18.75	id.

Spécimens de porcelaine.

147. Deux paires de vases.
151. Quatre tasses à vin.
155. Quatre bols à fruits.
156. Quatre tasses à thé.
157. Quatre tasses à vin.
158. Deux vases pour cérémonies religieuses.
159. Un plat pour cérémonies religieuses.
160. Deux paires de vases.
163. Deux assiettes.
164. Deux bols.
165. Deux grands bols.
168. Quatre assiettes.
169. Quatre bols.
172. Deux grands bols.
173. Deux grands plats.

CLASSE 81.

Fils et tissus de lin, chanvre, etc.

175.	Tissu de ramie, fin, blanc,		valeur, fr.	15.85	le kilo.
176.	Id.	Id. Id.	Id.	14.60	Id.
177.	Id.	gros, id.	Id.	9.20	Id.
178.	Id.	fin, Id.	Id.	16.65	Id.
179.	Id.	Id. Id.	Id.	9.40	Id.
181.	Id.	Id. rose,	Id.	19.15	Id.
182.	Id.	Id. Id.	Id.	16.65	Id.
183.	Id.	Id. Id.	Id.	16.25	Id.
184.	Tissu de ramie, fin, rouge,		valeur fr.	12.10	le kilo.
188.	Id.	Id. lilas,	Id.	16.65	Id.
190.	Id.	Id. vert,	Id.	16.65	Id.
196.	Id.	Id. bleu-pâle,	Id.	12.50	Id.
198.	Id.	gros, Id.	Id.	10.45	Id.
204.	Id.	Id. brun-foncé,	Id.	6.25	Id.
211.	Id.	Id. paille,	Id.	2.45	Id.
212.	Id.	Id. Id.	Id.	2.70	Id.
216.	Id.	Id. figuré.	Id.	5.40	Id.

CLASSE 33.

Matériel de la navigation de commerce.

217.	Jonque du Fleuve Bleu, capac. 230 t., val. fr.			3,750
218.	Id.	Id.	80 Id.	3,750
219.	Id.	Id.	230 Id.	15,000
220.	Id.	Id.	150 Id.	6,250
221.	Id.	Id.	100 Id.	5,000
222.	Bateau de mandarin,			15,000
223.	Id. garde,			2,000
224.	Id. passeur d'eau,			2,000
225.	Id. dragon,			375

CLASSE 41.

Produits agricoles non alimentaires.

226.	Chanvre 1re qualité,		valeur, fr.	0.90	le kilo.
227.	Id. 2e Id.		Id.	0.80	Id.
228.	Id. 3e Id.		Id.	0.70	Id.

CLASSE 63.

Exploitation des mines, carrières, etc.

229.	Terre à porcelaine,		valeur, fr.	0.25	le kilo.
230.	Id.	Id.	Id.	0.25	Id.
231.	Id.	Id.	Id.	0.30	Id.
232.	Id.	Id.	Id.	0.25	Id.
233.	Kaolin du district de Mingsha.				

KIUNGCHOW

Collection envoyée par
le Directeur des Douanes de Kiungchow.

Kiungchow — aussi appelé *Hothow* — est le port de commerce de l'île de Hainan, un port assez mal situé et peu salubre. L'île de Hainan fait partie de la province de Canton et est encore habitée par des aborigènes peu faciles à gouverner. Son climat est tropical.

CLASSE 7.

Peintures, dessins, etc.

1. Collection d'aquarelles sur banderoles en soie.

CLASSE 4.

Cartes de géographie. cosmographie, etc.

2. Carte du port de Kiungchow sur la côte nord de l'île de Hainan.

CLASSE 94.

Orfèvrerie.

L'émaillage de l'argent est une des vieilles industries du port de Kiungchow. Pour émailler on marque le dessin au moyen de petites cloisons en argent qu'on cimente à l'objet, puis on verse des matières vitreuses aux couleurs requises et puis on polit.

6. Huit salières.
7. Trois poivriers.
8. Deux id.
9. Quatre moutardiers.
10. Dix verres à liqueur.
11. Deux plateaux pour verres à liqueur.
12. Dix coquetiers.
34. Dix broches en argent incrustées de plumes de martin-pêcheur.

CLASSE 98.

Brosserie, maroquinerie, tabletterie, etc.

La coquille de la noix du cocotier, un arbre qui pousse en grande abondance dans l'île de Hainan, après avoir été dépouillée de sa fibre extérieure et de sa pulpe intérieure, est travaillée de diverses manières pour en fabriquer des objets d'usage domestique dont quelques-uns sont doublés en argent ou en étain.

15. Douze tasses à thé, doublées en argent.
16. Un sucrier, doublé en argent.
17. Deux bijoux. doublés en argent.
18. Deux pots à lait, doublés en argent.
20. Deux théières.
21. Trois bijoux.
22. Une théière, doublée en étain.
23. Un pot à vin, id.

24. Une boîte à thé, doublée en étain.
25. Une boîte à collier de mandarin, doublée en étain.
26. Dix tasses à vin,   id.   id.
27. Un pot à vin,   id.   id.
29. Une coupe à sucre,   id.   id.
30. Deux   id.   id.   id.
31. Deux vases à fleurs, id.   id.
32. Deux bols à doigts, id.   id.

CLASSE 99.

Objets de voyage et de campement.

66. Une malle en cuir uni, faite de bois recouvert de peau de porc.

CLASSE 81.

Fils et tissus de lin, chanvre, etc.

58. Une pièce toile de ramie, fine, fabriquée de fibre d'ananas.
59. Deux échantillons de toile grosse.
60. Quatre échantillons de toile de chanvre et coton.
61. Trois échantillons de toile de chanvre.
62. Trois échantillons de toile de jonc, employée pour faire des sacs.
63. Echantillons de coir, la fibre du palmier séchée et cardée dont on fait des cordages, nattes imperméables, balais, brosses.
64. Chanvre, employé pour cordages et toile.
67. Corde de coir.

CLASSE 83.

Soies et tissus de soie.

57. Trois pièces de soie, 18 mètres chacune, faite de cocons de vers sauvages, dévidée et tissée à la main.
76. Spécimens de soie grége sauvage.

CLASSE 30.

Carrosserie, charronnage, etc.

35. Modèle de brouette généralement employée pour le transport du sucre de l'intérieur à la côte. Un homme peut transporter 250 kilogrammes sur une distance de 40 kilomètres par jour. Cette brouette sert aussi au transport des passagers.

CLASSE 33.

Matériel de la navigation de commerce. Modèles de bateaux de commerce.

Jonque de mer. Longueur 108 pieds, largeur 28, profondeur 10, porte 300 tonnes. Prix complet, 25,000 francs.

Bateau cousu. Longueur 28 pieds, largeur 8 1/2, profondeur 5, capacité 4 tonnes. Employé pour le transport des fruits et des légumes de la campagne au marché. Ces bateaux appartiennent, en général, aux fermiers eux-mêmes et, quand ils ne sont pas en usage, on les découd et on en remise les morceaux. Prix complet, 150 francs.

Bateau de rivière. Longueur totale 52 pieds, largeur 9 1/2, profondeur 2 1/2, capacité 14 tonnes. Coût, 7,500 francs.

Bateau-allége. Longueur 42 pieds, largeur 11, profondeur 4, capacité 10 tonnes. Comme l'accès du port est très difficile aux steamers à cause des bancs de sable, ces bateaux vont en mer alléger les navires ou transportent des marchandises du port à ces navires. Coût, 1,000 francs.

CLASSE 35.

Matériel et procédés des exploitations rurales.

84. Modèle d'une pompe d'irrigation, employée pour élever l'eau d'une rivière, d'un étang, etc., au niveau des campagnes qu'on veut inonder. Fabriquée de bambou et de bois, sans aucun métal. Parfois ces pompes sont mues par la force du courant, mais le plus souvent par des hommes.

CLASSE 91.

Tabacs.

72. Spécimens de feuilles de tabac.

CLASSE 59.

Sucre, confiserie, condiments, etc.

68. Spécimen de sucre brun, deux qualités.
69. Spécimen de sucre blanc.

CLASSE 41.

Produits agricoles non alimentaires.

70. Fibre d'ananas, dont on fabrique une sorte de toile.
71. Colle de corne de vache, employée en médecine et dans les manufactures.
77. Suif végétal, pour chandelles.
78. Cosse de la noix de bétel, employée en pharmacie.
79. Noix de bétel, fruit de l'arbre Aréca. Réduite en poudre et mélangée à de la poudre de bois de sapin et à de la chaux et enveloppée dans les feuilles de bétel, est chiquée comme tonique par les indigènes.
80. Graines de Sésame, dont on extrait l'huile de sésame. Le résidu, en forme de gâteaux, sert d'engrais ou de fourrage.
81. Camphre, fabriqué par la distillation des feuilles du *Blumea balsamifera*, un arbre qui ne pousse que sur l'île d'Hainan.

L'analyse donne :

Carbone 77.56
Hydrogène 11.60
Oxygène 10.84

Employé en médecine pour adoucir et parfumer les médicaments.

82. Racine de galangal, *Radix galangœ minoris*, est la racine séchée d'une sorte d'alpinia. Ressemble au gingembre. Employée en médecine, etc.

83. Bois de senteur. La partie résineuse et décomposée d'un arbre de l'espèce *Agallochum*, employé pour faire des perles, des bracelets, des anneaux, etc. ; en poudre, on en fait des bâtons d'encens.

CLASSE 42.

Insectes utiles et leurs produits.

71. Cire jaune.
75. Miel.

CLASSE 53.

Engins et produits de la pêche.

5. Modèle d'un radeau de pêcheur. Longueur 30 pieds, largeur 5 pieds. Construit de bambous et rotins liés ensemble. Employé pour pêcher au filet.
73. Lignes en soie, dévidées de cocons bouillis dans du vinaigre.

CLASSE 86.

Industries diverses du vêtement.

Articles employés par les aborigènes de l'île,
appelés par les Chinois « Lis ».

36. Trois mouchoirs de mariée.
37. Deux costumes de femme.

38. Six jupes.
39. Deux jaquettes de femme.
40. Trois ceintures d'homme.
41. Trois ceintures de femme.
42. Un sac.
46. Cinq épingles à cheveux en os de cerf sculpté.
49. Une pipe de femme.
50. Une pipe d'homme.
51. Un peigne en bois porté par les hommes.
52. Deux haches.
53. Deux lots métiers à tisser.
54. Un couteau et gaine.
55. Trois arcs et flèches.
56. Deux arbalètes en bois dur.

LUNGCHOW

Collection envoyée par
le Directeur des douanes de Lungchow.

La ville de Lungchow est située à la jonction des rivières Songchi et Kaoping, par environ 22 degrés de latitude et 196 de longitude, près de la frontière sud-ouest de la province de Kwangsi, touchant au Tonkin.

CLASSÉ 12.

Photographie.

1.   Un album de sept vues de Lungchow.

CLASSE 14.

Cartes de géographie, cosmographie, etc.

2.   Mappe de la ville de Lungchow, ouverte au commerce étranger le 1er juin 1899, population environ 22,000 habitants.

CLASSE 15.

Instruments de précision, monnaies, etc.

3. Un cadran solaire. .

CLASSE 95.

Joaillerie et bijouterie.

4. Cinq ornements en argent pour cheveux.
5. Un anneau de pied, en argent, pour femme.
6. Un anneau de pied pour enfant, en argent.
7. Un bracelet en argent.
8. Un collier en argent.
9. Un bracelet fait partie en argent, cuivre et fer.

CLASSE 85.

Industries de la confection et couture, etc.

10. Un costume de femme villageoise du Kwangsi.
11. Un costume de villageoise aisée du Kwangsi.

CLASSE 86.

Industries diverses du vêtement.

12. Une paire de souliers de dame du Kwangsi.

CLASSE 39.

Produits agricoles alimentaires d'origine végétale.

13. Une bouteille d'huile d'anis.
14. Une branche d'anis, avec feuilles, fruits et fleurs.
15. Une bouteille de fruits d'anis.

Il existe deux sortes d'huile d'anis : l'huile de Tsochiang, fabriquée à Lungchow, et l'huile de Yuchiang, fabriquée à Posê. L'huile de Lungchow est de beaucoup supérieure, étant pure et incolore, tandis que l'huile de Posê est d'une qualité inférieure rougeâtre, qui la rend impropre à l'exportation. Il y a trois champs principaux de production qui se trouvent à cheval sur la frontière tonkinoise et qui s'étendent à dix ou quinze milles de chaque côté et distantes d'environ 30 milles de Lungchow : on les nomme le Shang Chia, le Choung Chia, et le Hsia Chia. Il y a aussi quelques plantations à Ping Hsiang et à Ningmingchow, mais elles sont inférieures à celles nommées ci-dessus. Les arbres sont essentiellement sauvages et semblent ne pas aimer la cultivation. Le sol doit être frais, dur et boueux. Pour planter l'anis on coupe de petites branches des vieux arbres et on les pousse dans la terre ; un tube en bambou est placé près de la branche et on y verse de l'eau tous les jours, de manière à arroser les racines de la plante nouvelle sans mouiller les jeunes branches qui poussent sur la tige. Dès que la plante a un pied de hauteur, ce qui prend une année, on enlève le tube et la plante peut pousser d'elle-même. Les arbres croissent sur le versant des collines où l'eau ne peut rester autour des racines tout en les tenant humectées. Les arbres peuvent souffrir de la fumée, et comme les indigènes ont l'habitude de brûler leurs herbes, on évite le voisinage des villages pour les plantations et l'herbe qui pousse dans les vergers est coupée et emportée annuellement. Il faut dix ans à un jeune arbre avant de produire des graines utiles au commerce, et des arbres séculaires produisent encore des fruits. La récolte d'un arbre varie annuellement, et les arbres qui produisent tous les ans sont rares. On fait deux récoltes par an : la « grande » récolte et la récolte de saison. Pour la première les arbres fleurissent en octobre, les étoiles paraissent deux mois après, et peuvent être récoltées et distillées en août de l'année suivante. Pour la deuxième récolte, les fleurs paraissent en mai et on récolte et distille les graines à la fin de l'année. Un arbre produit environ 80 kilogrammes de graines d'anis, la qualité variant d'après le terrain. La cou-

leur des graines est vert et jaune, et il y en a à huit angles
et d'autres à neuf ou dix angles. On extrait l'huile de
graines fraîches ou séchées par la distillation. On fait passer
de la vapeur par un cylindre en bois placé au-dessus de la
chaudière, dans une jarre en terre où elle est condensée
par de l'eau froide placée dans un réceptacle au-dessus. Le
mélange d'eau et d'huile condensée coule par un tuyau dans
une boîte doublée de zinc et divisée en deux compartiments
reliés par un trou près du sommet. Le mélange entre par
un compartiment et l'huile flottant sur l'eau tombe dans
l'autre compartiment par le trou au sommet. Ce procédé
prend au moins 24 heures. Cent kilos d'anis frais produisent
environ 2 kilos d'huile ; et si les graines sont séchées
pendant deux semaines, au moins trois kilos. La meilleure
huile vaut de 700 à 900 francs par 100 kilos. On la met dans
des boîtes de 20 à 21 kilos pour l'exportation vers Hongkong.

MENGTSZE

Collection envoyée par
le Directeur des douanes de Mengtsze.

La ville de Mengtsze est située dans le sud-est de la province de Yunnan, près de la frontière du Tonkin, dont elle est encore tout de même éloignée de six jours de marche. La ville est bâtie sur un plateau élevé et, par conséquent, a un climat moins chaud que celui des vallées environnantes. Les montagnes du voisinage contiennent des mines d'étain.

CLASSE 93.

Coutellerie.

1.   Deux ouvre-crânes.
2.   Deux sabres dans un seul fourreau, portés par les muletiers escortant des caravanes.
3.   Un sabre.
4.   Un sabre.

CLASSE 94.

Orfèvrerie.

5..   Sept boîtes en cuivre incrustées d'argent.
6.   Cinq boîtes en argent avec côtés en cuivre incrustés d'argent.

CLASSE 95.

Joaillerie et bijouterie.

7. Une collection de bijoux en argent portés par les femmes chinoises et de la tribu des Lolos.

CLASSE 97.

Bronze, fonte, ferronnerie d'art, etc.

8. Deux encenseurs.
9. Deux chandeliers.
10. Une pièce ornementale, la déesse Kwan-Yin.
11. Id. Id. Id. buffle et homme.
12. Un groupe ornemental, Kwanti et deux suivants
13. Une pièce ornementale, un encenseur en bronze
14. Un encenseur en cuivre.

CLASSE 70.

Tapis, tapisseries, etc.

15. Trois tapis en feutre de dessins variés.

CLASSE 77.

Matériel de la fabrication des tissus.

16. Métier employé par les femmes de la tribu des Miaotsze pour tisser la toile.

Les femmes Miaotsze sont d'habiles tisserandes. Toute la toile nécessaire pour l'usage domestique est tissée dans la maison et le surplus est vendu au marché, et comme elle est solide elle est très appréciée.

CLASSE 83.

Soies et tissus de soie.

17. Deux pièces de soie multicolore employées pour faire des courtepointes.

CLASSE 86.

Industries diverses du vêtement.

18. Ombrelle. Une charpente en bambou recouverte de papier huilé, employée par les femmes Lolos quand elles travaillent aux champs.

19. Ombrelle. Fabriquée comme la précédente, mais ayant une bordure ou rideau brodé et décoré qui cache complétement la figure.

CLASSE 30.

Carrosserie, charronnage, etc.

20. Modéle d'une charrette à buffles du Yunnan.

CLASSE 31.

Sellerie et bourrellerie.

21. Harnachement complet pour mulet de bât, employé à transporter les marchandises dans la province.

CLASSE 33.

Matériel de la navigation de commerce.

30. Modèle de jonque bâtie pour remonter et descendre les rapides du Fleuve Rouge qui va du Yunnan au golfe du Tonkin.

CLASSE 41.

Produits agricoles non alimentaires.

22. Quatre échantillons d'opium produit dans la province de Yunnan.

23. Outil pour faire les incisions dans les têtes de pavot.
24. Outil pour recueillir l'exsudation des incisions.

L'opium est cultivé sur un tiers de la superficie de la province de Yunnan, soit environ 45,000 kilomètres carrés, dans les plaines arrosées par les ruisseaux. La culture se fait en six mois, de septembre à février, sur de petites fermes de culture mixte, appartenant à des Chinois et cultivées par des indigènes. On évalue la récolte annuelle à 32,000 kilogrammes dont la valeur est d'environ 15 francs le kilo.

CLASSE 63.

Exploitation des mines, carrières, etc.

25. Trois pièces de marbre du district de Talifou.

Ce marbre est remarquable par ses dessins variés et est employé pour dessus de tables, chaises, murs, etc.

CLASSE 64.

Grosse métallurgie.

26. Deux lingots d'étain.

CLASSE 86.

Industries diverses du vêtement.

27. Deux trappes à puces, une spécialité de la capitale du Yunnan.

Ces trappes se portent sous les vêtements et les puces se prennent à la glu.

28. Costume complet d'une femme Miaotsze.
29. Cornemuse des tribus Miaotsze.
29ᴀ. Costume complet d'une femme Lung Miao.
29ᴮ. Partie de costume d'une femme Poula.
29ᴮ. Amulettes.
29ᶜ. Gourdin porté par les muletiers Miao et Lung Miao, les aborigènes des provinces de Yunnan et de Kwei-chow.

NANKING.

Collection envoyée par
le **Directeur des Douanes de Nanking**.

La ville de Nanking (*la capitale du Sud*, de même que Péking veut dire *la capitale du Nord*) est située sur la rive Sud du Yangtsze, à 205 milles de Shanghai et à 45 milles en amont de Chinkiang. C'est une très grande ville entourée de murs dont la hauteur varie de 15 à 30 mètres, l'épaisseur de 7 à 14 mètres et la longueur atteint 22 milles. Nanking a beaucoup souffert des rebelles Taipings en 1853; ils détruisirent la Tour de Porcelaine, la plus jolie Pagode de la Chine et la gloire de Nanking. L'industrie principale de la ville c'est le tissage du satin et de la soie.

CLASSE 12.

Photographie.

8. Diverses vues du port et de la ville de Nanking : vingt-huit photographies.

CLASSE 14.

Mappes de géographie, cosmographie, etc.

29. Carte du port de Nanking.
30. Mappe de la ville de Nanking.

CLASSE 15.

Instruments de précision, monnaies, etc.

Une monnaie fut instituée à Nanking, par le Vice-Roi
Liou Kan-vi en 1897. Elle peut produire par jour 60,000
pièces d'un dollar et 200,000 pièces de 20 et 10 cents; elle
peut aussi frapper par jour 360,000 pièces de 10 sapèques
en bronze.

CLASSE 77.

Matériel et procédés de la fabrication des tissus.

Un métier à main pour tisser des soieries brochées et
brodees.

CLASSE 83.

Soies et tissus de soie.

Pièces de satin de 15 à 16 pieds de longueur :

1.	Couleur	fève écrasée,dessin: fleur de prune et bambou.
3.	id.	sauce bleu-noir, dessin : canard.
4.	id.	diverses,dessin : luth brodé en cinq couleurs.
5.	id.	sauce, dessin : cercle d'or et banane d'argent.
6.	id.	or, dessin : longévité or et argent.
7.	id.	fond blanc, dessin : nuages et dragons cinq couleurs.
8.	id.	fond rouge, dessin : nuages et dragons, cinq couleurs.
9.	id.	fond rouge, dessin : trois souhaits or et argent.
10.	id.	or, dessin : caractère *wan*, dix-mille.
11.	id.	argent, dessin : chrysanthèmes.
12.	id.	sombre, 14,000 fils, largeur 78 cent.
13.	id.	noir hirondelle, 16,000 id. id. 78 id.
14.	id.	noir foncé, 16,000 id. id. 78 id.

15.	Couleur	noir canard,	13,000 fils largeur 78 cent.
16.	id.	vermillon,	12,000 id. id. 78 id.
17.	id.	bleu supérieur,	id. 66 id.
18.	id.	rouge, dessin: orchidées, robe de femme, longueur 13 pieds.
19.	id.	rouge poisson, dessin : bambou, longueur 16 pieds.
20.	id.	jaune brillant, dessin : longévité, longueur 18 pieds.
21.	id.	écarlate, dessin : longévité, long. 18 pieds.
22.	id.	vert de thé, dessin : antique id. 18 id.
4A.	id.	fond or, dessin : pêche, id. 15 id.

Pièces de soie avec figures de 18 pieds de longueur :

| 23. | Couleur jaune, dessin : longévité et bonheur. |
| 24. | id. | noire, pour faire des souliers |

Pièces de velours de 15 pieds de longueur :

1.	Couleur datte,	dessin : bégonia, grenade, citron.
2.	id.	vert d'encre, id.	pivoine, prune, bonheur.
3.	id.	fève écrasée, id.	prune et orchidée.
4.	id.	sauce d'or, id.	pivoine.
5.	id.	vieux bronze, id.	bambou et chrysanthème.
6.	id.	jaune d'oie, id.	orchidée.
7.	id.	cendre de thé, id.	paix et prospérité.
8.	id.	jaune abricot, id.	cinq plaisirs saluant la longéviité.
9.	id.	bleu pierre, id.	fleurs.
10.	id.	bleu supérieur, dessin : fleur de pêcher et orchidée.
11.	Couleur vieux bronze, uni.
12.	id.	vert bambou, uni.
13.	id.	chameau de Pékin, uni.
14.	id.	fève écrasée, uni.
15.	id.	lac neigeux, uni.
16.	id.	noir et jaune, uni.
17.	id.	noir et blanc, uni.

19. Couleur bleue, uni, trame en coton.
20. id. perle, noir et blanc, trame en coton.
21. id. noir et jaune, uni.
22. id. jaune brillant, figuré.
23. Deux morceaux verts et un mauve.
24. Deux morceaux noir et clairet pour souliers.
25. Jaune brillant.
Collection de rubans brodés nᵒˢ 1 à 27.

CLASSE 86.

Industries diverses du vêtement.

1. 3 boucles de ceintures.
2. Un assortiment de boutons de chapeau.
3. Un assortiment de boutons de Cour avec chapeau.

Manufacture du satin, du velours et des soieries.

Le tissage du satin, du velours, des rubans de fantaisie et d'autres pièces de soie est une très vieille et la principale industrie de Nanking. Cette industrie donne du travail à un grand nombre d'hommes, de femmes et d'enfants et les produits des métiers se vendent facilement, particulièrement dans le Nord. Cette industrie fut cruellement atteinte par la rébellion des Taipings, beaucoup d'ouvriers habiles étant allés s'établir dans d'autres districts sans espoir de retour à Nanking. Une quantité considérable de soie grège est produite dans les environs de Nanking, qu'on emploie pour fabriquer des rubans de soie et de satin et pour la trame du satin et du velours; mais la chaîne de ces derniers produits est toujours composée des qualités plus fines de soie récoltée dans la province de Chekiang. La matière brute est obtenue principalement de Hsia shih-chen dans le département de Haining et on peut la fournir à Nanking à raison de 15 à 35 francs par kilogramme. Le procédé de conversion de la soie grège en tissu peut être divisé en trois phases : filage, teinture et tissage. A son arrivée du

Chekiang, la soie grége est arrangée par des femmes en
paquets prêts pour le filage. On file la soie en paquets de
50,000 pieds de longueur. Cent de ces paquets, qu'on appelle
tssel, forment un *tsou* qui pèse 220 taels, soit environ
neuf kilogrammes, et le prix de filage revient à environ
20 francs. Le teinturier emploie de préférence les couleurs
noire et prune. Après la teinture et le blanchiment la soie
est rebobinée par des femmes, puis on la passe à des
hommes dont la spécialité est de préparer la chaîne sur le
métier à tisser. Quant à la trame, la soie ne doit pas néces-
sairement provenir du Chekiang; on emploie de la soie
locale coûtant environ 20 francs le kilo et qui a aussi été
filée et teinte. Le fil est mis sur de petites bobines qu'on
place dans la navette, prête pour le tisserand. On peut
trouver jusque quatre métiers dans la même maison, et
parfois filage et tissage se font dans le même établissement.
Ces grands établissements se font par association et représentent un capital considérable. Ils possèdent un outillage
important et achètent et travaillent eux-mêmes leur
matière première et vendent leurs produits au magasin
sous une marque particulière. Le tisserand qui n'a pas de
capital travaille à gages. S'il n'a pas un métier chez lui, il
trouve du travail dans un des grands établissements où, en
outre de sa nourriture, on lui paie de 1 fr. 80 c. à 8 fr. 75 c.
par pièce, d'après le poids du satin qu'il a tissé. Le tisserand
qui possède un métier, mais n'a pas le capital nécessaire à
l'achat de la matière première, dépend de certains établissements qui lui fournissent la soie grège, paient les frais de
filage, teinture et préparation et tiennent un compte du
prix de revient. Ainsi, une pièce de satin de première
qualité couleur prune ayant 16,000 fils à la chaîne,
13 mètres de longueur, 70 centimètres de largeur, pesant
deux kilos et demi, et se vendant à Nanking 95 francs,
rapporte au tisserand 20 francs; tandis qu'une pièce de
quatrième qualité couleur noire, ayant 8,000 fils à la
chaîne, mesurant 12 mètres en longueur et 80 centimètres
en largeur, pesant 1.7 kilogramme, et se vendant 30 francs,
ne rapporte que 10 francs à l'ouvrier. En outre des métiers
travaillant pour le commerce, il existe un certain nombre

de métiers sous le contrôle officiel qui produisent de la soie, du satin et du velours pour l'usage de la Cour. Les maîtres de ces métiers reçoivent des brevets du Commissaire Impérial des Soieries qu'ils peuvent, s'ils le désirent, sous-louer à d'autres. Quand le travail presse fort, comme au temps d'un Jubilé Impérial, le Commissaire emploie aussi les métiers non brevetés. Le nombre de métiers brevetés à Nanking est de 294. Avant la rébellion des Taipings, il y avait 35,000 métiers de la ville et 15,000 dans les villages environnants employés à tisser du satin ordinaire noir ou prune; mais actuellement la ville ne contient pas plus de 3,000 métiers et le voisinage 2,000, produisant annuellement 150,000 pièces évaluées à neuf millions de francs.

NEWCHWANG

Collection envoyée par
le Directeur des Douanes de Newchwang.

Le port de Newchwang (pr. *Niouchwang*) est situé à l'endroit où le fleuve Liao se jette dans le golfe de Petchili, dans la province de Shengking, en Mandchourie. Les Chinois l'appellent Yingtsze ou Yingkow. Le pays autour de Newchwang est dénudé et désert, rempli de marais; mais c'est le débouché des villes de Liao-Yang et Moukden. Le pays produit principalement des fèves avec lesquelles on fait de l'huile et des tourteaux de fumier. La Mandchourie produit aussi de l'opium, de la soie sauvage et des minerais. L'hiver est excessivement rude.

CLASSE 13.

Cartes de géographie, cosmographie, etc.

1.   Mappe de la Mandchourie centrale et méridionale.
2.   Carte de la rivière de Liao.
3.   Plan de Newchwang (*Yingkow*).

CLASSE 15.

Instruments de précision, monnaies, etc.

6. Mesures pour le grain, appelée *Tow*. Un tow vaut dix *Sheng*.

7. Demi-Tow contenant cinq Sheng.

8. *Sheng* mesurant la dixième partie du *Tow*.

9. Demi-*Sheng*.

9.ᴬ. Collection de monnaies frappées à la Monnaie Impériale de la ville de Kirin, dans le nord de la Mandchourie. Cette Monnaie contient vingt assortiments de machines pour la frappe des pièces. On y fabrique des pièces d'un dollar en argent contenant 10 p. c. de cuivre, des demi-dollars contenant 14 p. c., et des pièces de 20, 10 et 5 cents contenant 18 p. c. de cuivre. On y fabrique aussi des sapèques.

9ᴮ. Collection de monnaies frappées à la Monnaie de Moukden. La Monnaie Impériale à Moukden, construite pour être un arsenal, se compose de nombreux bâtiments de forme étrangère ou semi-étrangère, en outre des nombreuses maisons de style chinois. Les anciennes machines d'origine allemande ont été remplacées par des machines écossaises dont chacune peut produire 14,000 pièces de monnaie quelconque par jour. Les moules et les réparations se font dans l'établissement même. La force motrice provient d'une puissante machine, et le travail est fait par cinquante hommes. On fabrique des pièces d'un dollar, un demi-dollar, 20, 10 et 5 cents en argent et des pièces d'un cent en cuivre.

CLASSE 87.

Arts chimiques et pharmacie.

10. Soude.

11. Potasse. Une efflorescence du sol obtenue par le lavement de la terre.

12. Sel. Evaporé de l'eau de mer.
13. Brique de sel. Id.
14. Racine de réglisse, la racine séchée du *Glycyrrhiza glabra* et du *G. echinata*, très doux. Dans la pharmacopée chinoise vient après le ginseng en importance et on lui attribue des vertus régénératrices et nutritives.
15. Ginseng rouge sauvage. Racine du *panax ginseng* à laquelle les Chinois attribuent des vertus extraordinaires. De là son haut prix.
16. Ginseng sauvage, blanc.
17. Id. de culture.
18. Feuille de la plante à ginseng.
19. Plante de ginseng.
20. Indigo liquide. Une teinture bleue végétale obtenue de plusieurs plantes indigofères, telles que le *Polygonum tinctarum*, *Indigofera tinctoria*, et autres inconnues des Européens.
21. Opium cru, l'exsudation du *Papaver somniforum*, employé en médecine ou fumé en guise de narcotique.
22. *Plantago major sem*; diurétique, pectorale, adoucissante, tonique et antirhumatique.
23. *Heterotropa asaroides*. Emétique et diurétique.
24. *Carum carui*. Graines d'une plante ombellifère d'un goût aromatique. Contre les désordres abdominaux.
25. *Pterocarpus flavus*. Tonique, diurétique et comme teinture.
26. Gentiane. Comme apéritif et antidote d'empoisonnement par morsure de serpents, la jaunisse, etc.
27. *Epiedra flava*.
28. *Equisetum arvense*. Pour polir et aussi pour yeux faibles.
29. *Clematis tubulosa*. Vermifuge.
30. *Ping Peï*. Pour rhumes, froids, asthmes, etc., adoucissant.
31. *Thalictrum rubellum*. Antidote tonique.
32. *Prunus, sp*. Laxatif.
33. *Convolvulus sp*. Ginseng bâtard. Une racine douce qu'on substitue frauduleusement au ginseng.

34.   *Ptarmica Siberica.* Tonique.
35.   *Atractylodes rubra.* Goût aromatique et chaud ; a la réputation de fortifier le corps et prolonger la vie.
36.   *Dictamnus fraxinella.* Une écorce, pour purifier le sang.
37.   *Adenophora trachelisides.* Pour provoquer l'éruption de la petite vérole, et pour colorer les chandelles.
38.   *Kadsura Sinensis.* Tonique et aphrodisiaque.
39.   *Caragana flava.* Une racine employée comme tonique.
40.   *Cerasus camunis.* Pour le rhumatisme, l'hydropisie, etc.
41.   *Polyporus sp.* Un fongus croissant sur l'orme.
42.   *Polygala tennifolix.* Un remède de valeur dans la pharmacopée chinoise ; un fortifiant remarquable.
43.   Vin médicinal. Distillé du millet géant (*Sorghum vulg.*) et additionné d'extraits d'herbes. Employé comme tonique.

CLASSE 88.

Fabrication du papier.

44.   Papier de fibre de chanvre.

Fabriqué avec la fibre de différentes plantes ressemblant au chanvre, telles que *Bohmeria, Carchoirus pyriformis, Urtica nivea*, etc. Aux fenêtres, au lieu de verre on colle cette sorte de papier, puis on l'enduit d'huile afin de le rendre transparent. Comme les maisons mandchouriennes font toujours face au Sud, ce papier admet suffisamment de lumière pour éclairer la chambre.

45.   Papier de fibre de chanvre, huilé, employé comme papier d'emballage. Il est très solide et imperméable.
46.   Papier coréen, employé comme le précédent, mais il lui est bien supérieur.

CLASSE 66.
Décoration fixe des édifices et habitations.

47. Modèle de maison mandchoue, échelle 1/13.

Le devant fait toujours face au Sud. En été, les fenêtres sont couvertes de gaze, en hiver, de papier huilé.

CLASSE 98.
Brosserie, maroquinerie, tabletterie, etc.

48. Quartiers de selle en cuir.
49. Etui en cuir pour plume de chapeau mandarin.
50. Etui à cartes de visite.
51. Etui pour collier de mandarin.
52. Etui en cuir pour chapeau et collier de mandarin.
53. Etui en cuir pour franges de chapeau mandarin.
55. Coffret de toilette pour voyage, en cuir.
56. Bande en cuir pour protéger le côté des charrettes.

CLASSE 68.
Papiers peints.

57. Papier à tapisser, couleurs diverses.

CLASSE 70.
Tapis. tapisseries, etc.

58. Tapis en feutre de poil de chèvre, blanc.
59. Tapis en feutre de poil de vache, brun.
60. Carpettes en poil de chameau. •
61. Id. id.

CLASSE 80.

Fils et tissus de coton.

62.　Toile de colon.

CLASSE 81.

Fils et tissus de lin, chanvre, etc.

63.　Corde de chanvre.
64.　Corde de jute (*Sida sp.*).

CLASSE 83.

Soies et tissus de soie.

65.　Soie grége sauvage, 1re qual. d'hiver, produite par le ver *Bombyx Pernyi* qui se nourrit des feuilles d'une espéce de chêne, le *Quercus Mongolica*.

On récolte les cocons deux fois par an. La soie des vers nés au printemps est supérieure à celle produite par les vers nourris de vieilles feuilles.

66.　Soie grége sauvage, 2me qual. d'hiver.
67.　　　　Id.　　　3me qual. du printemps.
68.,　　　Id.　　　4^{ue} qual.　　Id.
69.　Déchets de soie grége, faite de la soie extérieure des cocons.
71.　Pongée de soie, teint.

Cette soie est tissée avec le fil extrait du cocon du ver *Bombyx Pernyi*.

CLASSE 84.
Dentelles, broderies, etc.

79. Bouts de traversin en soie brodée.
80. Couvertures de charrettes en soie brodée.

CLASSE 86.
Industries diverses du vêtement.

81. Souliers en cuir, pour hommes.
82ᴬ. Souliers en cuir, pour garçons.
82ᴮ. Mocassins.
83. Souliers d'hommes, en feutre de poil de vache.
84. Souliers d'hommes, en feutre de poil de chèvre.
85. Coiffure de dame mandchoue.
86. Chaussettes en poil de chameau.
87. Chaussettes en laine.
88. Chaussettes en laine, portées en hiver par les Chinois, mais pas par les Mandchous.
89. Cravache.

CLASSE 65.
Petite métallurgie.

90. Soufflet de forgeron.
91. Tour de tourneur ambulant.

CLASSE 30.
Carrosserie, charronnage, etc.

92. Voiture pour voyageurs.

Les riches et les mandarins y mettent des fourrures et des soieries. Prix : 300 francs.

93. Charrette pour marchandises.

Très solide et tirée par 3 à 7 mulets. Elles portent jusque deux tonnes de marchandises et voyagent en grandes caravanes afin de se protéger mutuellement, et elles font des centaines de milles en hiver quand le sol est gelé. Prix : 225 francs.

CLASSE 33.

Matériel de la navigation de commerce.

94. Modèle de jonque côtière.
Capacité, 213 tonnes; équipage, 20 hommes. Prix : 55,000 fr.
95. Modèle de jonque à marchandises.

Capacité, 14 tonnes; équipage, 8 hommes. Prix : 5,625 fr. Employée pour alléger les steamers dans le port de Newchwang et sur le fleuve Liao.

96. Modèle d'un bateau de rivière, capacité 6 tonnes, équipage 5 hommes. Coût, 630 francs. Ces bateaux transportent les produits mandchous, principalement des fèves de Tiehling, le grand entrepôt, où les fèves sont accumulées pendant l'hiver, à Newchang, par le fleuve Liao.
97. Modèle d'un sampan ou petite barque, employée pour le transport des passagers dans le port ou aussi pour la pêche. Equipage 2 hommes. Coût 300 francs.

CLASSE 35.

Matériel des exploitations rurales.

100. Bêche.
101. Pelle en bois.
102. Fourche faite d'une branche d'arbre.
103. Houe en fer.

104. Houe à sarcler, en fer,
105. Râteau en fer.
106. Faucille.
107. Hache-paille.

CLASSE 91.

Tabacs.

108. Tabac en feuilles, 1re qualité. Varie en couleur du jaune pâle au ton chocolat. On le sèche à l'air. En Mandchourie on le fume sans le préparer.
109. Tabac en feuilles, 1re qualité.
110. id. id. 2e id.
111. id. id. 3e id.

CLASSE 37.

Matériel des industries agricoles.

112. Modèle d'une fabrique d'huile où l'on extrait l'huile de fèves et où l'on fabrique les tourteaux de fèves qui sont ensuite exportés dans le sud de la Chine pour engraisser les plantations de canne à sucre.

CLASSE 39.

Produits agricoles alimentaires d'origine végétale.

113. Blé.
114. Orge.
115. Millet géant (Sorghum vulgare).
116. id. géant écossé.
117. id. (Setaria Italica).
118. id. géant écossé (Setaria Italica).
119. id. (Panicum miliaceum)
120. id. blanc (Panicum miliaceum).
121. Riz.

122. Maïs.

123. Fèves jaunes.

124. Fèves vertes, grandes.

125. id. petites.

126. Fèves blanches.

127. Fèves rouges.

128. Fèves tachetées.

129. Fèves noires.

130. Orge perlé.

131. Graines de melon d'eau. On ne mange pas le melon, on le cultive seulement pour ses graines.

132. Champignons jaunes, une espèce de fongus sauvage.

133. Fongus parasite croissant sur les arbres.

134. Huile de fèves.

135. id. de ricin. Employée principalement pour lubrifier, mais aussi comme aliment dans certaines parties de la Mandchourie.

137. Huile de graines de sésame.

CLASSE 56.

Produits farineux et leurs dérivés.

138. Farine de blé.

139. Farine de millet géant ou sorgho.

140. Vermicelle.

CLASSE 55.

Matériel des industries alimentaires.

141. Modèle d'un moulin à farine, mû par deux mules.

142. Modèle d'une boîte à tamiser la farine.

CLASSE 58.

Conserves de viandes. poissons, légumes, etc.

143. Grenouilles séchées.

CLASSE 61.

Sirops, spiritueux, alcools d'industrie.

144. Samchou, un alçool distillé du millet géant qui se boit chaud aux repas. Fabriqué principalement à Liao-yang.

CLASSE 41.

Produits agricoles non alimentaires.

145. Chanvre (Bœhmeria nivea).
146. Jute (Sida tilœfolia).

CLASSE 42.

Insectes utiles et leurs produits.

147. Cocons du ver à soie Bombyx Pernyi, un ver sauvage qui vit sur le chêne.
148. Feuilles d'une espéce de chêne, Quercus Magnolia, sur lequel vit le ver à soie Bombyx Pernyi.
149. Cocons percés du ver sauvage.

CLASSE 92.

Papeterie.

150. Cartes à jouer.

CLASSE 36.

Exploitation des mines, carrières, etc.

151. Pierre de Hsin-yen, employée pour faire des objets imitant le jade.

152. Objets en pierre de Hsin-yen, tels que boîtes à savon, porte-pinceaux, encriers, boîtes à sceaux, tabatières, bracelets, amulettes, pipes, anneaux, tasses, etc.

CLASSE 39.
Produits agricoles alimentaires d'origine végétale.

173. Gâteau de fèves. C'est le résidu des fèves après qu'on en a extrait l'huile par pression. Sert de nourriture pour les bestiaux, mais principalement d'engrais pour les plantations de canne à sucre.

174. Panier à huile, fait en osier et recouvert d'une sorte ˘ d'amidon.

175. Panier à vin de Samchou, fait en osier et doublé en papier, recouvert d'un enduit d'amidon.

CLASSE 77.
Matériel de la fabrication des tissus.

179. Rouet à filer le coton.
180. Câble en chanvre.
189. Machine à filer.
190. Machine à faire des cordes.

CLASSE 12.
Photographie.

172. Photographie du temple Laoyeko.
185. Rue principale de Newchwang.
191. Album principal de Newchwang.
192. Panorama de Newchwang.

NINGPO

Collection envoyée par le Directeur des Douanes de Ningpo.

La ville de Ningpo est située sur la rivière Young, dans la province de Chekiang, par environ 25 degrés de latitude et 121 de longitude. Ce port fut ouvert au commerce étranger en 1842; mais dès l'an 1522, les Portugais l'avaient déjà visité. Population, 255,000 habitants.

CLASSE 1.

Enseignement primaire.

1.   Un modèle d'école.

CLASSE 3.

Enseignement supérieur.

2.   Modèle de la salle des examens.

CLASSE 10.

Architecture.

3. Modèle de la résidence d'un haut fonctionnaire (Yamen).
4. Modèle du temple Cheng Wang Miao de Ningpo.
5. Id. d'une porte de la ville et corps de garde.
6. Id. d'un magasin de thé, chapeaux, bottes, etc.
7 Id. du temple de Confucius.
8. Id. de trois arcs de triomphe.
9. Id. d'un four à chaux.
10. Id. d'une manufacture de sel.

CLASSE 14.

Cartes de géographie, cosmographie, etc.

12. Mappe de la ville de Ningpo.

CLASSE 29.

Modèles, plans et dessins de travaux publics.

13. Modèle de pont.
14. Id. (petit).
15. Vue panoramique de Ningpo.

CLASSE 98.

Sculptures.

16. Cinq cadres à photographies sculptés.
21. Deux étagères sculptées.
23. Panneau en bois sculpté.

23 A. Boîtes incrustées pour plats, gâteaux, etc.
23 B. Miroir en métal sur pied et coffret de toilette incrusté.
24. Panier à ouvrage en bambou.
24 A. Id. à pique-nique.
25. Id. en bambou.
26. Id. porte-manger.
27. Id. à papier.
28. Id. id.

CLASSE 66.

Décoration fixe des habitations.

29. Lit chinois, complet, avec deux antichambres.
30. Lit forme européenne, bois sculpté.
66. Huit vitrines d'exposition à toit simple, bois sculpté.
74. Trois id. id. double, id.
77. Quatre id. adossées au mur, bois sculpté et incrusté.
81. Six vitrines d'exposition plates. bois sculpté.
87 Deux id. pour monnaies.

La fabrication des meubles sculptés et incrustés est une des premières industries de la ville de Ningpo qui fournit des meubles de luxe à toute la Chine. Il y a deux variétés absolument différentes.

La première variété comprend les meubles sculptés et incrustés faits uniquement pour le goût chinois d'une espèce de bois blanc dur venant du sud de la province de Chekiang. On en fait de tous prix et en grande quantité, mais sans beaucoup de variété dans les dessins. Les riches font faire leurs meubles sur commande d'après leur goût. Le bois est une espèce de rosier dur venant de Singapore ou le sud de la Chine. La deuxième variété est en bois de rosier et est faite spécialement pour le goût européen et on la vernit d'un enduit spécial qui atteint le brillant du laque. Ces meubles sont le plus souvent sculptés ou incrustés.

CLASSE 10.

Architecture.

89. Modèle d'un tombeau ordinaire.
90. Id. de mandarin.

CLASSE 70.

Tapis, tapisseries, etc.

91. Métier pour fabriquer des nattes.
92. Echantillons de nattes, *exposés par MM. A. Ehlers et Cie, Ningpo.*

CLASSE 74.

Appareils du chauffage et de la ventilation.

92^A. Modèle d'un poêle de cuisine chinois.
92^B. Id. d'une cuisine ambulante.

CLASSE 76.

Matériel de la filature, corderie, etc.

93'. Machine à séparer le coton de ses graines.
94. Id. battre le coton.
94^A. Id. filer le coton.
94^B. Id. Id. modèle de Sanghaï.
95. Id. filer la soie.
96. Id. bobiner.
97. Machine à préparer le coton pour le filage.
98. Machine à emballer le coton.
99. Machine pour la fabrication des cordages.

CLASSE 77.
Matériel de la fabrication des tissus.

100. Métier à tisser le coton.

CLASSE 78.
Matériel du blanchiment, teinture, etc.

101. Appareil à glacer.

CLASSE 80.
Fils et tissus de coton.

102. Vingt et une pièces de toile de coton.

CLASSE 85.
Industries de la confection.

125ᴬ. Deux chemises en lanières de bambou pour l'été.

CLASSE 86.
Industries diverses du vêtement.

126. Echantillons de chapeaux de paille de Wenchow, chapeaux de copeaux, chapeaux de copeaux et joncs, chapeaux de fantaisie, blancs ou de couleurs. *Exposés par MM. A. Ehlers et Cᶦᵉ, de Ningpo.*

CLASSE 30.
Carrosserie, charronnage, etc.

127. Modèle de brouette.
128. Modèle de chaise à porteurs simple.
129. Modèle de chaise à porteurs mandarine.

En province tous les fonctionnaires,lorsqu'ils rendent des visites ou vont par les rues en service, sont toujours portés par quatre hommes, dans des chaises, et sont précédés par des coureurs portant des parasols, des pancartes avec titres, des armes, etc., et ils sont suivis par des domestiques ou subordonnés à cheval ou à pied, suivant le rang. Les mandarins des trois premiers grades ont le droit d'aller en chaise recouverte de drap vert; à partir du quatrième rang on ne peut employer que la couleur bleue. A Pékin, il n'y a que les mandarins du premier rang occupant un poste ministériel qui peuvent, avec les princes, faire usage de la chaise à porteurs; mais à l'exception des princes et des ministres, tous les mandarins, quels que soient leurs rangs, doivent aller en charrette-voiture et les escortes rencontrées en province sont défendues. L'étiquette de la rue en province est ainsi : la chaise d'un haut fonctionnaire a droit de passage partout et tout le monde doit s'arrêter ou faire place; les autres chaises d'après l'importance de l'occupant; une chaise occupée a le pas sur les porteurs de fardeau, les piétons et les chaises vides; les porteurs de fardeau ont le pas sur les piétons et tout le monde doit se garer pour leur livrer passage, les vieillards, les infirmes et les femmes ont le pas sur les autres piétons. Ces règles ne sont pas écrites et pourtant elles sont connues et reconnues par tous les Chinois. En province, les hommes et les femmes qui en ont le moyen se font porter dans des chaises à deux porteurs,sans escorte ou accompagnés d'un seul domestique qui porte les cartes de visite et marche près de la chaise de son maître.

CLASSE 33.

Matériel de la navigation de commerce.

130. Modèle de lorcha, un bateau portant environ 100 tonnes, de forme européenne, mais avec gréement et équipage chinois. Il trafique entre Ningpo et Shanghaï et aussi sur le fleuve Bleu.

131. Jonque trafiquant entre Ningpo et le Shantoung.

132. Jonque transportant des passagers sur la rivière entre les villes de Ningpo et Shaoshing.

133. Jonque pour le transport des poutrelles.

133ᴀ. Jonque chargée de perches.

134. Jonque pour le transport de la chaux.

135. Jonque à passagers.

136. Bateau mû par les pieds, employé pour les passages accélérés par rivière ou canal.

Ces bateaux sont faits pour transporter un seul passager, rarement deux. Ils sont confortables, secs et chauds en hiver. Le batelier le fait mouvoir au moyen d'une rame à large feuille placée d'un côté et mue par les pieds et les genoux, tandis qu'il dirige au moyen d'un gouvernail qu'il tient sous les bras. Il lui arrive de ramer pendant 18 à 24 heures d'une seule traite, ne se reposant que quelques instants pour préparer sa nourriture, une opération très simple faite dans le bateau au moyen d'un petit fourneau portatif.

136ᴀ. Drapeaux-signaux de bateau pêcheur.

137. Jonque militaire, voilier rapide, pour la protection des pêcheurs et la prévention de la contrebande du sel.

Ces jonques portent habituellement six canons, trois de chaque côté, plus un canon devant pour les saluts militaires.

CLASSE 35.

Matériel des exploitations rurales.

138. Houe.

139. Houe-pioche.

140. Charrue, généralement tirée par un bœuf.

141. Herse.

142. Moulin à écosser.

143. Machine à vanner.

14

144. Mortier à écosser.

144ᴬ. Mortier à écosser (système de Shanghaï).

145. Machine à irriguer, mue par un buffle, pour amener l'eau des rivières, étangs et bas-fonds sur les plateaux élevés.

Les yeux du buffle sont bandés et il tourne pendant des heures sans s'arrêter.

146. Machine à irriguer, mue par les pieds.

147. Machine pour moudre le grain.

CLASSE 55.

Matériel des industries alimentaires.

148. Modèle d'une glacière, composée d'un réservoir de 20 mètres de long sur 15 de large, entouré de murs solides en pierre et mortier de 6 à 7 mètres de hauteur.

Ce réservoir est recouvert d'un toit en chaume, reposant sur des supports en bambou, dans lequel une porte est faite, fermée par un rideau en paille et par laquelle on introduit la glace. On arrive à cette porte par un escalier. Pour retirer la glace on emploie une petite porte à ras du sol. La glace est empilée entre des couches de paille et de nattes et il y a de petites gouttières pour faire écouler l'eau de la glace fondante. Une loi spéciale oblige les vendeurs d'avoir toujours un stock de glace pour trois ans, afin de prévenir le manque de glace pendant les hivers trop doux. Une glacière peut contenir de 120,000 à 780,000 kilos de glace, et le prix de la glace est d'environ cinq centimes le kilo.

CLASSE 59.

Sucres, confiseries, condiments, etc.

149. Thé vert impérial, 1ʳᵉ qualité.

150. id.   id.   2ᵐᵉ id.

151. Thé vert Hyson, n° 1.
152. id. id. n° 2.
153. id. Young Hyson, n° 1.
154. id. id. n° 2.
155. id. Gunpowder, n° 1.
156. id. id. n° 2.
157. Feuilles de thé.
158. Poussière de thé.

On cultive le thé de Ningpo sur le versant des collines. Les arbustes ont une hauteur de trois à quatre pieds. On récolte les jeunes feuilles trois ou quatre fois par an, généralement au printemps, et on les trempe légèrement dans l'eau et on les fait sécher. L'acheteur des feuilles les passe au feu et les colore, afin d'améliorer leur apparence. Ces thés vont en Amérique.

CLASSE 53.

Engins, instruments, etc., pour la pêche.

159. Bateau pour la pêche de la seiche.

Ce bateau a généralement 18 mètres de long sur trois mètres de large et a une double carène, comme tous les bateaux chinois. Le pont est fait de planches mobiles, permettant l'accès de la cale qui est divisée en compartiments pour recevoir le poisson. Les voiles sont teintes avec l'écorce du manglier, afin d'empêcher quelles ne se pourrissent, et quand il n'y a pas de vent on emploie deux longues rames mues par plusieurs hommes. L'ancre est de bois dur, les filets pendent le long du bateau, les mâts sont mobiles et peuvent être couchés sur le pont; on peint de grands yeux à l'avant du bateau qui, d'après la croyance populaire, permettent au bateau de se guider. La pêche de la seiche se fait pendant le jour et aussi pendant la nuit, le poisson étant attiré au moyen de falots.

160. Bateau-glaciére. Ce bateau ressemble au précédent, mais il est plus grand. Un gouvernail en forme de hachette, plus bas que la quille, permet au bateau de tourner rapidement. Le bateau-glaciére va en mer à la rencontre des bateaux-pêcheurs et rapporte leurs prises de poissons empaquetés dans la glace.

161. Bateau-pêcheur de nuit.

Ce bateau mesure dix métres de long et a un trés léger tirant d'eau. Tout le long d'un côté du bateau il y a une planche, large d'un pied, projetée obliquement vers la mer et de l'autre côté du bateau il y a un filet placé perpendiculairement. La planche est peinte en blanc, et, pendant les nuits bien claires, le poisson, attiré par le reflet de la lune sur la planche, saute dans le bateau et est retenu par le filet et capturé.

162. Bateau-pêcheur au cormoran.

Ces bateaux sont très légers et on ne les emploie que sur les lacs, les canaux et les riviéres qui n'ont pas de marée. Les cormorans se tiennent sur le bord et sautent à l'eau au signe du pêcheur. Ils ont une corde de chanvre autour du cou pour les empêcher d'avaler le poisson qu'ils attrapent. Les districts de Fenghwa et de Shaoshing sont connus pour leurs cormorans bien exercés.

163. Radeau de bambou pour les eaux peu profondes. Au moyen de ces radeaux les moindres filets d'eau peuvent servir au transport des marchandises.

164. Bateau à filet plat.

Le filet est fait de corde de chanvre et varie en dimensions. Les petits filets ont des mailles plus fines et servent pour la pêche sur les lacs et les canaux. Le filet est attaché par les quatre coins à des perches en bambou qui sont rattachés à une longue perche que le pêcheur manœuvre de son bateau ou de la berge. Le grand filet est employé en mer de la troisième à la neuvième lune, c'est-à-dire en été.

165. Bateau à crevettes. Longueur 13 mètres, largeur 2 mètres. Ce bateau n'est pas couvert de planches, il a simplement un toit de nattes imperméables. Il a deux réservoirs pour les crevettes.

166. Bateau-pêcheur de Ningpo. Un seul mât à l'avant; pont de planches mobiles; cale divisée en compartiments. Les pêcheurs vivent sur le pont protégés par des nattes.

167. Bateau-pêcheur de Chinkiamen, à cale plate, large de pont et long de 17 mètres; deux mâts et plusieurs compartiments. Le pont n'est pas mobile, afin de mieux tenir la mer; et l'équipage loge dans deux compartiments.

168. Traîneau fait expressément pour glisser sur la boue dans les endroits où la marée laisse peu d'eau.

168a. Traîneau semblable au précédent, pour la pêche du crabe.

CLASSE 86.

Industries diverses du vêtement.

169. Procession de mariage.
170. Cortège funèbre.
171. Prêtre bouddhiste prêt pour la crémation.
172. Déité de la littérature.
173. Déité présidant aux actes du feu.
174. Déité dispensatrice des richesses.
175. Costume mandarin.
176. Un costume de bourgeois aisé.
177. Une dame.
178. Une mariée.
179. Suivantes de la mariée.
180. Veuve.

181. Costume de jeune fille.
184. Costume de soldat.
185. Costume de prêtre boudhiste.
186. Costume d'homme du peuple.

PAKHOI

Collection envoyée par
le Directeur des Douanes de Pakhoi.

Pakhoi est le port de mer le plus au sud des ports ouverts au commerce étranger. Il est situé sur la frontière dans le golfe du Tonkin, par environ 21 degrés de latitude et 106 de longitude. La population n'est que de 20,000 âmes, mais à quelque distance il y a la ville très importante de Lien-chow, dont Pakhoi est le débouché. Le climat est salubre.

CLASSE 14.

Cartes de géographie, cosmogonie, etc.

1. Plan du port de Pakhoi.

CLASSE 72.

Céramique.

2. Deux encenseurs en terre cuite vernie, rouge grenat, etc.
6. Deux urnes,   id.   brune.
8 Quatre théières,   id.   id.

12.   Une assiette, en terre cuite, brune.
13.   Quatre vases,   id.
18.   Un vase,   id.
21.   Trois vases,   id.
24.   Deux vases,   id.

L'industrie du terra-cota fut introduite dans le district de Pakhoi, il y a une soixantaine d'années, et est dans les mains de quelques familles seulement. Les objets sont fabriqués en deux couleurs, la surface unie est obtenue en frottant avec de la cire et en polissant avec une pierre ponce et du bois.

SHANGHAI

Collection envoyée par
le Directeur des Douanes de Shanghaï.

A côté de l'ancienne ville chinoise de Shanghaï une ville tout à fait européenne, tout à fait moderne et modèle, s'est élevée depuis que le port fut ouvert au commerce étranger en 1853. La ville est bâtie sur les bords de la rivière Hwangpou qui se jette dans le Yangtsze à quelques milles plus loin, à Wousoung. Shanghai est devenue la métropole commerciale de la Chine, l'entrepôt général pour les marchandises venant de, ou destinées à l'étranger.

Le climat est excellent, sauf quelques mois de chaleur un peu forte. Le pays est fertile et plat, et sillonné de canaux. Il y a à Shanghai une concession française se gouvernant elle-même, et une concession anglo-américaine formant une petite république gouvernée par un comité international élu par les contribuables. La ville est en toutes choses un modèle.

CLASSE 3.

Enseignement supérieur.

1. Costume porté par un « Hsioutsai » ou licencié.

Dans chaque province, il y a un Chancelier littéraire ou Examinateur Impérial qui, tous les deux ans, fait une tournée dans toutes les préfectures de sa province et examine les candidats qui se présentent. Ceux qui passent leur examen prennent le titre de « Hsioutsai » ou Bachelier ès lettres.

2.   Costume montrant les robes spéciales de satin richement brodé portées par les « Tchin-cheu » et les « Tchwang-yuan ».

Les jeunes gens qui ont obtenu le grade de Hsioutsai aux examens de préfecture peuvent se présenter une fois tous les trois ans aux examens provinciaux qui ont lieu dans la capitale provinciale, et ceux qui passent sont nommés « Tchu-jen », soit docteurs en littérature. Tous les trois ans les « Tchu-jen » peuvent se présenter aux examens impériaux tenus à Péking même, et à ceux qui passent on donne le titre de « Tchin-cheu » ou docteur ès lettres métropolitain. Il y a généralement 6,000 candidats dont à peine 350 peuvent espérer de passer. Les 350 candidats qui ont réussi leur examen métropolitain sont alors soumis à un nouvel examen qui a lieu dans le Palais Impérial même et qui est conduit par un nombre d'examinateurs soigneusement choisis par l'Empereur. Suivant leurs mérites, les candidats heureux sont admis dans la proportion d'un sur trois parmi les membres de l'Académie « Hanlin » et les quatre premiers sont honorés d'une manière particulière. Le premier est appelé « Tchwang-Yuan ». C'est le plus grand honneur littéraire auquel un étudiant puisse aspirer, un honneur qui lui ouvre la porte de tous les postes les plus élevés et qui donne à son pays d'origine le plus de fierté et de cause de réjouissance.

5.   Une paire de banderoles portant des caractères dont la signification est :

« Comme bien loin derrière les nuages au printemps,
Avec splendeur brille la lune ;
De même la stricte observance de ce qui est bien
Fait fleurir notre pays et notre littérature »,

écrit dans le style nommé *Liou Tchao*, le style des six dynasties.

6.   Une paire de banderoles portant des caractères
signifiant :

« Un amas de richesses rend nos jours heureux ;
Une collection d'objets précieux,
Rend le visiteur joyeux »,

écrit dans le style *Tchwan*, la forme d'écriture la plus
ancienne après les hiéroglyphes. On n'emploie pas les
caractères dans les livres, mais seulement pour en faire des
sceaux.

7.   Une paire de banderoles portant une inscription
signifiant :

« L'exécution prompte et énergique d'un dessein sage
est vite connu des nations; ses résultats bienfaisants
s'étendent à tous, et le bonheur s'en suit comme
viennent les saisons »,

écrit dans le caractère *Li*, ou style officiel employé dans
les préfaces de livres et inscriptions.

8.   Une paire de banderoles portant des caractères
signifiant :

« L'accumulation de choses précieuses en ce lieu
amènera des relations avec les nations étrangères et
augmentera la richesse de l'empire; les résultats de
cette Exposition seront avantageux pour la race aux
cheveux noirs »,

écrit en caractères *k'ai* ou style d'exemples, la forme commune de calligraphie dans laquelle sont écrits tous les
documents publics.

9.   Une paire de banderoles portant des caractères
signifiant :

« Dans une exposition où toutes les choses rares sont
rassemblées, le génie de l'artisan appelle l'admiration
des visiteurs ».

écrit dans le même style que le précédent, mais d'une main
plus libre.

CLASSE 7.

Peintures, cartons, dessins.

5.   Douze banderoles paysages, etc., à l'encre.
17. Deux   id.   temple de Confucius, aquarelles.
19. Deux salles de Musique et Sacrifices, aquarelles.
21. Six   banderoles cérémonies religieuses, aquarelles.
27. Deux   id.   temple bouddhiste, aquarelles.
29. Deux   id.   mariage et enterrement, aquarelles
31. Deux   id.   fête du dragon et des lanternes,
        aquarelles.
33. Seize aquarelles fleurs et oiseaux.
34. Huit   id.   scènes domestiques.
35. Quatre   id.   paysages et scènes.
36. Huit   id.   lacs de Hangchow.
37. Quatre banderoles soie, aquarelles, fleurs et insectes.
38. Deux   id.   id.   scènes de batailles
        anciennes.
39. Cinq   id.   id.   fleurs et oiseaux.
40. Quatre   id.   id.   scènes   domesti-
        ques.
41. Quatre   id.   id.   fleurs et oiseaux.
42. Album d'aquarelles à la main, cultivation du riz.
43.   id.   id.   culture de la soie.

Les beaux-arts ne semblent pas avoir été aussi en faveur
parmi les Chinois que la littérature. La peinture est en
retard sur la sculpture. Ils semblent manquer en perspec-
tive et gradation des ombres; mais ils excellent dans la
représentation des insectes, des oiseaux, des fruits, des
fleurs, des ornements et bordures. Leur coloration est exé-
cutée avec habileté et justesse. Leur représentation des
idées abstraites mérite l'attention. Le symbolisme des
Chinois mérite qu'on l'étudie. On le rencontre partout, sur
des assiettes, des tapis, des vases, des tableaux, etc. Certains
animaux se rapportent à certains mots ou caractères et tout
Chinois comprend leur signification sans confusion. La peinture ornementale consiste en aquarelle sur soie ou bande-

roles de papier. La peinture à l'huile est inconnue, sauf à Canton.

CLASSE 10.

Architecture.

Modèle d'un *Pailow* ou Arc de Triomphe.

On trouve ces portiques en grand nombre dans les provinces et ils sont érigés en honneur de personnes distinguées, ou par des mandarins en l'honneur de leurs parents, par faveur spéciale de l'Empereur. Il y en a qui sont élevés en l'honneur de femmes qui se sont distinguées par leur chasteté et leur conduite filiale. Obtenir la permission d'ériger un portique est considéré comme un grand honneur. Ils sont placés dans des endroits éminents dans les villes ou les campagnes et devant les temples et les édifices gouvernementaux. Il y en a qui sont richement ornés de sculptures et d'inscriptions. Ceux bâtis en pierre sont fortement assujettis comme aussi ceux en bois. Ils excèdent rarement six ou huit mètres en hauteur.

CLASSE 12.

Photographie.

Vue panoramique de Shanghaï, l'Anvers de la Chine.
Album de vues de la ville de Hangchow et ses environs.
Id.   du lac de Hangchow.

CLASSE 13.

Librairie, reliure, journaux, etc.

Publications des Douanes Impériales Chinoises :

Foreign Legations in China, 1517-1899.
Chinese Shan States.
Two trips in the Chinese Shan States.
Trip to Menglien and other Shan States.

Returns of Trade, 1867.
Reports on Trade, 1865.
Decennial Reports on Trade, 1901-1902.
Returns and Reports on Trade, 1901-1902.
Ten Years Statistics, 1863-1872.
List of Chinese Lighthouses, 1903.
Reports on Lights, 1875 and 1901.
Catalogue of the London Fisheries Exhibition.
Catalogue of Customs Publications.
General Customs Tariff and Revised Import Tariff.
List of Chinese Medicines.
Service Lists, 1875 and 1902.
Sycee : weight, Value, and Touch.
Opium, 1881.
Medicines, etc., exported from Hankow.
Native Opium.
Opium : crude and prepared.
Tea, 1888.
Opium : Historical Note, or the Poppy in China.
Chinese Jute.
Ichang to Chungking.
Chinese Lifebbats, etc.
West River : Report on Trade Conditions, etc.
The *Tzu Erh Chi*, 3 vol.
　3 vol : Music and Dancing, Chinese edition.
　1 vol　: Chinese Music, English edition.
　3 vol : Chinese weapons, Chinese edition.
　3 vol : Archery and Drill,　　　Id.
　12 vol : The Three Kingdoms,　　Id.

CLASSE 14.

Cartes de géographie, cosmographie, etc.

Mappe, vue à vol d'oiseau de la ville de Hangchow.
　Id.　　　　Id.　　　　du lac à l'Ouest de Hangchow.
　Id.　du plan de la ville de Hangchow.

CLASSE 15.

Instruments de précision, monnaies. etc.

Mesures de longueur :

L'unité est le *tcheu* ou pied chinois, qui vaut 35 centimètres.
10 *li* ou grain, égalent 1 *fen*.
10 *fen* égalent 1 *tsoun* ou pouce.
10 *tsoun* égalent 1 *tcheu* ou pied.
10 *tcheu* égalent 1 *tchang*.

En estimant les longueurs on emploie des décimales pour les parties en-dessous du *fen*, et le tchang est la mesure la plus longue pour articles. La longueur du pied a varié suivant les dynasties entre 8 et 10 tsoun ou pouces, et même plusieurs fois sous une même dynastie. Le pied diffère d'après la province et la préfecture, la ville et même le quartier, le métier et l'usage, la différence étant parfois de six pouces.

Pour les mesures agraires :

On a le *mow* et le *tching*.

Le mow mesure 6000 pieds carrés, et 100 mows égalent un tching. Mais, dans le Nord, un mow est moins grand qu'à Shanghaï.

Poids commerciaux :

L'unité de poids commercial est le *liang* qui vaut environ
40 grammes.
16 *liang*, égalent 1 *tchin* ou catty.
100 *tchin* ou catties, égalent 1 *tan* ou picul.

Un catty égale environ 600 grammes, et un picul environ 60 kilos.

Chaque métier a ses usages particuliers en ce qui regarde les poids, et les prix sont réglés en conséquence. Toutes les mesures diffèrent dans tout l'Empire.

87. Grand compas carré.

88. Grand compas rond.
89. Compas rond moyen.
90. Compas de poche.
91. Compas de jonque.
92. Cadran solaire.
93.   Id.
94. Mesure de constructeur de bateaux.
95.   Id.   de douane.
96.   Id.   de tailleur.
97.   Id.   agraire du Ministére des Finances.
98.   Id.   d'artisan.
99.   Id.   de charpentier.
100.   Id.   de maçon.
101. Le Koh ou quart de pinte.
102. Le demi-Sheng ou demi-pinte.
103. Le Sheng ou pinte.
104. Le demi-tow.
106. Le Sheu-tow.
107. Le Shwang tow.
108. Mesure pour liquides, en cuivre — un catty.
109.   Id.   Id.   un demi-catty.
110.   Id.   Id.   Id.
111.   Id.   Id.   un quart de catty.
112.   Id.   Id.   deux taels.
113.   Id.   Id.   un tael.
114.   Id.   Id.   un demi-tael.
115. Grand entonnoir pour mesures liquides.
116. Entonnoir moyen   Id.
117. Petit entonnoir   Id.
118. Balance pour peser l'or et l'argent.
245. L'abaque ou *Swanpan*, machine à calculer.

La table de l'abaque est divisée en deux parties par une barre transversale dans laquelle sont insérées de petites baguettes, de 9 à 18 ou plus, d'après l'usage. Sur chaque baguette il y a sept petites boules, deux dans le petit et cinq dans le grand compartiment. Le principe de calcul est le calcul décimal. Une seule boule du casier inférieur ou grand casier, poussée contre la barre, marque une unité. Les boules des barres voisines deviennent, à gauche, des dizaines, des centaines, des milles, etc., et à droite, des décimales. Une boule du casier supérieur ou petit casier, a une valeur cinq fois plus grande que la boule correspondante du grand casier. Les Chinois parviennent à calculer avec grande rapidité au moyen de ces machines et ils peuvent faire toutes les opérations de l'arithmétique.

CLASSE 16.
Médecine et chirurgie.

120. Assortiment d'instruments chirurgicaux.

CLASSE 17.
Instruments de musique.

129. L'ocarina appelé *Hsuan*.
132. Quatre flûtes.
122. Le *Haotoung* ou trombone.
124. Le *Lapa* ou trompette.
126. Le *Sona* ou clarinette.
139. Neuf gongs ou tamtam.
148. Le carillon appelé *Yunlo*.
149. Six sonnettes.
155. Le *Shoun*.
156. Cinq tambours.
164. Cymbales appelées *Po*.
166. Le *Mou-Yu* ou poisson de bois.
168. Deux pierres sonores.

CLASSE 88.
Fabrication du papier.

La Chine a l'honneur d'avoir été la première à employer le papier, devançant l'Europe non de quelques années, mais de plusieurs siècles. Les Chinois attribuent l'invention du

15

papier à un cerlain Tsaï- Loun, pendant la dynastie des Han ;
mais l'usage du papier ne commença à se répandre dans
l'Empire que vers l'an 153 de notre ère. Le papier chinois
est fabriqué principalement de bambou, mais aussi de
paille de riz, blé, coton, chanvre, mûrier, hibiscus, des
écorces de *Ailanthus Bronssonella*, *Ailanthus Glandulosa*,
des tiges de roseau, des déchets de cocons de soie, etc. Les
centres de l'industrie du papier sont situés dans les provinces du Sud et du bassin du Yangtsze. Un facteur dans la
manufacture de papier de bambou et d'autres plantes est le
choix d'un site pour la fabrique à proximité d'un cours
d'eau claire dans laquelle les matériaux peuvent être trem-
pés et amollis. On coupe le bambou au printemps, on en
sépare les feuilles et on le coupe en morceaux d'un mètre
de long qu'on relie en gerbes et qu'on place dans des réservoirs. Pour obtenir une meilleure qualité de papier on
enléve d'abord l'écorce du bambou avant de le sectionner;
mais cela ne se fait pas pour les papiers ordinaires. Dans
les réservoirs chaque couche de bambou est recouverte
d'une couche de chaux, le tout entièrement sous l'eau où
il reste pendant environ quatre mois, quand le bambou est
totalement pourri. On l'enléve ensuite, puis on l'écrase
dans un mortier pour le réduire en bouillie et on le nettoie
bien en le mélangeant avec de l'eau claire. Cette matière
liquide est ensuite versée en quantité nécessaire selon
l'épaisseur de papier qu'on désire obtenir, sur des moules
carrés en forme de tamis qu'on manie soigneusement et
proprement afin que la bouillie se répande uniformément
sur la surface. Lorsque les feuilles sont séches, on les enléve
du moule. Un homme fabrique six feuilles par minute. Il
faut une habileté remarquable pour obtenir que ces feuilles
deviennent si rapidement suffisamment dures pour pouvoir
les empiler l'une sur l'autre en un temps aussi restreint.
Puis on place les feuilles contre un mur légèrement chauffé et finalement on les expose au soleil pour sécher. La
meilleure qualité de papier est faite des pousses de bambou, en ajoutant un peu d'alun à l'eau employée pour liqué-
fier la bouillie; la deuxième qualité est faite comme décrit
ci-dessus, et la troisième est faite d'herbe ou d'écorce et de

feuilles de bambou. Voilà la manière de préparer le papier dans la préfecture de Tingchow, dans la province de Foukien, sur la frontière de la province de Kwangtoung où pousse une espèce de bambou exclusivement employé dans la fabrication du papier. Cette industrie emploie tous les habitants des villages de cette préfecture, et les produits sont expédiés dans toutes les directions, surtout le port de Swatow.

La fabrication du papier est aussi une très grande et florissante industrie de la province de Kiangsi où la matière première employée est principalement le bambou, l'écorce d'une espèce de mûrier. Cette écorce est appelée *kowpi* et elle vient principalement de la province voisine de Houpeh. Le procédé de manufacture diffère un peu de celui décrit plus haut. La tige des plantes employées ayant été bien ramollie en la trempant dans l'eau pendant plusieurs jours, on enlève l'écorce soit en piétinant les tiges, soit au moyen de couteaux. Les tiges sont ensuite liées en paquets et placées dans une marmite où on les fait bouillir pour en séparer la fibre ligneuse. Puis on les mélange avec de la chaux et on les broie en bouillie dans un mortier au moyen de gros marteaux. Un mois plus tard on les fait de nouveau bouillir, puis on place la matière dans des sacs qu'on trempe dans l'eau courante pour la nettoyer de la chaux. Dès que ce résultat est obtenu, on place la matière au soleil jusqu'à ce qu'elle soit devenue tout à fait blanche. On la pile ensuite dans un mortier en bois, mélangée aux cendres de l'écaille de la noix *Elæococca Sinensis* et des cendres de bois en parties égales mélangées avec de l'eau chaude. Le tout est battu ensemble jusqu'à ce qu'il devienne une matière épaisse et visqueuse, laquelle, après avoir été réduite par une admixture d'eau, est transférée dans un grand réservoir, près duquel se trouve généralement un grand poêle à sécher. L'ouvrier plonge son moule en forme de tamis dans le réservoir et l'en retire. L'eau s'échappe du moulé et y laisse la pulpe à papier. On enlève le cadre du moule et on presse le fond contre les côtés du poêle. La feuille y reste collée quand on enlève le moule. Avant que le papier ne soit séché, on le brosse sur sa surface extérieure avec une colle de riz, puis on l'enléve. La feuille n'a ainsi qu'un côté poli, l'habitude chinoise étant de n'employer qu'un côté du papier pour écrire ou imprimer.

La consommation du papier en Chine est très grande, son prix modique le mettant à la portée de tout le monde pour une foule d'usages. Par exemple, on l'emploie pour les fenêtres et les lanternes au lieu de verre, on en fait des semelles de souliers, des parapluies, et des objets de toutes descriptions.

Le papier de riz n'est autre que la moêlle de l'arbre *Aralia papyrifera*. On fait tremper la moêlle avant de la couper. L'ouvrier applique ensuite son couteau au cylindre de moêlle et en tournant habilement le découpe de la circonférence au centre en une tranche d'épaisseur égale tout le long. On emploie les meilleurs morceaux pour peindre dessus et les petits morceaux pour faire des fleurs artificielles.

CLASSE 92.

Papeterie.

179. Une boîte en laque contenant des bâtons d'encre.

185. 37 bâtons d'encre. Cette encre est une composition de noir de fumée et de colle obtenue de diverses substances ou de poissons et parfumée avec du musc d'après la qualité de l'encre.

On se procure le noir de fumée en brûlant du sapin sous un toit mobile placé de manière à intercepter la fumée. La meilleure encre est faite du produit de l'huile brûlée lentement dans des jarres en terre, la fumée s'attachant au couvercle, et on verse dessus de la colle bouillante parfumée et on mélange le tout complètement. Après refroidissement on le presse dans des moules en bois sculpté d'après les dessins et les inscriptions qu'on désire obtenir sur les bâtons. Puis on enlève les bâtons et on les fait sécher et on les place dans de jolies boîtes. Pour l'employer, on frotte le bâton avec de l'eau sur une tablette en marbre ou pierre ornée de dessins plus ou moins élaborés. La meilleure encre vient de Hweichow dans la province d'Anhwei. Sa fracture est brillante et n'est pas graveleuse lorsqu'on la frotte sur l'ongle.

191. Encre d'imprimerie, un mélange de noir de fumée avec du riz glutineux. Ce mélange fait en pâte et séché est coupé en lanières que les imprimeurs diluent dans de l'huile au moment de s'en servir pour frotter la solution sur les blocs d'imprimerie au moyen d'une brosse en fibre de cuir.

171. Six pinceaux en poil de chèvre, pour grandes lettres.

172. Six   id.   pour écrire sur banderoles.

173. Quatorze   id.   pour écrire sur banderoles.

173ᵃ. Treize pinceaux en poil de belette, pour l'écriture ordinaire.

173ᵇ. Six pinceaux en poil de chèvre pour peinture à l'aquarelle.

175. Une boîte couleurs en poudre, pour peindre à l'aquarelle.

176. Un assortiment de pinceaux, en boîte, pour cadeau.

Les meilleurs pinceaux sont faits de poils de zibeline et de renard, et les qualités inférieures sont faites de poils de cerf, chat, loup, chèvre et lapin. Les pinceaux doivent combiner un mélange d'élasticité et de mollesse, et ceux qui sont experts dans l'emploi d'un pinceau savent discerner des différences tout à fait imperceptibles à un novice. Les poils sont arrangés régulièrement et liés de manière à finir en une pointe délicate; et le manche est fait de la branche d'un bambou cultivé expressément pour cet usage.

177. Collection de papier à lettres.

178. » d'enveloppes.

195. Une boîte à cachet, avec cachet.

193. Deux paires couteaux à papier en bambou.

192. Deux paires marque-pages en bambou.
196. . Deux repose-mains en bambou.
197. Deux porte-pinceaux en bambou.
198. Deux râteliers pour bâtons d'encre.
200. Un plateau pour pinceaux, etc.
202. Quatre pierres à frotter l'encre.

CLASSE 93.

Coutellerie.

208. Deux couteaux pour melons d'eau.
Cinq couteaux et hachettes de cuisine, pour hommes.
Cinq   id.   pour femmes.
Quatre hachettes de boucher.
Un couteau à tabac.
Deux couteaux pour couper le cuir.
Deux couteaux pour découper les fruits.
Deux couteaux de tailleur.
Deux couteaux de marchands de papier.
Deux couteaux d'apothicaire.
Un couteau à opium.
Cinq nettoie-pipes.
Trois hachettes pour le bois.
Un couteau pour le rotin.
Deux gratte-melons.
Un lot de casse-noix pour bétel.
Treize ciseaux pour femmes.
Trois   id.   pour tailleurs.
Quatre   id.   pour marchands de soieries.
Quatre   id.   pour couper le fil de soie.
Deux   id.   id.   la tôle.
Six   id.   id.   l'argent.
Deux   id.   id.   le poil de cheval.
Deux   id.   id.   l'opium.
Deux   id.   employés par les jardiniers.
Un   id.   id.   par les fabricants de parapluies.
Un   id.   pour tondre les moutons.
Un   id.   pour tondre les porcs.

Un ciseau et aiguille pour fabricants de sacs en chanvre.
Un ciseau pour la cueillette des loungngans.
Un ciseau pour la cueillette de la barbe de ginseng.
Un ciseau pour soies de porc.
Un ciseau pour plumes de canard.
Rasoirs pour la barbe, etc.
Instruments pour chiropodiste.

CLASSE 94

Orfèvrerie.

213. Quatre ronds de serviette, argent émaillé.
214. Un cendrier, argent émaillé.
215. Un étui à cigarettes, argent émaillé.
216. Deux verres à liqueurs, argent émaillé.
217. Deux pommes de cannes, argent émaillé.
218. Deux coupe-papier, argent émaillé.

CLASSE 95.

Joaillerie et Bijouterie.

219. Deux boucles d'oreilles, en argent,
220. Une épingle à cheveux, en argent.
221. Six   id.   émaillées.
222. Un assortiment de boutons de chapeau de mandarin,
     et de boucles de ceinture pour les neuf rangs de man-
     darins :

1er rang : bouton de corail rouge uni ; boucle d'or et de jade
     avec rubis.
2me rang : bouton de corail uni : boucle d'or gravée, ornée
     de rubis avec caractères.
3me rang : bouton transparent bleu-saphir ; boucle d'or tra-
     vaillé.
4me rang : bouton bleu opaque ; boucle dorée, ronde.
5me rang : bouton de cristal blanc transparent ; boucle dorée,
     unie.

6me rang : bouton blanc opaque ; boucle de nacre montée en argent.

7me rang : bouton doré uni ; boucle d'argent.

8me rang : bouton doré uni ; boucle de corne transparente, monture argent.

9me rang : bouton argent travaillé. boucle de corne opaque, monture argent.

CLASSE 98.

Brosserie, maroquinerie, tabletterie, etc.

223. Un lot d'outils pour fabricants de peignes et graveurs sur ivoire.

224. Collection de brosses :

Trois brosses en bambou pour toile de coton.
Une brosse à cheval en bambou.
Une brosse à habits en bambou.
Une brosse à souliers en bambou.
Une brosse en coir pour polir le bois.
Cinq brosses à colle en coir.
Quatre brosses à colle en poil de chèvre.
Une brosse à lit en coir.
Trois brosses pour nettoyer les peignes à soies de porc.
Deux brosses à cheveux en soies de porc.
Une brosse d'imprimerie en coir.
Une brosse de fantaisie en soies de porc.
Deux brosses en bambou.
Une brosse à laver en bambou.

225. Neuf pipes à eau en métal blanc, dessins variés.

235. Quatorze pipes à tabac, en bambou, longueurs variées.

249. Quatre jeux de dominos.

253. Un jeu d'échecs.

257. Collection de trente-deux peignes en bois et bambou.

260. Trois boîtes à plumes de paon pour chapeau.

262. Une boîte tablettes pour jeu de mourre.

263. Deux étuis à théière en bambou.

264. Deux porte-chapeaux en bambou.

268. Quatre tabatières en bambou sculpté.
274. Onze ornements en noyaux de pêche sculptés.
275. Huit   id.   d'olive sculptés
278. Une paire d'étuis à lunettes, en bambou.
279.   Id.   à aiguilles,   id.
280. Dix tasses à vin en noix de coco sculptée.
281. Sept   id.   id.   avec sous-tasses.
282. Six   id.   id.   incrustées d'argent.
283. Une boîte à poudre, en ivoire.
284.   Id.   à bijoux, en ivoire sculpté.
285. Huit sabres faits de pièces de monnaie. '
287. Douze paniers faits de pièces de monnaie.

CLASSE 90.

Objets de voyage et de campement.

288. Cinq malles en cuir avec cadenas.
302. Une boîte forme oreiller, en cuir avec cadenas.
303. Deux étuis à chapeaux avec cadenas.

CLASSE 100.

Bimbeloterie.

305. Six cerfs-volants, forme centipède.
306. Six   id.   id. faucon.
307. Six   id.   id. papillon.
308. Six   id.   id. mouche-dragon.
309. Six   id.   id. masculine.
310. Six   id.   id. féminine.

CLASSE 65.

Petite métallurgie.

311. Outils de cordonnier.
312.   Id. de menuisier.

313. Outils de maçon.
314. Id. de tailleur de pierres.
315. Id. de répareur de porcelaines.

CLASSE 71.

Décoration mobile et ouvrages du tapissier.

259. Une paire de banderoles en bambou avec inscriptions.
316. Douze drapeaux chinois.
317. Douze   Id.   en soie.
319. Six paires rideaux de Souchow.

CLASSE 75.

. Appareils d'éclairage non électrique.

376. Deux paires de lanternes de fantaisie en perles.
377. Trois   id.   de lanternes.
378. Une   id.   de lanternes forme panier.
379. Une lanterne forme pêche.
380. Une paire de lanternes fantaisie.
381. Une lanterne forme octogonale.

CLASSE 79.

Matériel de la couture et de l'habillement.

382. Sept fers à repasser, avec réchaud, pour tailleurs.

CLASSE 80.

Fils et tissus de coton.

453. Coton blanc, trois qualités.
456. Id. jaune, deux   Id.
458. Id. blanc en flocons, deux qualités.
460. Id. jaune   Id.
461. Id. blanc préparé pour le filage.

463. Coton jaune préparé pour le filage.
464. Fils de coton, blanc et jaune, filé à la main.
466. Id. Id. fait à la main.
388. Une pièce de toile de coton, blanchi, filé indigène.
387. Deux pièces de toiles de coton, non blanchi, filé indigène.
391. Une pièce de toile de coton, blanchi, filé étranger.
392. Une Id. non blanchi, filé étranger.
393. Onze pièces de toiles de coton, couleurs diverses.
404. Cinq Id. teintes et polies.
410. Vingt et une pièces de coton diverses.
448. Trois pièces de serviettes, fantaisie.
468. Cordelières de coton, couleurs variées.
469. Cordon de coton, blanc.
472. Lacet de coton, fantaisie.

Une enquête sur les circonstances de l'introduction du coton en Chine tend à la conclusion que cette plante est entrée graduellement par deux voies distinctes, c'est-à-dire de l'Inde dans les provinces de Canton et de Foukien par la voie maritime, et de l'Ouest dans les provinces de Shensi et de Shansi par la voie terrestre. Mais longtemps avant que la plante ne soit cultivée en Chine, le fil de coton ou les cotonnades étaient déjà importées soit comme tribut des états vassaux, soit comme article de commerce. Les livres classiques mentionnent des toiles de coton apportées comme tribut 2,200 ans avant J.-C. Mais, sans doute, ce n'était alors qu'un objet de curiosité, car 2,000 ans plus tard la plante n'était pas encore cultivée dans l'Empire. Le coton paraît s'être introduit dans le Kwantong et de là dans le Foukien. Son entrée dans la province de Kiangsou est mieux définie. En 1364, un fonctionnaire fut désigné pour encourager la culture du coton dans les provinces centrales. Quoiqu'on connaisse peu de chose de l'introduction du coton en Chine, on le cultive maintenant sur une très grande échelle, surtout dans les régions du Chekiang et du Kiangsou, cette dernière province étant renommée pour la qualité et la quantité de son coton. Les cultivateurs distinguant deux sortes de coton, le blanc et le jaune, ce dernier donnant naissance au fameux *nankin*.

CLASSE 81.

Fils et tissus de lin, chanvre, etc.

480. Spécimens de cordages, cordes et ficelles.

. CLASSE 83

Soies et tissus de soie.

497. Spécimens de fils de soie. .
501. id. de rubans de soie.

CLASSE 85.

Industries de la confection et de la couture.

502. Costume complet de femme en soie brodée.

CLASSE 86.

Industries diverses du vêtement.

565. Une paire de bottes en satin.
566. Une paire de bottes en satin, pour la pluie.
567. Une paire de bottes en cuir, avec clous.
568. Une paire de souliers pour la pluie.
569. Une id.
570 Une paire de souliers de satin, fourrés.
571. Deux paires de souliers de velours.
573. Une paire de souliers en satin.
574. Une paire de souliers de deuil.
575. Trois paires de souliers d'enfant, en satin brodé.
578. Deux id. de femme, satin brodé.
579. Deux id. de femme, pour la pluie.
581. Une paire id. id.
511. Trois bonnets de satin pour garçons.

516. Trois bonnets de fantaisie, pour garçons.
519. Deux   id.   pour filles.
522. Cinq bandeaux pour cheveux, en soie et satin.
528. Un ornement pour la tête, fantaisie pour mariage.
563. Deux camisoles en bambou, faites avec les branches les plus fines du bambou, portées sur la peau en été pour empêcher la chemise de coton d'irriter la peau lorsqu'elle est mouillée par la transpiration.
582. Deux cannes en bambou sculpté.
591. Spécimens de boutons de bonnets.

CLASSE 33.

Matériel de la navigation de commerce.

592. Jonque de mer à cinq mâts.
593.   id.   à trois mâts.
594. Barque de passeur d'eau appelée sampan.
595. Bateau-maison employé par les fonctionnaires.
596.   id.   employé par les gens fortunés.
597.   id.   petit.
598. Jonque de rivière.
599. Bateau-garde.
600. Bateau-maison pour étrangers.
601. Bateau à marchandises, modèle étranger.
602.   id.   modèle indigène.
603. Bateau pour le transport du lest des navires.
604. Carte d'un phare chinois.
605. Carte du port de Shanghaï.
606. Carte du port de Wousoung.
607. Modèle de jonque militaire.

CLASSE 38.

Agronomie, statistique agricole.

608 Encyclopédie de l'agriculture, 24 volumes en chinois.
608 Album illustrant la culture du riz.

CLASSE 39.

Produits agricoles, alimentaires, d'origine végétale.

609. Spécimens de millet blanc.
610.   id.   de millet rouge.
611.   id.   de riz.
612.   id.   d'orge non écossé.
613.   id.   de blé.
613ª .   id.   riz divers.

Voici comment on cultive le riz :
Vers le mois d'avril on place les graines dans des pots au fond perforé et on y jette journellement de l'eau jusqu'à ce que les graines se mettent à germer, ce qui dure environ un mois. Quand les bourgeons semblent vigoureux, on les sème en couche épaisse sur une plate-bande recouverte d'engrais liquide, et lorsqu'ils ont atteint de trois à cinq pouces on les transplante dans des champs recouverts d'eau qui bientôt est couverte de verdure. Les champs restent sous l'eau jusqu'en septembre époque de la moisson. Alors le grain est coupé, battu, vanné et séché au soleil. On fait deux récoltes par année.

614. Spécimens de fèves diverses.
623. Gâteau de graines de choux, pour nourrir le bétail.
624. Gâteau de graines de coton,   id.

CLASSE 40.

Produits agricoles alimentaires d'origine animale.

625. Œufs de canard, conservés dans une couche de chaux, argile, épices et son de riz mélangés, lequel mélange exclut l'air.

Avec le temps le jaune devient d'un vert foncé, presque noir. Plus longtemps l'œuf reste enveloppé de sa couche ; et d'autant plus foncée est la couleur du jaune, et plus le jaune est devenu noir et plus on l'apprécie.

626. Œufs de canard salés.
627. Id. conservés dans du vin

CLASSE 57.

Produits de la Boulangerie et de la Pâtisserie.

628. Spécimens de gâteaux de fantaisie, farine de riz et fruits.

CLASSE 48.

Conserves de viande, poissons, légumes, etc.

660. Pousses de bambou, fraîches.
661. Id. séchées et coupées.
662. Bourgeons de bambou, séchés et salés.
663. Pousses de bambou, coupées et salées.
664. Id. au vinaigre.
665. Id. confites.
666[h]. Fruits divers conservés dans du miel.

CLASSE 59.

Sucres et produits de la confiserie.

692 Fruits divers conservés dans du sucre candi.

CLASSE 61.

Sirops, liqueurs, spiritueux, alcools.

710. Quarante-deux sortes de vin appelé *Samchou:* ordinaire, aromatisé, etc.

Ce vin est distillé du riz, du millet, de l'orge ou autres grains. On fait d'abord bouillir le grain, puis, après refroidissement, on y ajoute des gâteaux de levure et l'on pressure le mélange dans des paniers placés au-dessus des récipients et on les y laisse pendant huit jours ; la liqueur qui en découle est distillée et puis mélangée avec de la mélasse et on la laisse fermenter pendant une semaine dans de grandes jarres, puis on distille plusieurs fois suivant le degré de force que l'on désire obtenir. Le mot *Samchou* signifie *brûlé deux fois*.

CLASSE 41.

Produits agricoles non alimentaires.

752. Cosses de coton.
753. Cosses de coton, ouvertes.
754. Graines de coton, blanches.
755.   Id.   jaunes.
756.   Id.   noires.
757. Coton jaune avec graines jaunes.
758.   Id. blanc   Id.   blanches.
759.   Id.   Id.   Id.   jaunes.

CLASSE 42.

Insectes utiles et leurs produits.

760. Echantillons de miel.

CLASSE 43.

Matériel de l'horticulture, etc.

768. Une paire de ciseaux en bambou pour couper les fleurs.

CLASSE 48.

Graines, semences, etc., des pépinières.

780. Graines de sésame, blanches.
781. Id. noires.
782. Graines de choux.
783. Id. de millet.

CLASSE 53.

Engins et produits de la pêche.

266. Trois écailles de Bouddha, avec perles et images à l'intérieur.

Ces écailles curieuses demandent une mention spéciale. Au XIIIᵉ siècle un certain Yu Tchoun-yang, qui vivait près de la ville de Hangchow, dans la province de Chekiang, ayant remarqué qu'en irritant au moyen de corps étrangers la membrane du mollusque, il en résultait la formation de nacre sur ces corps, en conçut l'idée de forcer la moule d'eau douce de produire des perles. Dans ce but il choisit l'espèce la plus grande, le *Dipsas plicatus*. En jetant dans l'écaille vivante des grains de terre ou de métal, ces derniers finissaient par se couvrir de nacre et devenaient des perles. On dit que dans deux villages des environs de Houchow plus de 5000 âmes trouvent à vivre en pratiquant la culture forcée des perles d'eau douce. Les coquillages sont apportés du Grand Lac *a flou*, près de Soochow, à l'est de Shanghaï, et placés dans des réservoirs ou des canaux dans des paniers de bambou. Après quelque jours de repos on ouvre soigneusement les coquillages au moyen d'une spatule faite de nacre, et des petites figurines de Boudha faites en terre ou en métal sont jetées entre l'écaille et le corps du mollusque. Lorsqu'on désire obtenir une qualité supérieure de perles, les petites figurines sont faites en nacre et importées de Ceylan. Après avoir introduit ces figurines dans les coquillages en même temps qu'une cuillerée de pâte d'écailles de poisson, les moules sont replacées dans leurs réservoirs où on les laisse pendant une ou deux années en les nourrissant d'excrétions. Plus on les laisse dans l'eau et plus grosse est la couche de nacre sur les figurines. On vend ensuite les coquillages avec leurs images ou on en détache les perles qu'on vend séparément.

CLASSE 99.

Objets de voyage et de campement.

Le *Wan Ming San* ou Ombrelle des dix-mille noms.

Cette ombrelle est un signe de distinction et de haute appréciation donné parfois aux fonctionnaires par le peuple reconnaissant. Il est de forme circulaire, d'un diamètre d'environ 130 centimètres porté sur un manche de 3 mètres de long avec bout doré. Le haut est plat et le bord est entouré d'une frange ou rideau de 80 centimètres environ. Généralement il est fait de satin rouge brodé de nuages et portant les noms des donateurs peints en or, soit sur l'ombrelle même, soit sur des rubans. Mais lorsque les donateurs sont trop pauvres pour offrir du satin, l'ombrelle peut être en coton et les noms peuvent être écrits en rouge. L'ombrelle exposée porte les noms des provinces et des préfectures de l'Empire indiquant comment sont placés les noms des donateurs. Une autre forme de distinction c'est le *Wan Ming Yi* ou la Robe des dix-mille noms. On fait une souscription pour l'achat d'une robe appelée *paotsze* sur laquelle on écrit les noms des donateurs. Le fonctionnaire partant est escorté jusqu'aux limites du district par les habitants de la ville qu'il a gouvernée. Avant qu'il n'entre dans le district voisin, le peuple se prosterne devant sa chaise à porteurs et le prie d'en sortir. On lui passe ensuite la robe et au milieu des regrets et des lamentations, on lui enlève une de ses bottes qu'on va clouer à la porte de la ville par laquelle il a quitté la ville comme souvenir. Les fonctionnaires apprécient hautement ces marques d'estime et à leur mort le *Wan Ming Yi* ou le *Wan Ming San* tient une place d'honneur dans le cortége funèbre.

CLASSE 9.

Œuvres d'art, sculpture, gravure, etc.

(Objets exposés par M. Vyvian Dent, de Shanghai.)

I. Urne en porcelaine, genre Régent.
2. Vase en porcelaine, genre Régent.

Ces deux pièces se rencontrent rarement dans des collections particulières. Elles furent achetées en Chine et semblent dater du XVII⁰ siècle, mais les experts ne peuvent dire si elles sont de fabrication exclusivement chinoise ou si elles furent faites à Sèvres pour être expédiées en Chine. De toutes manières ces pièces sont excessivement rares et de grande valeur.

3. Vase avec dragon à cinq griffes, couleur vert et or.

Comme coloris ce spécimen est très rare. Il provient de la fabrique impériale de King Tê-cheng, et n'a guère que 20 ans d'âge.

4. Vase couvert de crustacés marins.

C'est un spécimen très ancien d'un dessin curieux, montrant l'idée chinoise de la vie sous-marine.

5. Encenseur en vieille faïence, sur pied d'argent, couvercle d'argent.

Cet objet d'apparence mesquine est une pièce parfaitement conservée de poterie ancienne plus estimée par les Chinois que leurs plus fines porcelaines. Le pied et le couvercle constituent des anachronismes.

6. Vase en cloisonné de l'époque Kienloung (1736-1795).
7. Plateau en cloisonné.
8. Une paire de vases en bronze.
9. Une figurine en bronze.
10. Vieille broderie des cinq âges.
11. Une peinture chinoise.

Objets exposés par M. A.-E. Blanco, de Shanghaï.

1. Une statue de Bouddha en méditation.
2. Une   id.   sur la feuille de lotus.
3. Statue de Bouddha sur pied en bois noir.
4. Déesse de la fécondité.
5. La déesse Kwan Yin.
6. Statue de Bouddha en méditation.
7. Statue de Mitou, un prêtre sanctifié.
8. Disciple de Bouddha, en contemplation.
9. Figure de Bouddha, en bronze.
10. Bouddha avec le troisième œil, l'œil de la sagesse.
11. Kwan Yin, la déesse de la miséricorde.
12. Un disciple de Bouddha.
13. Un lama sanctifié.
14. Kwan Ti, le dieu de la guerre.

Ses statues sont dorées et le bronze contient de l'or offert par les fidèles. Pour une description des personnages représentés, voir *Amoy*, pages 5 à 8.

Objets exposés par M. P.-L. Raeburn, de Shanghaï.

33. Une collection complète de timbres-poste des Postes impériales Chinoises, depuis la première émission jusqu'à ce jour.

CLASSE 86.

Industries diverses du vêtement.

Objets exposés par M. Shu Lien-Tchi, de Hangchow.

Collection de 4,000 éventails, pliants ou non pliants, en ivoire, ébène, bambou, bois de santal, os; avec peinture à l'aquarelle, etc.

L'éventail entre largement dans la vie et les habitudes chinoises. Riche ou pauvre, grand et petit, un Chinois n'est pas à l'aise sans son éventail lorsque la température le demande. On en fabrique de toutes formes, de tous dessins, de tous prix, pour hommes ou pour femmes, avec ou sans peintures, inscriptions, dédicaces, etc.

CLASSE 81.

Fils et tissus de lin, chanvre, etc.

Objets exposés par MM. Burkhill, de Shanghaï.

760. Spécimens de ramie ou *herbe de Chine* (China Grass). Trois qualités, écrus et lavés.

CLASSE 83.

Soies et tissus de soie.

481. Echantillons de soie, déchets, cocons, etc.

Objets exposés par MM. Jardine, Matheson, de Shanghaï.

494. Echantillons de déchets de soie, grège ou bouillie ; déchets de Tussor ; déchets peignés ; filé de Tussor ; déchets de cocons, etc.

CLASSE 63.

Exploitation des mines, minières, etc.

Objets exposés par le Peking Syndicate.

Echantillons de charbon anthracite du Shansi et du Honan.

CLASSE 80.

Fils et tissus de coton.

Objets exposés par la Compagnie Hwa Sheng Cheong, de Shanghaï.

Filés et toiles de coton fabriqués par cette Compagnie.

SWATOW

Collection envoyée par
le Directeur des Douanes de Swatow.

La ville de Swatow est située à un jour de mer au Nord de Hongkong, par environ 23 degrés de latitude et 116 degrés de longitude. Dans le district on cultive la canne à sucre en abondance et le port sert de débouché pour ce produit. Le climat est salubre mais chaud et, en été, les typhons se font sentir avec grande violence.

CLASSE 17.

Instruments de musique.

153. Quatre flûtes employées dans les processions.
155. Un gong ou tamtam.
156. Un violon.

CLASSE 88.

Fabrication du papier.

133. Modèle montrant le procédé de la fabrication du papier.
158. Echantillons de papier, six qualités.

CLASSE 94.

Orfèvrerie.

44. Deux théières.
47. Trois grandes chopines.
49. Deux cruches à vin.
51. Un plateau à vin.
55. Un étui à cigarettes.
57. Trois petites chopines
58. Six tasses à vin ou à thé.
59. Un coffret à toilette.
60. Une boîte à bijoux.
61. Un bol avec plateau.

Swatow est renommé pour ses objets en étain, tels que vases, chandeliers, lampes, théières, plateaux, pots, étuis à cigares ou à cigarettes, et une variété d'autres objets. Dans le temps on employait de l'étain indigène provenant du Kwangsi; mais maintenant on emploie l'étain étranger à la fois meilleur et moins cher. Sa composition est de 80 p. c. d'étain et 20 p. c. de plomb, l'étain étant d'abord fondu et le plomb ajouté après coup.

CLASSE 95.

Joaillerie et bijouterie.

157. Sept épingles à cheveux en cloisonné.
151. Perles en cristal pour fonctionnaires.

CLASSE 73.

Cristaux. verrerie.

152. Echantillon de cristal.
147. Deux ornements en cristal.
149. Quatre bouteilles de tabac à priser.

CLASSE 77.

Matériel et procédés de la fabrication des tissus.

122. Modèle montrant le procédé de la fabrication de la toile de ramie.

CLASSE 78.

Matériel et procédés du blanchiment, etc.

120. Modèle montrant les procédés de teinture.

CLASSE 80.

Fils et tissus de coton.

105. Livres d'échantillons de nankin ou toile de coton.

CLASSE 81.

Fils et tissus de lin, chanvre, etc.

70. Livre d'échantillons de toile de ramie.

Cette matière appelée en anglais *grasscloth* et en chinois *ts'ao-pou* (toile d'herbe) ressemble à la toile de lin la plus fine, mais elle est moins durable. Elle est faite de fibres de diverses plantes comprises sous le nom général d'*herbe de Chine,* dont quelques-unes ont été identifiées, telles que : *Urtica Nivea, Sida Tiliucfolia, Dolichos Bulbosus,* etc. *L'Urtica* est très commune en Chine. Ces plantes ont une tige ressemblant à celle du chanvre, et,lorsque leurs filaments ont été bouillis dans de l'eau de chaux et exposés au soleil, ils deviennent flexibles et blancs et aptes à être tissés. Une fois séchées,les fibres sont pelées et divisées par les doigts en fils fins qu'on polit et tourne à la main. Le tissage se fait sur des métiers ordinaires. Le blanchiment du tissu se fait au moyen d'eau bouillante additionnée de potasse, puis le tissu est étendu sur l'herbe et souvent arrosé. Il y a trois qualités, d'après le nombre de fils dans le tissu, la meilleure contenant 120 fils, la seconde 100 et la dernière 80. Les meilleures qualités viennent de Canton.

CLASSE 84.

Dentelles, broderies, etc.

97. Un couvre-théière ou cosey en toile de ramie.
139. Deux couvre-cheminées en soie brodée.
145. Un col en soie.

CLASSE 86.

Industries diverses du vêtement

151. Bouton de cristal pour chapeau de mandarin.

CLASSE 33.

Matériel de la navigation de commerce.

135. Bateau tic-à-tac. Longueur 18 pieds; largeur 4 pieds; porte 4 ou 5 passagers; mû par une rame à l'arrière.
129. Bateau-mandarin, employé par les fonctionnaires et pouvant porter une suite de 30 à 50 hommes.
123. Bateau-papier. Fait de planches très minces de façon à réduire le tirant et lui permettre de naviguer sur les rivières peu profondes. Ces bateaux servent généralement pour le transport du papier.
119. Bateau-boue, pour le transport des passagers dans les endroits boueux, lorsque la marée s'est retirée.
131. Jonque de mer, faisant le commerce sur la côte et portant jusque 1000 tonnes.

126. Jonque à marchandises.

136. Bateau à marchandises pour le service du port.

CLASSE 91.

Tabacs.

63.	Tabac préparé,	1re qual.,	valeur env.	Frs 4.40 le kilo.		

63. Tabac préparé, 1re qual., valeur env. Frs 4.40 le kilo.
64.   id. 2me »   id.   1.85   »
65.   id. 3me »   id.   1.50
66.   id. 4me ›   id.   1.35
67.   id. 5me ›   id.   1.25
68.   id. 6me ›   id.   0.75

CLASSE 55.

Matériel et procédés
des industries alimentaires

124. Modèle montrant le procédé de la fabrication du sucre.

La canne à sucre est cultivée extensivement dans le sud de la province de Foukien, dans le district de Changchow, près d'Amoy; mais les plantations les plus importantes se trouvent dans la province de Kwantoung.

132. Modèle de cottage et terrains pour la production du sel par évaporation.

CLASSE 59.

Sucrerie et produits de la Confiserie.

106. Divers échantillons de sucres blancs, bruns et candi. Le prix des sucres blancs varie de frs. 17.25 à 23.73 par 60 kilos, suivant la qualité. Le sucre brun frs. 11.25 à 17.50 par 60 kilos. Le sucre candi varie de frs. 32 50 à 35.00 par 60 kilos.

CLASSE 53.

Engins et produits de la pêche.

121. Traîneau pour la boue employé pour pêcher le crabe et la crevette dans les endroits où la mer découvre la berge en se retirant.

128. Bateau pour pêcher au clair de lune.

127. Bateau avec radeau et filet.

130. Jonque de pêche pour la mer.

134. Grand filet.

137. Jalons de pêche

Pour la description, voir Ningpo, p. 211.

Le poisson prend une part importante dans l'économie domestique des Chinois. Avec le riz il constitue l'article principal de leur nourriture quotidienne, et la pêche a, pour cette raison, toujours été une des occupations principales des populations riveraines. La manière de pêcher et les engins employés diffèrent fort peu des temps passés, et ils sont aussi ingénieux que simples. Le Gouvernement ne met aucune entrave à la pêche et les pêcheurs peuvent pêcher où ils veulent et quand et comment ils veulent, la seule taxe imposée étant la patente du bateau.

SZEMAO

Collection envoyée par
le Directeur des Douanes de Szemao.

La ville de Szemao est située au Sud-Ouest de la Chine, dans la province de Yunnan ; il faut plus d'un mois pour y arriver de la côte. La ville de Pou-eur, d'où provient le thé Impérial, se trouve dans les environs. Le commerce se fait par terre avec le Tonkin et le Burmah.

CLASSE 15.

Instruments de précision; monnaies.

73. Collection de six sortes d'argent employé comme monnaies dans le district de Szemao.

CLASSE 80.

Fils et tissus de coton.

27. Coton avec graines.
28. Coton écru.

Divers échantillons et qualités. Le pays ne produit pas beaucoup de coton et on l'importe principalement des possessions anglaises pour le tisser.

34. Douze pièces de cotonnades diverses.

CLASSE 39.
Produits agricoles alimentaires d'origine végétale.

49. Spécimen séché de branches de théier de Pou-eur, un an et deux ans d'âge.
50. Fleurs de thé séchées.
51. Graines de théier.
52. Divers échantillons de thé de Pou-eur, en feuilles, en tablettes et en gâteaux, de diverses qualités et provenances.

Ce thé est très renommé et très recherché en Chine, mais il n'a pas trouvé près des étrangers la faveur qu'il mérite.

CLASSE 63.
Exploitation des mines, minières et carrières.

47. Sel de roche des mines de Mohei.

Ce sel provient de mines à 1,500 mètres au-dessus du niveau de la mer.

47A. Minerai de cuivre.

CLASSE 85.
Industries de la confection et de la couture.

Vingt-sept costumes, modèles, articles, livres, etc., représentant l'habillement et la vie des indigènes des environs du fleuve Mékong et du Sud du Yunnan.

TIENTSIN

Collection envoyée par
le Directeur des Douanes de Tientsin.

La ville de Tientsin a près d'un million d'habitants. Elle est située sur la route de la mer à Pékin, à peu près à égale distance des deux, c'est-à-dire vingt-quatre lieues, et elle est reliée aux deux points par le chemin de fer. Le climat est très salubre, chaud en été et très froid en hiver. L'automne est délicieux. Le commerce a pris des proportions énormes depuis quelques années.

CLASSE 7.
Peintures, dessins, etc.

1. Scéne d'hiver.
2. Scéne d'été.
3. Mariage Impérial.
4. Enterrement Impérial.
5. Procession de mariage.
6. Procession d'enterrement.
7. Dieux divers.
8. Aquarelle sur soie, une mére enseignant à son enfant.

CLASSE 12.

Photographie.

137. Trois albums, vues de Péking.
140. Panorama de Tientsin.

CLASSE 14.

Cartes de géographie, etc.

9. Mappe de Pékin et ses environs.
10. Mappe de Tientsin, ville indigéne et concessions.

CLASSE 15.

Instruments de précision, monnaies.

10a. Mesure pour grains, petite : une pinte.
10b.   Id.   grande.

CLASSE 17.

Instruments de musique.

11. Un violon à deux cordes.
12. Le *Yang-chine* ou piano chinois.
13. Le *Kin* ou luth à sept cordes.
14. Le violon à quatre cordes.
15. La guitare ballon appelée *Pipa*.
16. La guitare à trois cordes appelée *San Sien*.
17.   Id.   en forme de lune.
18. Un violon.
19. L'orgue à bouche appelé *Sheng*.
20. Petit tambour.
21. Le luth appelé *Sé*.
22. Un luth.
23.   Id. ·

24. Un violon.
25. Id.
26. Id.
27. Id.
28. La guitare.
29. Id.

CLASSE 87.

Arts chimiques et pharmacie.

30. Colle d'âne obtenue en faisant bouillir les eaux d'un puits qui a des propriétés gélatineuses.
31. Gâteau de crapauds employé pour catarrhes.
32. *Exuviæ* de cicades, employé pour la dysenterie.
33. *Acorus calamus*, une plante d'eau.
34. Pierre de sang, prescrit comme tonique et astringent.
35. Graines de *plantago majeur*, employé comme diurétique.
36. *Platycodon grandiflorum*, employé comme astringent et tonique
37. *Tribulus terrestris*, pour femmes anémiques.
38. *Euryale ferox*, tonique et astringent.
39. *Anemorrhena Asphodeloides*, diurétique et rafraîchissant.
40. *Paconia albiflora*, astringent.
41. *Justicia gendarussa*, amer pour rhumatismes.
42. *Salvea plebeia*, pour dysenterie, catharre, etc.
43. Insectes venimeux, employés pour scrofules, clous, etc.
44. Tubercules de porc, une excroissance d'arbre, pour maladies urinaires.
45. Du numéro 45 à 136, une variété de plantes servant dans la pharmacopée chinoise, mais peu connues en Europe.

CLASSE 93.

Coutellerie.

141. Un assortiment d'objets de voyage : couteau, tasse, assiette, bâtonnets, cure-dents, etc.

CLASSE 95.

Joaillerie et bijouterie.

142. Deux anneaux casse-tête, en argent.
143. Deux dés, en argent.
145. Deux anneaux, en argent doré.
147. Un protecteur d'ongles, en argent doré et émaillé.
148. Dix épingles à cheveux, en argent doré et émaillé.
149. Quatre épingles à cheveux et nettoie-oreilles, en argent doré émaillé.
150. Sept ornements pour cheveux, en argent doré et émaillé.
151. Six ornements de tête en argent doré.
152. Huit ornements en argent doré orné de plumes de martin-pêcheur.
153. Un châtelaine en argent.
155. Une boucle d'oreille en argent doré, dragon en perles, etc.
156. Une boucle d'oreille en argent doré, avec plumes.
157. Une épingle à cheveux en argent doré, avec plumes.
159. Bouton de mandarin, 1er rang, corail rouge uni.
160. Id. 2e rang, corail rouge avec caractères gravés.
161. Bouton de mandarin, 3e rang, bleu saphir transparent.
162. Bouton de mandarin, 4e rang, bleu opaque, lapis lazuli.
163. Bouton de mandarin, 5e rang, cristal blanc transparent.
164. Bouton de mandarin, 6e rang, blanc opaque.
165. Id. 7e rang, doré uni.

CLASSE 100.

Bimbeloterie.

168. Collection de vingt-quatre insectes en terre.
169. Collection de six sifflets en bambou.
170. Collection de vingt-trois sifflets de pigeon, pour protéger par leur bruit ces oiseaux des oiseaux de proie qui sont nombreux dans le Nord.

CLASSE 30.

Carrosserie, etc.

171. Modèle d'un catafalque à trente-deux porteurs.

CLASSE 65.

Petite métallurgie.

172. Un assortiment d'outils de menuisier.

CLASSE 75.

Appareils d'éclairage non électrique.

196. Quatre lanternes, panneaux de soie, cadres en bois noir.
197. Quatre lanternes, panneaux de verre peint, cadres en bois noir.
198. Quatre lanternes, forme ballon, pliantes, aquarelle sur soie.

CLASSE 82.

Fils et tissus de laine.

201. Une pièce laine et coton.
202. Id.
203. Id.
204. Id.

CLASSE 80.

Fils et tissus de coton.

199. Deux pièces de toile de coton.

CLASSE 84.

Dentelles et broderies.

205. Caractère *show*, longévité, brodé sur soie.
206. Figure *Makou* brodée sur soie.
207. Figure brodée sur soie : les huit génies félicitent How.
208. Id. les huit génies félicitent Wangmou.
209. Figure brodée sur soie : les huit génies.

CLASSE 86.

Industries diverses du vêtement.

210. Chapeau de paille pour fermier.

CLASSE 20.

Machines motrices diverses.

211. Pompe à vent, employée pour remplir les réservoirs à sel.

CLASSE 30.

Carrosserie, etc.

212. Charrette employée à Pékin par les hauts fonctionnaires.
213. Charrette employée à Pékin par la bourgeoisie.
214.   Id.   pour le transport des
marchandises.
215. Litière à mules.
216. Brouette pour marchandises.
217.   Id.   pour transporter l'eau.
218.   Id.   vendeurs ambulants.

CLASSE 31.

Sellerie et bourrellerie.

219. Harnais complet pour charrette de Pékin.
220. Selle de cheval complète.

CLASSE 33.

Matériel de la navigation de commerce.

221. Bateau à marchandises employé sur le Grand Canal
pour le transport du grain.
222. Bateau-maison pour voyager sur le fleuve Peiho.
223. Bateau-maison pour fonctionnaires.
224. Barque ou sampan.
225. Bateau à marchandises.
226. Bateau pour la glace ou traîneau.
227. Bateau double de canal.
228. Jonque de mer.

CLASSE 35.

Matériel des exploitations rurales.

229. Huit instruments divers employés par le fermier.

CLASSE 91.

Tabacs

237. Tabac en feuilles.
238. Tabac préparé.

CLASSE 40.

Produits agricoles alimentaires d'origine végétale.

246. Echantillons de maïs, millet, riz, riz glutineux, millet géant, millet glutineux, blé, orge, fèves blanches, fèves, pois verts, pois jaunes, etc.

CLASSE 61.

Sirops et liqueurs.

254. Dix variétés de vin samchou ordinaire.
264. Dix variétés de vin samchou médicinal.

CLASSE 41.

Produits agricoles non alimentaires.

274. Jute pour faire des cordages et du cordonnet.

CLASSE 48.

Graines et semences pour pépinières, etc.

275. Echantillons de semences de légumes divers, tels que : navets, oignons, radis, choux, etc.

CLASSE 51.

Matériel de chasse.

292. Un fusil à deux hommes.
293. Douze flèches sifflantes.
294. Soixante flèches, modèles variés.
295. Deux arcs de cavalerie.
296. Deux arcs.
297. Deux arcs.
298. Deux boucliers.
299. Seize sabres.
300. Deux carquois.
301. Une cible.
302. Trois arbalètes avec flèches.
303. Trois lance-flèches.

CLASSE 13.

Librairie, journaux, etc.

304. Le *San Kwo Chih*, un roman historique célèbre.
305. Album avec trente-deux vues aquarelles sur soie, illustrant le roman ci-dessus.
306. Le *Liao Tchaï*, un célèbre roman donnant un aperçu des coutumes et manières des Chinois.
307. Album d'aquarelles illustrant les scènes du roman ci-dessus.
308. Quatorze albums d'aquarelles montrant les costumes, etc.

CLASSE 85.

Industries de la confection et de la couture.

341. Costume de prêtre lama.
342. Prêtre lama en ordinaire.
343. Dame chinoise, costume d'été.

344. Gentleman mongol.
345. Dame mandchoue, costume d'été.
346. Jeune fille mandchoue, costume ordinaire.
347. Jeune fille chinoise, id.
348. Dame chinoise, costume d'hiver.
349. Jeune homme chinois, costume ordinaire.
350. Fonctionnaire en costume de cour.
351. Fiancée mandchoue.
352. Dame mandchoue, costume d'hiver.
353. Dame mongole.

CLASSE 28.

Matériel et procédés du génie civil.

(Exposés par la Chinese Engineering C°, de Tientsin).

273. Ciment fabriqué à Tangshan.
274. Mosaïques en ciment de Tangshan.
307. Tuiles.

CLASSE 72.

Céramique.

(Exposés par la Chinese Engineering C°, de Tientsin).

Spécimens de briques, etc., de classes diverses.

WENCHOW

Collection envoyée par
le Directeur des Douanes de Wenchow.

Wenchow est un port de mer situé entre Foochow et Ningpo. Son commerce avec l'étranger est, jusqu'à présent, de peu d'importance.

CLASSE 12.

Sculpture et gravure.

12. Trois tablettes en bois de rose sculpté.
15. Quatre id. en pierre à savon.

CLASSE 12.

Photographie.

19. Cinq vues de Wenchow.

CLASSE 14.

Cartes de géographie, cosmographie, etc.

24. Carte du port de Wenchow.
25. Mappe de la ville de Wenchow.

CLASSE 71.

Décoration mobile et ouvrages du tapissier.

31. Deux cadres de tableau, figures en bambou incrusté.

CLASSE 83.

Soies et tissus de soie.

39. Dix-neuf pièces de soie de Taïchow, couleurs diverses.
71. Cinq   id. rubans de soie.

CLASSE 33.

Matériel de la navigation de commerce.

83. Deux modèles de bateaux de rivière.
85. Un modèle de jonque de mer.

CLASSE 63.

Exploitation des mines et carrières.

90. Deux échantillons de pierre à savon de Chingtien.

WUHU

Collection envoyée par le Directeur des Douanes de Wuhu.

La ville de Wuhu (pr. *Wouhou*) est située sur le Yangtsze ou Fleuve Bleu, à moitié chemin entre Shanghaï et Hankow. C'est le centre d'un grand commerce de riz. Population 105,000 habitants.

CLASSE 10.

Architecture.

Modèle de la Pagode de Wuhu.

CLASSE 15.

Instruments de précision, monnaies, etc.

Spécimens de pièces de monnaie frappées à la Monnaie de Wuhu.

CLASSE 49.

Matériel des exploitations forestières.

Spécimens de bois divers produits dans le district

CLASSE 63.

Exploitation des mines, carrières, etc.

Spécimens de charbon anthracite recueilli à la surface du sol; minerais d'argent, de cuivre, de plomb, de fer, etc.

SPÉCIAL

N⁰ 1.

Objets exposés
par Son Excellence Yang Tsao-Yun,
Ministre de Chine à Bruxelles.

CLASSE 9.

Sculpture et gravure.

1. Un vase antique, en bronze, ayant servi à contenir
l'eau ou le vin dans les cérémonies religieuses du
temps de la dynastie des Tchow qui a régné sur la
Chine septentrionale depuis l'an 1122 jusqu'à l'an 225
avant J.-C. Dans les temps les plus reculés, les Chinois
honoraient le Ciel et la Terre comme représentant la
forme matérielle d'un Etre Suprême et Tout Puissant,
Chang-Ti, et c'était sur les plus hautes montagnes
qu'avaient lieu les sacrifices et les offrandes. L'Empereur seul avait le droit d'officier. Les mêmes cérémonies, belles et touchantes au plus haut degré, ont
encore lieu de nos jours, et c'est toujours l'Empereur
qui conserve le privilége d'adresser au Ciel les prières
et les remerciements de tout l'Empire; mais les cérémonies ont lieu dans des temples imposants et non
plus sur les montagnes. Les ustensiles sacrés des temps
anciens sont encore employés de nos jours et leurs
formes, tout en paraissant étranges, ont une raison
d'être qui pourrait s'expliquer. Les Chinois ont connu
l'art de travailler le bronze dès les temps les plus

anciens. Vingt-cinq siècles avant notre ère, ils savaient fondre et ciseler l'airain et l'on a retrouvé des vases sur lesquels l'Empereur Yu (2220 ans avant J.-C.) avait fait graver la description des neuf provinces de son empire.

2. Un miroir en bronze, datant de la dynastie des Han qui a commencé à régner sur la Chine 206 ans avant l'ère chrétienne Ces sortes de miroirs ou disques de métal poli sur une des faces et décoré de figures sur l'autre face, sont des symboles spéciaux à la religion de Tao ou Culte de la Raison fondé par le philosophe Laotse durant le VIᵉ siècle avant J.-C. Généralement ces miroirs sont supportés par des animaux fantastiques, tels que la licorne. Ils figurent dans les temples taoïstes à titre de symboles des dieux qui président aux mouvements du cycle de douze années. Ce spécimen porte des images de dieux et de chevaux-marins.

3. Un miroir datant du Vᵉ siècle de notre ère, portant des images de saints.

4. Un miroir en métal, datant du milieu du Vᵉ siècle, portant des images de licornes.

5. Un vase en bronze, datant de la dynastie des Liao qui a régné de 916 à 1168 de notre ère.

6. Trois brûle-parfums en bronze, datant de la dynastie des Ming qui a régné de 1368 à 1644 de notre ère. On pense que l'usage de brûler des parfums devant les divinités est dû au bouddhisme; car les plus beaux spécimens de brûle-parfums portent les emblèmes de cette religion. Mais on en voit aussi portant des dragons et des animaux fabuleux ou des fleurs et des branchages. Devant la statue de Bouddha on place généralement un brûle-parfums, deux vases et deux chandeliers.

7. Une pointe de flèche de la dynastie des Ming, portant gravés les mots *Pin-Yang-How*, signifiant « Marquis de la ville de Pinyang ».

8. Une table en bois noir sculpté, avec supports représentant des dragons sculptés et avec dessus en marbre. Les Cantonnais, ainsi que les ébénistes de Ningpo, ont

un talent remarquable pour sculpter le bois, et, avec des outils très simples, ils arrivent à produire des choses extraordinaires. Les meubles en bois noir forment une spécialité de Canton ; malheureusement, le transport est onéreux et l'on ne voit guère ces meubles hors de Chine. Là, tous les gens aisés ont un mobilier de bois noir plus ou moins bien fini et plus ou moins coûteux. Pour le goût européen, les Cantonnais fabriquent des meubles, des étagères, des pupitres, des cadres, etc.

9. Huit chaises en bois noir sculpté, avec dossiers sculptés et siéges en marbre ; et huit coussins en satin rouge.

10. Quatre tables à thé en bois noir, avec dessus en marbre.

11. Un grand canapé en bois noir, avec petite table et deux tabourets ; et deux grands coussins en satin rouge et deux oreillers.

12. Deux petits vases à fleurs, incrustés d'argent.

13. Un brûle-parfums.

14. Un vase pour mettre l'eau des sacrifices.

15. Un petit brûle-parfums en fer, de la dynastie des Liou, incrusté d'or et d'argent.

16. Une petite table courbe en bois sculpté.

17. Deux brûle-parfums en bronze.

18. Un vase en pierre blanche sculptée.

Whing Fat et Cie, de Shanghaï, Chine.

La maison Whing Fat et Cie, qui a des succursales à San-Francisco, Hongkong et Canton, met en vente un assortiment de perles, pierres précieuses, bijoux en or ou en argent, broderies, soieries, meubles en bois sculpte, tapis en poils de chèvre, bibelots, ivoires sculptés, porcelaines, etc.

N° 2.

Objets exposés par M. Wou Show-Tchwan, de Canton.

CLASSE 72.
Céramique.

Une collection de vases et objets en porcelaine et sang de bœuf, quelques-uns très anciens, destinés à la vente aux prix marqués sur les objets eux-mêmes.

CLASSE 9.
Sculpture et gravure.

Divers objets en ivoire sculpté à vendre aux prix marqués.

N° 3.

Objets exposés par le Bureau d'Administration du commerce de Nanking.

CLASSE 69.
Meubles.

Une collection de chaises, escabeaux, etc., destinés à la vente.

CLASSE 72.

Céramique.

Une collection de poteries de Nishing, pots, vases, potiches, carafes, théières, etc.
Une collection de porcelaines de différentes formes et couleurs, vases, potiches, jarres, tasses, etc. Destinées à la vente.

CLASSE 83.

Soies et tissus de soie.

Une collection de crêpes de Chine, pongée, tresses, etc. Destinés à la vente.

CLASSE 84.

Dentelles, broderies, etc.

Une collection de tapis, coussins, etc., brodés à la main sur soie ou satin. Destinés à la vente.

CLASSE 94.

Orfèvrerie.

Collection d'objets en argent, bols, lampes, vases, plateaux, etc.
Collection d'objets en cuivre, vases, statuettes, cloches, etc.
Collection d'objets en cloisonné, vases, potiches, bols, etc.
Destinés à la vente.

CLASSE 98.

Brosserie, maroquinerie, tabletterie, etc.

Collection d'objets en ivoire sculpté, statuettes, boîtes, porte-
cigares, cadres, etc. Destinés à la vente.
Collection d'objets en laque, vases, plateaux, boîtes, etc.
Destinés à la vente.

N° 4.

Objets exposés par le Magasin de Chine, 17, place de la Madeleine, Paris.
(Destinés à la vente.)

CLASSE 72.

Céramique.

Collection de porcelaines de différentes formes et couleurs,
vases, potiches, jardinières, jarres, bouteilles, assiettes,
etc., de la manufacture impériale de Kin-Te-Cheng.
Collection de poteries, théières, tasses, vases, etc., de la
manufacture de Nishing.
Collection de porcelaines gravées à la main, vases, potiches,
bouteilles, tasses, etc., de la manufacture de Shanghaï.

CLASSE 83.

Soies et tissus de soie.

Collection de crêpes de chine, pongées, foulards, tussors,
satins unis et brochés, velours, taffetas, etc., des manufactures de Souchow, Houchow et Nanking.

CLASSE 84.

Dentelles, broderies, etc.

Collection de broderies, tapis, couvre-lits, couvre-pianos, rideaux, portières, coussins, couvertures, ceintures, mouchoirs, sachets, etc., brodés sur soie, satin, etc.

CLASSE 86.

Industries diverses du vêtement.

Collection d'éventails en ivoire, bois, os, etc., sculpté, etc., des manufactures de Hangchow.
Collection de chaussures chinoises de tous genres, brodées, unies, etc.

CLASSE 95.

Joaillerie et bijouterie.

Collection d'ornements en jade sculpté, bracelets, tabatières, etc.

CLASSE 98.

Brosserie, maroquinerie, tabletterie, etc.

Collection d'objets en ivoire sculpté, bois, cadres, pagodes, statuettes, etc., des manufactures de Canton.
Collection d'objets en laque, vases, plateaux, tables, etc., des manufactures de Foochow.
Collection d'objets en émail cloisonné, vases, potiches, bols, porte-cigares, jardinières, etc., des manufactures de Pékin.
Collection d'objets en bambou sculpté, boîtes à gants, étuis à cigarettes, cadres, éventails, etc., de Klating.
Collection d'objets de vannerie, paniers, cannes, etc.

N° 5.

Objets exposés par le Magasin Chinois Pan Foung Tai, de Shanghaï.

(Destinés à la vente.)

Collection d'objets en bois sculpté, en bambou sculpté, soieries, broderies, porcelaines, etc.

N° 6.

Magasin M. K. Chow, de Shanghaï et Hangchow.

Collection d'objets en porcelaine, bois, bambou sculpté, soieries, thés, broderies, etc.

N° 7.

Magasin Lan Kwat No. de Wenchow.

Collection d'objets en pierre à savon, en bambou et en bois sculpté, éventails, porcelaines, etc., pour la vente.

Nº 8.

Magasin Lan Tchou Tchai, de Wenchow.

Collection de porcelaines, soieries, thés, pierre à savon sculpté, etc., pour la vente.

Nº 9.

Magasin Woo Kee et Cⁱᵉ, de Wenchow.

Collection de porcelaines, soies, thés, pierre à savon, bambou, bois sculpté, etc.

Notes descriptives

SUR

QUELQUES PRODUITS CHINOIS

Mines et carrières.

Houille. — La houille grasse et l'anthracite se trouvent en abondance dans tout le Nord de la Chine, et la superficie des terrains carbonifères des provinces de Chihli, Shansi, Shantong et Honan est évaluée à 87,000 milles carrés. Malheureusement, les procédés d'exploitation sont des plus primitifs, et les charbons obtenus, provenant seulement des couches superficielles, sont de qualité généralement inférieure. Dans le Shêngking et le Shantong, la houille est souvent convertie en coke pour diminuer le poids et faciliter les transports. Les charbons des provinces du Hounan, Hou-pé et Ngan-hoei sont de qualité supérieure. Les charbons des environs de Canton sont durs, laissent beaucoup de cendre, et brûlent avec une fumée épaisse, rendue suffocante par la grande quantité d'acide sulfureux.

Fers et aciers. — Le fer se trouve en abondance dans la plupart des provinces, mais surtout dans le Shansi, le Setchouan, le Hounan, le Honan, le Chêhkiang et le Shantong. Les minerais les plus abondants sont : le fer micacé, l'oxyde magnétique, l'hématite et la limonite. A Wen-tchow, dans le Chêhkiang, on fabrique quantité d'objets de fer ; le métal est retiré du minerai par la méthode dite Catalane.

Plomb. — La galène ou sulfure de plomb se trouve dans le Chêhkiang et le Fokien, au Setchouan et au Shantong. Les plombs indigènes sont généralement fondus en petits saumons d'un gris foncé; mais la majeure partie du plomb employée dans l'empire est importée d'Europe, surtout d'Angleterre.

Etain — Il existe des mines d'étain sur le territoire des Karchins, en Mongolie et dans les provinces du Yünnan et du Setchouan.

Cuivre. — Le cuivre se trouve au Fokien, dans le Ngan-hoei, le Setchouan, le Yünnan, le Shansi, le Shensi et la province du Kouang-toung. Les principaux minerais sont le sulfure et le carbonate. Les alliages de cuivre sont nombreux. Il y a : le cuivre blanc, qui contient du cuivre, du zinc, de l'arsenic et du nickel; le faux argent, qui est un mélange de cuivre, d'étain et de nickel.

Zinc. — On trouve des mines de zinc dans le Kouei-tchow. Il en vient aussi une grande quantité de Young Chang-fou au Yünnan.

Mercure. — Le cinabre ou sulfure de mercure se trouve dans les provinces du Setchouan, Kouang-toung, Kouang-si, Kouei-tchéou, Shensi, Kan-sou et Hounan. Au Shensi, on brûle des fagots dans le puits de la mine, et on recueille le métal après condensation. Le mercure se trouve aussi à l'état métallique dans le Kouéi-tchow, le Honan et le Shan-tong. Celui des deux premières provinces est apporté sur le marché dans des bouteilles de pierre ou des tubes de bambou.

Arsenic. — L'arsenic se trouve à plusieurs endroits; mais principalement à Kouang-sin-fou, dans le Nord-Est du Kiangsi, où l'on obtient l'acide arsénieux, ou arsenic blanc du commerce, par la sublimation du minerai. Le pays tout autour des fabriques n'est plus qu'un vaste désert, les vapeurs empoisonnées ayant détruit toute végétation et forcé hommes et animaux à s'éloigner de la zone dangereuse. L'arsenic est employé en agriculture pour protéger les grains et les jeunes plantes contre l'attaque des insectes. L'arsenic rouge est taillé en statuettes et en coupes; ces dernières sont employées en médecine. C'est du Yünnan que vient l'orpiment employé en peinture.

Or. – L'or se trouve abondamment répandu en Chine dans les quartz, mais surtout dans les sables d'alluvion du Yangtse-Kiang et des rivières des provinces du Nord (Shantong et Shêngking). Il se trouve aussi dans la rivière Min' au Setchouan. L'île de Hainan, la province de Kouang-tong, le Yünnan, le Kouei-tchow possèdent aussi de l'or. Les vallées du Thibet, selon les missionnaires, en renferment de' grandes quantités. La plus grande partie de l'or du marché chinois vient des provinces du Nord et des mines de Mandchourie ; il arrive en feuilles, ou bien en barres du poids d'environ 10 onces, et est d'une pureté remarquable ; 90 à 96 p. c. de métal fin avec quelques traces de cuivre et d'argent. Il s'exporte beaucoup dans l'Inde et surtout en Europe depuis des années.

Argent. — L'argent vient du Kouang-toung, de l'île de Hainan, des provinces du Kouang-si, Yünnan, Honan, Shensi et Kansou. Il en vient aussi des pays situés au Nord de la Grande Muraille. Dans le Shantong, on trouve de riches galènes argentifères.

Roches d'ornement et pierres précieuses. — Les provinces du Nord possèdent de beaux marbres blancs cristallins peu exploités. Le Shantong possède des marbres blancs, noirs-unis ou veinés, des brèches de diverses couleurs ; mais les seuls marbres connus des étrangers sont ceux de Canton, blancs, gris ou rouges ; on en fait des dessus de table et des sièges et dossiers de fauteuils.

La pierre la plus précieuse aux yeux des Chinois est le jade. La Chine est aussi célèbre par ses saphirs, ses lapis-lazulis de Hainan, les agates de Mongolie. Dans le Shantong on trouve du cristal de roche, des grenades et des cornalines, ainsi que des diamants.

Produits chimiques et pharmaceutiques.

La chimie chinoise est encore à l'état embryonnaire ; les produits chimiques sont donc peu nombreux. Les plus importants sont ceux qui sont employés comme médicaments, et le mercure et ses composés entrent en première ligne. Le mercure métallique se trouve en quelques endroits, mais il est le plus souvent obtenu par une distillation grossière du cinabre. Le calomel, ou protochlorure de mercure, est obtenu de la manière suivante : on broie ensemble deux onces d'alun, une de mercure, et une de sel marin, jusqu'à ce que le mélange soit assez intime pour que l'on n'aperçoive plus de particules brillantes du métal. On place ensuite ce mélange dans une espèce de creuset de fer, dont on lute le couvercle avec un mélange de cendres, de sel et d'eau. Puis on chauffe la partie inférieure du creuset avec des morceaux de bois résineux, et en ayant soin que la température ne s'élève que graduellement ; en même temps on refroidit la partie supérieure du creuset au moyen de papier imbibé d'eau, qu'on y applique pendant toute la durée de l'opération. Lorsqu'elle est terminée on ouvre le vase et on recueille le calomel, qui s'est attaché au couvercle et aux parois du creuset, sous forme de poudre blanche légère. Le protochlorure de mercure est obtenu au Shensi par des procédés très compliqués. Pour fabriquer le bichlorure, on calcine et fond ensemble du nitre, du mercure, du borax, du sel ammoniac, du massicot et de l'orpiment. Pour obtenir l'oxyde rouge de mercure, on chauffe dans un creuset, pendant environ une heure et demie, du mercure, de l'alun et du nitre. L'azotate est fabriqué en chauffant jusqu'à sublimation un mélange de plomb, de mercure, de sulfate de fer et de nitre. Le vermillon, qui sert pour la peinture et la fabrication des laques, est souvent employé en médecine à la place du calomel. Pour le préparer, on introduit dans un creuset un mélange intime de six onces de mercure et de quatre onces de soufre. On chauffe graduellement et l'on refroidit en même temps le couvercle, sous lequel le vermillon se condense en poudre impalpable.

Le carbonate de potasse est obtenu par l'incinération de plantes herbacées, *Polygonum Artemisia*, etc., dans les provinces du Chili et Shantong. Dans ces pays, le sol est souvent recouvert d'efflorescences, qu'on ramasse avec un balai, en les dissolvant dans l'eau chaude, ou plus simplement en versant de l'eau sur les terres alcalines placées dans un vase *ad hoc* : on obtient une lessive, qui est évaporée jusqu'au tiers dans des chaudières de fonte. On laisse cristalliser et on obtient ainsi, séparées par leur densité ou la forme de leurs cristaux, trois couches de sel : chlorure de sodium, carbonate de soude, et salpêtre. Le sel marin, obtenu sur les côtes du golfe de Pechihli, par l'évaporation spontanée de l'eau de mer dans des marais salants, est, comme le salpêtre, propriété de l'Etat, et soumis comme tel à des lois spéciales. L'alun est fourni par Ningpo et Hankow. Le sulfate de fer vient surtout des mines de houille, où il se trouve naturellement formé par la sulfatisation des pyrites exposées à l'air. Pour le sulfate de cuivre, on le prépare en soumettant à l'action de la chaleur un mélange de salpêtre et de sulfure de cuivre, dont on trouve des gisements abondants dans plusieurs provinces.

Si l'art médical est en Chine en pleine décadence et laissé le plus souvent aux empiriques ou aux charlatans, l'art de la pharmacie semble être au contraire dans une meilleure voie, bien que l'emploi des médicaments simples ou composés soit basé trop souvent sur la superstition ou l'empirisme le plus absolu ; on croit à des vertus curatives de telle substance convenant à telle affection et tout se borne là. Quoi qu'il en soit, et malgré l'usage absurde d'un grand nombre de substances parfaitement inertes, il n'en est pas moins vrai qu'une longue expérience et la pratique constante de l'observation patiente ont appris aux Chinois les vertus indiscutables d'un grand nombre de remèdes. Ainsi il n'y a pas de doute qu'ils ont su de bonne heure obtenir l'anesthésie générale ou locale, employant à cet effet certains champignons ou la racine d'aconit. Les remèdes minéraux sont peu employés en Chine ; aussi la matière médicale se compose-t-elle presque essentiellement de végétaux. Le nombre des plantes employées est immense, et on pourrait presque dire que toutes les plantes connues en Chine sont employées comme remèdes. On emploie aussi plusieurs substances animales ; parmi les plus célèbres se trouvent : le fiel d'ours, les cornes de cerf, la colle de peau d'âne du Shantong, l'ambre gris, les bezoars ruminants, que l'on vend au poids de l'or, les os, les moustaches et les ongles du tigre, dont toutes les parties passent pour jouir de hautes propriétés thérapeutiques. Enfin les substances les plus étranges sont employées, comme autrefois chez nous la thériaque. Quelques médecines chinoises, autrefois importées en Europe, sont tombées en désuétude, comme le gingeng et le galangal. La Chine nous fournit encore cependant le musc, la rhubarbe, le poivre cubèbe, les cardamomes, le gingembre, l'écorce de cassia, sorte de cannelle, etc.

Orfèvrerie, bijouterie, horlogerie, coutellerie.

Les bijoux ne sont pas en Chine la propriété exclusive des femmes : les hommes en portent aussi. Le fermoir de leur ceinture est souvent en métal précieux enchâssé de jade ou de quelque autre pierre de prix. Ils portent aussi aux doigts, et particulièrement au pouce, des bagues en pierres précieuses ou en bois odorant incrusté d'or ou d'argent. Une perle ou une pierre précieuse polie ou taillée en cabochon orne souvent le devant du chapeau. L'étui à lunettes (qui sont elles-mêmes en cristal de roche blanc ou fumée), la bourse, le porte-montre et le porte-éventail sont souvent brodés en perles et en grains de corail. Les élégants portent aussi des bracelets en bois ou en métaux précieux ; mais les bijoux les plus estimés sont ceux qui sont formés d'un seul morceau de jade vert clair. La bouteille-tabatière des riches est taillée dans un seul morceau de cristal de roche blanc ou d'améthyste, d'agate ou de cornaline, dans le jade ou l'onyx. On en trouve aussi en jaspe et en lapis-lazuli. Le bouchon est orné d'une perle, de corail, de malachite ou de grenats, enchâssés dans l'or ou l'argent. On porte aussi à la boutonnière, suspendus à une chaîne d'argent, les petits instruments de même métal consistant en cure-dents, cure-oreilles, cure-ongles et peignes à moustaches. Les jeunes garçons portent aussi quelquefois une ou deux boucles d'oreilles en argent.

Les femmes portent quantité de bijoux, aiguilles à

cheveux, lourds pendants d'oreilles, bracelets massifs en or et en argent ciselés ou émaillés. Aux doigts, elles portent des bagues plus lourdes que jolies, et protègent leurs longs ongles par des doigtiers de métal précieux.

On fabrique à Canton quantité d'objets et de bijoux en or ou en argent ciselé ou repoussé. La plupart de ces bijoux, destinés aux étrangers, consistent en broches, pendants d'oreilles, colliers, bagues et bracelets, porte-cartes, etc. Ils sont ornés de jolis médaillons finement sculptés dans l'ivoire, l'ambre, le santal, la nacre de perle, le corail, toutes choses importées de l'Inde et des îles Philippines ; l'écaille vient de Formose. On emploie aussi pour ces bijoux une sorte de matière jaune ressemblant fort à l'ambre, et qui n'est autre que la partie supérieure du bec d'une grue. A Fou-tchow et à Ningpo on fabrique aussi nombre de bijoux pour l'exportation, et on les orne de fines mosaïques bleues faites avec les plumes de deux variétés de martin-pêcheur, *Alcedo hispida* et *A. Bengalensis*.

On peut faire fabriquer sur commande toutes sortes de bijoux, en faisant de 18 à 25 p. c. d'avances sur le poids, suivant la quantité de travail que demande l'ornement; la main-d'œuvre chinoise étant fort bon marché, on peut obtenir ainsi des bijoux à un prix très raisonnable. Seulement, il faut remarquer que tous les bijoux en or, et souvent ceux en argent, n'ont pas d'alliage, et cela par une loi de l'empire : aussi paraissent-ils plus chers, à volume égal, que les mêmes bijoux de facture européenne. Etant aussi plus mous, ils s'usent et se rayent plus vite.

A Fou-tchow et surtout à Kioung-tchow, dans l'île de Hainan, on fabrique des boîtes et de charmants objets en argent recouverts par place d'une mince couche d'émail semi-transparent, généralement de couleur bleue ou violette.

A Canton, les orfèvres indigènes travaillent l'argent repoussé et fabriquent ainsi, à des prix très modérés, des coupes. vases, boîtes et autres objets de forme étrangère mais ornés de dessins chinois. On y fabrique aussi des fleurs et ornements en filigrane d'argent, travaux pour lesquels le port de Kioukiang est aussi renommé. Kiong-tchow, **dans** l'île de Hainan, a la spécialité d'objets en noix de **coco** doublés d'argent ou d'étain.

Email cloisonné — Pékin, depuis une trentaine d'années, a vu renaître son ancien art de l'émail cloisonné. Les uns en attribuent l'introduction aux Jésuites : d'où l'appellation commune de *fa-lan* donnée aux émaux. D'autres, au contraire, croient que l'invention est purement chinoise. Le rapprochement des dates semble donner raison à ces derniers. Les Jésuites, en effet, ne sont arrivés en Chine que vers 1580 et les cloisonnés avaient acquis bien avant une éclatante réputation, surtout sous le règne de Ching Tai, le septième Empereur de la dynastie des Ming (1450). Cela est si vrai que l'expression correcte qui désigne, en chinois, les cloisonnés *Ching Tai Lan* est tirée du nom du règne de cet Empereur. Notre but n'est pas d'ailleurs d'entrer dans une controverse à ce sujet, mais, seulement, de décrire le procédé actuellement le plus usité à Pékin pour la fabrication des émaux.

Les vases, les brûle-parfums, les coupes, les plateaux, etc., sont d'abord commandés chez le chaudronnier et fabriqués en cuivre rouge. Des artistes représentent sur des morceaux de soie le dessin ou les arabesques qui, au moyen d'un stylet, seront reproduits sur les parois de l'objet.

Suivons, par exemple, les diverses opérations nécessaires pour cloisonner un vase :

De jeunes ouvriers ont entre les mains des fils de cuivre aplatis en rubans très minces d'environ un millimètre de large. Sur une petite planchette, ils préparent, avec un simple outil en forme de pincette, les menus détails du dessin qui doivent être appliqués sur le vase, suivant le tracé du stylet, avec une espèce de colle appelée *pai chi*. Cette colle est faite de la racine d'une plante de la famille des orchidées. Pour éviter que les spirales de cuivre, ainsi disposées, ne s'entremêlent ou changent de position lors de la cuisson, un ouvrier place entre elles, de distance en distance, de petits fragments d'une substance très dure et suffisamment réfractaire, nommé *sha-tiao* puis, on soupoudre le tout d'un composé à base d'argent auquel on a ajouté du cuivre et du borax que l'on a coulé en forme de barre et réduit en poudre par la lime. Le vase est placé dans un manchon de fer lequel est posé au milieu d'une cage en fil de fer remplie de morceaux de charbon de bois ardents que l'on entretient incandescents avec des éventails. La limaille fond rapidement et, après un quart d'heure, on a une soudure parfaite des spirales de cuivre sur le vase. Les morceaux de *sha-tiao* sont enlevés et le vase lavé à la brosse dans une décoction d'abricots secs.

Le vase est maintenant prêt à recevoir les couleurs. Celles-ci viennent de *Po-shan-hsien* dans la province du Shantoung. Ce sont des cristaux à base de salpêtre et d'une sorte de grès calcaire trouvé dans les montagnes des environs. On obtient les divers colorations en ajoutant de la pyrite de fer, des oxydes de fer, de cuivre ou des sels de plomb. Ces cristaux, ainsi colorés, puis pulvérisés au pilon et mélangés à l'eau de riz, donnent des pâtes d'émail d'une homogénéité parfaite.

Les linéaments de cuivre, recouverts de la soudure argentée, forment autant de petits récipients en cloisons où un ouvrier introduit les couleurs à l'aide d'une sorte de truelle miniature à long manche. Le coloriage étant fini, le vase est de nouveau placé dans le manchon de fer et l'on chauffe de la même façon que précédemment. Cette opération exige un ouvrier très expérimenté pour savoir le moment où la cuisson des couleurs est à point. Elle ne dure jamais guère plus de dix minutes.

Retiré du feu, le vase est poli avec une lime d'acier. Les parties mal cuites doivent être retouchées. On les enlève avec une espèce de chasse-clou et un marteau, car elles sont devenues des masses solides et boursouflées à l'aspect vitreux; puis, on verse de nouvelles couleurs.

Après la deuxième cuisson, on polit avec une pierre de grès de façon à donner une surface bien unie. On adapte le vase à une machine très simple qui le fait tourner de gauche à droite avec une grande rapidité.

Après la troisième cuisson, on polit généralement avec du charbon de bois de tilleul.

Les ouvrages très fins exigent cinq et même huit cuis-

sons qui nécessitent chacune le travail de polissage et de
retouche. Lorsque l'ouvrier est satisfait des tons et des
gradations de couleur données au vase, il ne s'agit plus que
de recouvrir d'or ou d'argent les parties de cuivre qui restent à nu. On a recours dans ce but aux procédés de la gal-
vanoplastie qui remplacent aujourd'hui avantageusement la
dorure au mercure.

Dans ces notes sur la fabrication des émaux, nous avons
seulement essayé de décrire la simplicité des outils et des
procédés. Il resterait à montrer la patience attentive de
l'ouvrier chinois et le sentiment de l'art, original et per-
sonnel, qu'il possède, et qui se révèle même lorsqu'il tente
d'imiter les conceptions des artisans étrangers.

Parfumerie et bimbeloterie.

La tabletterie est fort développée, surtout à Canton, où
l'on fabrique mille objets en ivoire sculpté, tourné ou
gravé avec un fini incroyable et une patience dont les Chinois semblent seuls avoir le secret. Tout le monde connaît
ces chefs-d'œuvre de leur patiente industrie, qui consistent
en boules concentriques et libres, sculptées à jour dans
un seul morceau d'ivoire, et dont le nombre va de trois à
vingt. Les plus grosses ne demandent pas moins de trois
mois de travail, et valent jusqu'à trente piastres. Puis viennent des gourdes qui, en s'ouvrant, révèlent une fine
chaine travaillée dans le même morceau. Mais ces merveilles de patience sont fort surpassées, au point de vue de
l'art, par les bouquets de fleurs, les groupes d'insectes,
d'animaux ou de figurines qui ornent les coffrets, les boites
à gants, manches d'éventail, etc., que les Cantonnois savent
sculpter dans l'ivoire, le santal et l'écaille, avec une délica-
tesse de touche et une finesse de ciselé inimitables. Mille
objets de formes étrangères sont aussi fabriqués à Canton
sur commande, vu le bon marché de la main-d'œuvre;
parmi ces objets nous citerons les coffrets, ronds de serviettes, manches de brosses, d'ombrelles, les cadres pour
miroirs ou photographies, etc., etc.

Canton est aussi célèbre pour ses laques fond noir à dessins d'or. Foochow a plutôt la spécialité des laques colorées ou à fond brun ou vermillon ; ces dernières sont surtout remarquables par la sobriété et le goût avec lesquels elles sont ornées. Depuis quelques années, les Anglais de Canton font fabriquer de charmants meubles, en laque noire ou brune, ornés de mousses ou de feuilles de fougères en or, admirablement copiées sur nature et d'un effet fort agréable. La vannerie et la sparterie fine sont représentées par de petits paniers en bambou ou rotin finement tissés.

Pékin a eu longtemps la spécialité des objets en laque rouge et verte profondément gravée : les vieilles laques de ce genre ont une grande valeur.

Cuirs, peaux, fourrures.

Le règne animal fournit en Chine de nombreuses fourrures, surtout dans les provinces du Nord, Shengking, Chihli, et Shantoung. Les plus grands marchés de pelleteries sont Newchwang et Tientsin. Là se trouvent les magnifiques peaux du tigre de Mongolie, qui diffère du tigre du Bengale par son épaisse fourrure laineuse ; il est aussi plus grand, et il en est qui mesurent huit pieds, du museau à la naissance de la queue. Leurs os, ongles, dents et moustaches sont employés en médecine. On trouve encore au Nord les peaux de l'ours du Thibet, *Ursus Thibetanus*, qui existe également en Mandchourie et même au Shensi et au Kansou. La Mandchourie et le Chili fournissent encore des peaux de panthères, *Felis Fontanieri*, de Manul, *Felis Manul*, de différentes espèces de renards, de loups et de chiens sauvages, *Carnis vulpes*, *C. corsac*, *C. lupus*, *C. procynoides*. La loutre, la belette, la martre et le putois présentent dans le Nord des variétés particulières à la Chine. La martre zibeline, l'hermine, le renard blanc ou bleu, dont on trouve aussi les peaux à Newchwang et à Tientsin, appartiennent plutôt à la Russie Sibérienne tandis que le petit gris et d'autres écureuils appartiennent à la Chine. Le Yack du Thibet donne au commerce sa belle queue blanche, dont on fait des chasse-mouches, tandis que les chèvres du même pays fournissent leur toison à longs poils employée pour tapis. La peau d'agneau mort-né fait aussi une fourrure fort prisée des Chinois.

La maroquinerie chinoise se réduit à quelques articles en cuir, dont les plus communs sont les porte-cartes, sorte de portefeuille, souvent en cuir de Russie, rouge ou vert, avec des dessins imprimés en or; puis viennent les blagues à tabac, avec ou sans briquet, les étuis à pipe ou à montre. De petits oreillers en rotin, recouverts de cuir imprimé, sont aussi employés à Canton.

Fils, tissus, vêtements.

Le coton (*Gossypium herbaceum*) fut d'abord introduit de l'Inde en Chine vers le neuvième siècle de notre ère; puis une autre importation de cette plante eut lieu quelques siècles plus tard des contrées de l'Asie centrale. Les environs de Shanghaï devinrent, dès l'an 1300, un des grands centres de production du coton. Aujourd'hui il est cultivé dans presque toutes les provinces de l'empire. C'est la province de Kiangsou qui fournit la plus grande quantité de coton. Canton et les autres ports du Sud importent les cotons de l'Inde et de la Cochinchine. Les provinces du Nord consomment leur propre coton. A Chinkiang, on sème le coton en mars ou en avril dans un sol préalablement fumé avec des cendres de végétaux. On sarcle et arrose souvent et on récolte en octobre ou novembre.

Le lin, *Linum usitatissimum*, n'est point une plante chinoise : il fut importé de l'étranger à une époque reculée, et il n'est point cultivé comme plante textile. Dans les provinces du Nord il est remplacé par le chanvre, *Cannabis sativa* et *C. sinensis*, dont on fait spécialement des cordes, et par le *Sida tiliæfolia*. Dans la Chine centrale, particulièrement dans le Foukien et le Chêhkiang, le *Corchorus capsularis* fournit la fibre appelée jute. Enfin les provinces du sud fournissent, sous le nom anglais de *grasscloth*, une étoffe dont la qualité fine, ressemblant à de la soie blanche, a une grande valeur. On n'est pas encore d'accord sur la plante qui fournit la matière textile du *grasscloth ;* ce qui est le plus probable c'est que plusieurs plantes sont employées. Dans les temps antiques, le *Pachyrhizus* (*Dolichos*) *trilobus*, qui croît dans toute la Chine à l'état sauvage, était employé au Santoung à la fabrication d'une étoffe fine qu'on envoyait en tribut à l'empereur. Cette même étoffe est encore fabriquée à Hankow et à Kioukiang, et prend aussi le nom de *grasscloth*. C'est à Canton que se fabrique la plus belle qualité, que l'on peut comparer à une fine batiste. La plante la plus employée dans cette ville est une sorte d'ortie connue sous les noms de *Bœhmeria nivea* et d'*Urtica tenacissima*. Elle est si connue dans la province qu'on la trouve croissant abondamment et sans culture sur les murs de la ville. On la trouve aussi à Hankow et Shanghaï. Suivant les notes fournies à la Société d'acclimatation par M. Darby, ancien consul de France à Hankow, cette plante serait cultivée dans les provinces du Hounan et du Kiangsi sur un sol léger, abrité des vents du Nord. Elle est propagée, non par des graines, mais par des boutures qu'on laisse croître pendant une année. Les tiges, qui ont alors de quatre à cinq pieds de haut, sont brisées à la main par le milieu, et les fibres sont aisément extraites. On les blanchit en les soumettant, dans une chambre fermée, aux vapeurs de soufre, puis on les expose à l'influence de la rosée et des rayons du soleil ; elles sont alors filées et prêtes pour le tissage. Cette plante, commune dans l'Inde et l'Archipel Malais, est maintenant parfaitement acclimatée en Australie. Les bractées fibreuses de plusieurs variétés de palmiers *Chamœrops excelsa, C. Fortunei*, etc., sont aussi employées sour le nom de *coïr* pour fabriquer des brosses, cordages, etc.

Soie et tissus de soie.

Le ver à soie du mûrier, *Sericaria mori*, est celui qui fournit l'immense quantité de soie que produit la Chine chaque année. Cependant, il existe en Chine d'autres

insectes producteurs de soie que l'on cherche à acclimater
en Europe. Ces séricigènes sont le ver à soie du chêne.
Attacus Pernyi, et celui de l'ailanthe, *Attacus Cynthia vera*.
Le premier fournit la soie dite pongée, dont le grand
marché d'exportation est Chefoo au Shantoung, mais que
l'on trouve jusqu'en Mongolie et dans les montagnes du
Yünnan et du Kouei-tchow. Cette soie, remarquable par sa
solidité et son bon marché, est fort estimée pour la confec-
tion des vêtements d'été Malheureusement elle ne peut
prendre à la teinture d'autres couleurs que le noir et
le gris, et elle possède d'ailleurs une odeur désagréable.

La manufacture de la soie remonte en Chine à une haute
antiquité. Une tradition populaire rapporte que ce fut
en 1602 avant J.-C. que l'épouse de l'empereur Hwangti
découvrit le moyen de dévider les cocons et d'en utiliser le
fil. On trouve dans des livres chinois dignes de foi que la
culture du mûrier et l'élevage des vers à soie remontent à
l'année 780 avant J.-C. D'antiques documents y font souvent
allusion, et la sériciculture a toujours joui des faveurs du
Gouvernement à titre d'industrie nationale. La production
de la soie est si considérable que tout Chinois, à moins qu'il
ne soit des plus pauvres, peut s'en vêtir. Les provinces qui
fournissent le plus de soie à l'exportation sont : le
Kiang-sou, Ngan-hoei, le Chêhkiang et le Kwang-toung.

Industries de la confection et de la couture.

Le costume chinois est des plus simples, et sauf l'habit de
cérémonie pour les fonctionnaires, il est le même pour tout
le monde, la seule différence consistant dans la matière de
l'étoffe.

Les chaussettes sont de coton, ouatées et piquées en hiver.
Sur ces chaussettes se nouent les jambes du pantalon de
toile ou de soie avec des jarretières de couleur bleue
voyante. On attache aux hanches avec une ceinture à glands
tombant du côté gauche; sur la poitrine on porte un
plastron de toile ou de soie suspendu au cou par une
chaînette, et serré autour du torse par deux cordons. La

chemise tombe flottante sur le pantalon : courte, elle ne descend que jusqu'un peu au-dessous des hanches; ouverte dans toute sa longueur sur le devant, elle s'attache sur le côté. Par-dessus le pantalon, les élégants portent des jambières nouées au cou-de-pied et retenues à la ceinture par des bretelles. Une longue robe s'attachant sur le côté, se porte par-dessus la chemise : elle est serrée à la taille par une ceinture, dont le fermoir est souvent incrusté de pierreries et à laquelle on suspend la blague, la pipe, l'éventail, la montre dans son étui brodé, et quelque fois un sachet renfermant la bouteille-tabatière ; car ils ne possèdent point de poches. En hiver, la robe est ouatée ou fourrée ainsi que les jambières. Dans les visites de cérémonie, on passe sur cette robe, un par-dessus de couleur sombre, plus court que la robe ouvert sur le devant, boutonné droit, fendu sur les deux côtés et derrière; au cou s'ajoute alors un collet de satin bleu de ciel. La tresse pend toujours extérieurement.

Pour les femmes tartares, le plastron, la chemise, le pantalon, noué sur les chaussettes par un ruban de couleur voyante sont identiques aux mêmes vêtements des hommes, sauf qu'ils sont plus ou moins ornés. Autour de la taille se noue un tablier plissé formant jupon; par-dessus se passe une robe longue, sans ceinture, couvrant le pied et ne laissant déborder que la haute semelle blanche de la chaussure. Cette longue robe, fendue sur les quatre côtés, laisse entrevoir pendant la marche la jupe plissée : sur cette robe s'ajoute une tunique plus courte et d'une couleur autre que celle de la robe et du tablier.

La toilette est la même pour la femme chinoise, sauf pour la robe de dessus, qui est moins longue. tombe au-dessus du genou laissant voir le pantalon que ne recouvrent pas des jupes. Les femmes chinoises se distinguent aussi des femmes tartares par leurs petits pieds déformés. Toutes savent se servir au besoin de faux cheveux et de perruques de crin. Elles ornent leur coiffure de fleurs naturelles ou artificielles.

Le parapluie ou l'ombrelle et l'éventail sont deux accessoires du vêtement connus en Chine de temps immémorial et caractéristiques de ce peuple. Depuis les premiers mandarins de l'empire jusqu'au dernier homme du peuple, personne en Chine ne saurait se passer de ces objets. L'ombrelle est même un des insignes honorifiques de la hiérarchie mandarinale, et trouve place dans toutes les cérémonies. L'éventail n'est point réservé aux seules femmes ; on le trouve dans la main de l'empereur comme dans celle du coolie, la différence étant seulement dans la forme et la matière de l'objet.

L'industrie des éventails occupe en Chine des milliers de mains, et chaque endroit semble avoir une spécialité de forme ou de facture. Il y a deux grandes catégories d'éventails : celui qui se ferme en plis plus ou moins nombreux, et celui qui est fait d'une seule pièce que nous nommons écran.

L'éventail à plis se fait en bambou, en bois précieux, santal et autres, en ivoire et en écaille. Pékin a la spécialité des éventails en bois foncé et papier noir, sur lesquels sont collés des dessins ou des caractères en papier doré du plus charmant effet. A Canton, on fabrique surtout les éventails en papier peint avec les figures des personnages en ivoire, puis viennent les éventails en bois de santal, en bois laqué, en ivoire, écaille, etc., ces derniers sont spécialement destinés à l'exportation.

Quant aux écrans, ils sont fait en gaze de soie tendue sur un cadre et brodée. On trouve aussi des écrans formés d'un mince tambour de soie, dont les deux surfaces sont ornées de peintures variées ou de sentences prétentieuses. Les plumes de la queue de l'aigle, réunies sur un manche de bois dur, fournissent un écran fort estimé à Pékin, tandis que dans la province du Kwang-toung les plumes de l'argus et de nombreux et brillants faisans du Yünnan fournissent de charmants écrans rehaussés des plumes du héron et du martin-pêcheur. Le monde végétal est aussi mis à réquisition, et les feuilles d'une ou plusieurs variétés de palmier *Chamærops excelsa, C. Fortunei*, etc., sont aisément transformées en éventails. A Canton, les feuilles sont mises à tremper pendant quinze jours, puis séchées à un feu doux, ce qui les rend polies ; on les borde ensuite avec du

ruban de soie ou du rotin, fixé au pétiole par deux laques
d'écaille et deux rivets en cuivre. Ces éventails en feuilles
de palmier s'exportent beaucoup aux Etats-Unis, dans
l'Inde, l'Amérique du Sud et l'Europe.

Cristaux et verreries.

L'art de la verrerie, fort peu développé en Chine, semble,
d'après les historiens chinois, y avoir été importé de l'Inde
vers le second siècle de notre ère. Il s'y est si peu perfec-
tionné ou étendu qu'on ne trouve point de verres anciens,
et aujourd'hui encore la ville de *Poshan*, au Shantoung,
paraît être la seule où l'on fabrique le verre de toutes pièces, en fondant, avec du salpêtre, une sorte de grès calcaire
qui se trouve dans les montagnes des environs. En ajoutant
dans le creuset de la pyrite de fer, des oxydes de fer, de
cuivre ou de sels de plomb, on obtient les diverses
colorations. Le verre est fondu au moyen de la houille,
et coulé en barres ou lingots, qu'on exporte ensuite à
Pékin à la verrerie impériale, ou à Canton. Là, ce
verre est refondu et fabriqué en mille petits objets qui
sont aussi fabriqués au Shantoung. Les poudres dont on
se sert à Pékin pour fabriquer les émaux dits cloisonnés sortent aussi des verreries de Poshan. A Canton et
à Shanghaï, on refond aussi les verres brisés de provenance étrangère; dans ces deux ports, quelques verriers ont
appris des étrangers l'art de fabriquer le verre; ils fabriquent des vitres communes, des miroirs, des verres à
boire, des bouteilles, des flacons, etc.

Mobilier, décoration, chauffage et ventilation.

Ningpo est célèbre pour ses meubles en bois sculpté,
incrustés de découpures en os ou en bois. Cette industrie
comprend deux genres absolument différents.
Le meubles incrustés et sculptés, de style chinois, sont
fabriqués à bon marché, en très grande quantité, avec un

bois blanc dur qui vient de l'Ouest de la province de Tché-kiang.

Quant aux meubles de luxe, leur fabrication occupe sur-tout une vingtaine de fabricants qui tiennent un stock de vente très considérable, mais fort peu varié, leurs meubles étant toujours conçus d'après les mêmes types. Mais beau-coup de Chinois riches font faire leur mobilier sur com-mande, selon leur goût et fantaisie; ces meubles, vraiment artistiques, sont l'œuvre d'ouvriers indépendants qui s'em-bauchent tantôt chez le fabricant, tantôt chez le particulier. Le bois employé à la fabrication des meubles de luxe est un bois très dur, rose, qui vient du sud de la Chine et de Sin-gapour; les planchettes, qui agrémentent les dessus des tables, et les panneaux des armoires sont faits de très beaux bois du Tchékiang et quelquefois du Japon. L'exposition de Ningpo ne montre que les meubles de luxe qui sont cou-ramment en vente dans les boutiques. L'industrie des meu-bles en bois doré et vernis en rouge vif ou brun très foncé, est maintenant presque ignorée dans le commerce de Ningpo, cette industrie se limitant à la décoration des autels et des idoles dans les temples. Ces vieux meubles dorés et vernis sont maintenant très recherchés et presque introuvables.

La fabrication des meubles incrustés et sculptés, de style européen, occupe deux ou trois fabricants tout au plus, à Ningpo même; mais cette industrie, toutefois peu dévelop-pée, s'étend aussi à Shanghai depuis plusieurs années. Le bois employé à la fabrication de ces meubles est ce bois dur, rose, déjà nommé qui, par sa solidité, se prête à l'in-crustation. On se sert aussi pour l'encadrement des pan-neaux d'un bois dur, jaune très foncé qui, une fois vernis, ressemble à de l'ébène. Le bois blanc, dur, qui est à la fois très tendre et très résistant, est employé à la fabrication de ces petits modèles de tous genres qui sont une des spéciali-tés de Ningpo, et à celle de tous les ouvrages ornés de sculp-tures admirablement fouillés.

Tous ces meubles chinois et européens sont recouverts du vernis de Ningpo qui doit sa réputation à sa solidité et à son éclat, comparables à la solidité et à l'éclat de la laque.

Tapis, tapisseries.

L'industrie des tapis en Chine est loin d'être à la hauteur de celle de la Perse ou de l'Inde; cependant, d'excellents tapis de poils de chameau sont fabriqués dans les provinces du Nord. Ceux de la ville de Paoting, capitale du Chili, sont particulièrement renommés. Ils sont à haute laine, fort chauds, fort solides et de toutes dimensions. Les dessins (généralement des dessins géométriques ou des arabesques), sont bruns ou bleus sur fond blanc, quelquefois colorés. On fait aussi à Kinchow, province de Sheng-king, des tapis de poil de vache. Comme l'été est fort chaud dans le Chili et le Shantoung, on s'y sert aussi, pendant la canicule, de fort jolies nattes, très unies, quelquefois ornées de dessins rouges et fabriquées avec l'écorce, blanche ou rouge, de deux variétés de sorgho (*Holcus sorghum*). Dans les provinces du centre, les tapis les plus légers sont en laine tissée et teinte, ou en feutres imprimés. Enfin, dans les provinces méridionales soumises à un climat semi-tropical, des nattes de jonc, roseau ou rotin sont exclusivement employées. Canton est le centre manufacturier et le port d'exportation d'une grande quantité de nattes de roseau (*Arundamitis*). On se sert de deux variétés dont l'une croît dans les marais salés à l'entrée du *Boccatigris*, la rivière de Canton ; l'autre dans les eaux douces de la petite ville marchande de Lientan; sur la frontière de Kwang-si. La couleur des roseaux est d'un blanc verdâtre, mais ils blanchissent naturellement en séchant. Bien que la plus grande partie des nattes soient blanches, un grand nombre sont teintes ou ornées de dessins de couleur. Les couleurs les plus employées sont d'abord le rouge, puis le vert, le jaune et une sorte de bleu foncé ou noir. Le rouge est obtenu au moyen d'une décoction concentrée de bois de sapan (*Cœsalpinia sapan*) bouilli pendant deux jours, dans des baquets de bois à fond de fer. Les roseaux, mordancés à l'alun, sont plongés trois fois dans la solution de plus en plus concentrée.

Chaque bain dure six jours. Le bleu foncé et le noir s'obtiennent de la même manière, seulement le troisième bain est additionné de sulfate de fer. Pour le jaune. on emploie les bouchons desséchés du *Sophora Japonica*, qui viennent du Shantoung, où ils forment un article considérable d'exportation. Les bains mordancés à l'alun sont au nombre de trois, et chaque fois l'immersion dure trois jours. Les feuilles et les jeunes branches d'une plante de la famille des Acanthacées, croissant dans la province de Kwang-toung et à Hainan, sont employées pour la teinture en vert; on ajoute à la décoction un mélange d'alun et de sulfate de cuivre. Les bains sont au nombre de trois, variant en tout de dix-sept à vingt jours, suivant la température. Le métier employé pour le tissage est des plus simples : il se compose uniquement de deux montants distants de cinq pieds, et réunis de trois pieds en trois pieds par des traverses horizontales. La chaîne est en fils de chanvre; la navette est un simple bâton de bambou. Le tissage se fait pendant que les roseaux sont encore humides. Comme ils se retirent en séchant on applique les nattes sèches sur un cadre, et on serre la trame à la main. Ces nattes, d'une longueur moyenne de 2 mètres, sont ensuite réunies bout à bout et on en forme un paquet ou rouleau d'environ 40 mètres de long.

Canton est très connu pour ses meubles en bois noir sculpté avec ou sans incrustation de nacre et décorés de marbre blanc ou coloré.

A Foutchow il se fabrique des meubles laqués.

Le vernis employé pour faire la laque est la sève résineuse d'une ou de plusieurs variétés du Sumac *Rhus* ou *Vernicia* et aussi l'*Augia Sinensis*. La résine est tirée de l'arbre pendant les mois d'été et paraît sur les marchés dans un état semi-fluide ou encore séchée en pain de couleur blanchâtre. Elle provient du Setchwan et du Kiangsi et coûte 30 liv. st. le picul. Pour l'emploi, on mélange 4 livres d'huile d'arachides, deux onces de fiel de porc et quatre onces de vinaigre; on triture jusqu'à obtenir une pâte homogène d'un noir brillant. Les objets, en bois généralement, sont séchés et bien façonnés à l'avance, mastiqués dans les joints et recouverts d'un enduit uniforme fait de fiel de porc et de sable rouge fin; ils sont alors placés dans une chambre sombre, passés à la laque et mis à sécher. Le passage à la laque est repété de trois à quinze fois suivant la qualité à obtenir.

Pour la décoration, les articles passent aux mains des ouvriers spéciaux. Ils reproduisent les dessins sur les noirs en tamisant de la craie en poudre au travers des modèles pointillés à l'épingle, et l'image est fixée en relief avec des laques de couleurs diverses; l'or est étalé au tampon de coton s'il est en poudre ou à la brosse s'il est en feuilles.

A Foutchow, il se fabrique une laque d'une qualité vraiment supérieure et due à un procédé qui, paraît-il, est le secret d'une seule famille et qui se transmet de père en fils. La finesse de ces laques les rapproche des plus beaux produits japonais et l'on se demande si ce fameux procédé ne serait pas quelque tour de main japonais rapporté à Foutchow par quelque voyageur ou émigrant des temps anciens.

Le Thé.

Bien qu'il y ait en Chine deux variétés botaniques de thé, *Thea Bohea* et *Thea viridis,* on sait que la différence entre le thé vert et le thé noir tient uniquement au mode de préparation des feuilles, et que les deux espèces produisent indifféremment du thé noir et vert. La plante est un arbuste touffu et rabougri, poussant sur le sommet et le flanc des coteaux dans les régions à thé; celles-ci se rencontrent particulièrement dans les provinces du Houpé, du Hounan, du Kiangsi, du Foukien, du Tchékiang, et du Kwantoung. Le terrain qui lui convient le mieux est une sorte de granit désagrégé. Les feuilles fraîches sont d'un vert brillant, ovales, légèrement en pointe et grossièrement dentelées. On les cueille trois ou quatre fois par an, mais la première récolte et une très petite partie de la seconde seulement trouvent un débouché sur le marché européen; les autres donnent les thés grossiers consommés en Chine par la classe pauvre. La première récolte, de beaucoup la meilleure, a lieu en avril. Les feuilles ayant été exposées à l'air pendant quelques heures, sont jetées dans les bassines chauffées à une température assez basse: quelques minutes seulement

suffisent pour leur enlever une partie de leur humidité et
les rendre parfaitement flexibles. On procède alors au
roulage, qui consiste à écraser et à rouler les feuilles à la
main sur des tables de bambou; cette opération a pour but
d'extraire des feuilles une partie de l'eau et de leur donner
une torsion. Elles sont alors étendues, durant quelques
heures sur des cribles en bambou, puis on procède au
second séchage. Celui-ci ressemble au premier, mais est de
plus longue durée, le thé n'étant sorti des bassines que
lorsque la dessiccation est complète. Le résultat est le thé
vert. Le thé noir se prépare sensiblement de la même
manière; cependant, l'exposition à l'air qui suit le roulage,
se prolonge pendant deux jours, ce qui produit une espèce
de fermentation, et le dernier séchage se fait sur un feu
plus vif. La fermentation est, semble-t-il, la cause principale de la coloration brun foncé du thé noir.

Les thés étant parfaitement secs sont vannés, tamisés et
emballés dans des caisses de bois, garnies intérieurement
de feuilles de plomb et recouvertes de papiers à fleur. Ces
caisses contiennent de 45 à 52 catties (un picul = 100 catties
= kil. 60.450 de thé), lorsqu'elles arrivent sur le marché
d'Hankow. Là, les thés sont achetés par les maisons euro-
péennes, presque exclusivement russes et anglaises, qui
les goûtent, et font quelquefois des mélanges qui pourraient
être comparés aux coupages des vins en France, puis les
réemballent en caisses plus ou moins grandes, selon le désir
des acheteurs d'Europe, et plus ou moins solides, selon
qu'elles doivent y être transportées par voie de mer ou par
les caravanes de la Mongolie et de la Sibérie. Quelquefois
cependant, souvent même, les thés sont expédiés en Europe
tels qu'ils étaient arrivés sur le marché; on se contente de
consolider les caisses en les liant avec du rotin, ou en les
recouvrant de nattes.

Les noms divers que l'on donne aux thés sont ceux des
régions d'où ils proviennent, exprimés en traduction plutôt
cantonaise, probablement parce que les interprètes des
premiers marchands de thés européens étaient des Canto-
nais.

Les thés sont de qualités très différentes : la provenance,

le succés de la récolte, le choix des feuilles, la réussite du séchage, etc., sont autant de raisons qui font varier les thés de cette partie de la Chine, de 15 à 100 liv. st. par picul, comme on le verra par les échantillons exposés.

Tablettes de Thé.

Le résidu du tamisage est appelé *poussière de thé;* ce produit, tamisé de nouveau avec un tamis des plus fins, donne deux qualités de poussière de thé : la première se composant de parties de feuilles est par le fait plus riche en arome, elle sert à faire les tablettes; la seconde, entièrement en poussière, entre dans la fabrication des briques de thé. Les tablettes de thé sont donc de plusieurs qualités, selon la provenance de la poussière qui entre dans leur composition. Afin de conserver au thé tout son arome, on le met dans des moules à son état naturel, parfaitement sec et sans addition aucune. Il est comprimé au moyen d'une presse hydraulique d'une grande force : approximativement 3 tonnes par pouce carré. Les moules sont garnis intérieurement de plaques d'acier poli, et lorsqu'on les ouvre, après quelques secondes seulement de pression, les tablettes sont prêtes à être enveloppées dans du papier d'argent. On les entoure encore de feuilles de papier portant la marque de fabrique, etc., puis elles sont emballées dans des caisses garnies intérieurement de feuilles de plomb soigneusement soudées, mettant ainsi la marchandise parfaitement à l'abri de l'air. Les tablettes sont d'un poids uniforme de 1/4 de livre russe, une caisse en contenant généralement 432, d'un poids net de 108 livres; mais cette qualité peut varier selon les commandes. Un autre emballage, qui devient assez commun, est de 504 tablettes par caisse. Ces caisses sont destinées au port de l'Amour, d'où elles transitent ensuite sur la Russie par le Transsibérien. Les caisses de 432 tablettes restent cependant de beaucoup préférées pour les caravanes de la Mongolie et de la Sibérie. Ce produit est exporté presque uniquement en Russie, et employé surtout par l'armée et la marine. Les usines russes d'Hankow et de Kiukiang, les seules existantes d'ailleurs, en produisent selon les années, de 5,000 à 15,000 caisses. Le prix d'une caisse de 54 kilogrammes est de 45 à 60 francs.

Briques de thé noir.

Quoique la poussière de thé employée pour la fabrication des briques soit de plusieurs qualités, elle est cependant toujours de qualité bien inférieure à celle dont on fait les tablettes. Mais ce qui fait surtout une énorme différence dans la valeur de ces deux produits, c'est que, alors que pour les tablettes la poussière est comprimée à son état naturel, pour faire les briques on est obligé de l'humecter au moyen de vapeur d'eau, ce qui enlève certainement une grande partie de l'arome. A part cette différence, le mode de fabrication ressemble assez à celui des tablettes. Avant de fermer le moule, on a soin de répandre sur le dessus un peu de poussière de meilleure qualité et de couleur uniforme, afin de faire mieux ressortir la marque de fabrique. La pression que l'on applique aux briques est inférieure à celle des tablettes n'étant que de deux tonnes par pouce carré. Aussitôt sorties du moule, les briques sont enveloppées dans une double feuille de papier, puis emballées au nombre de 24, 36, 40, 52, 56, 72 et 80 selon les commandes et la route à suivre, dans des paniers carrés, garnis à l'intérieur de feuilles de bambou. Les briques de thé sont consommées surtout en Sibérie, où elles se rendent par deux routes : par la Mongolie et par les ports de l'Amour ; dans le premier cas, l'emballage léger de 24 à 60 briques par panier est de rigueur ; dans le second cas, on préfère celui de 72 à 80 briques. Le poids d'une brique varie de 1/2 à 3 livres. La valeur du panier de 80 briques est, selon la qualité et le poids, de 30 à 60 francs.

Les usines russes de Hankow et de Kiukiang, les seules qui fabriquent cet article, en exportent de 150,000 à 300,000 paniers par an.

Briques de thé vert.

Les feuilles de thé vert vieilles et coriaces, plus ou moins pulvérisées, servent seules à faire ces briques. Elles sont de deux qualités : la première, plus fine de goût et plus petite de dimensions, est faite de feuilles un peu choisies. Une brique pèse environ une livre et demie. L'emballage se fait en paniers de 72, 92, 110, 140 et 144 briques. La seconde qualité, de plus grandes dimensions, est ce qu'il y a de plus grossier en fait de thé. Une brique pèse de trois et demie à quatre livres russes, et vaut en moyenne 45 centimes. Ces briques sont faites exactement de la même manière que les noires : comme pour ces dernières, on met au fond des moules et au sommet une couche de feuilles un peu meilleure et de couleur uniforme afin de donner à l'article une plus belle apparence. Il est peut-être bon de faire remarquer que les feuilles étant plus coriaces, il est nécessaire de les humecter davantage à la vapeur, avant de les comprimer. Ce thé est surtout en usage dans la Sibérie centrale, le Turkestan et la Mongolie, où les tribus nomades l'emploient comme monnaie d'échange.

Les Chinois fabriquent également une espèce de brique de thé, notamment à Yang-Lo-Tong, dans le Houpé. Les détails manquent sur leur mode de préparation, il est cependant certain que le thé est comprimé avec des appareils à la main. Elles sont exportées en totalité en Mongolie, où les tribus nomades les emploient comme monnaie, dans leurs échanges de produits. On dit que ces briques seules devraient avoir cours en Mongolie, et que les briques fabriquées par les Russes n'y entrent qu'en fraude.

Papeterie.

Encres. — L'encre chinoise est toujours en bâtons formés de noir de fumée et de colle. La meilleure est fabriquée à Hweichow, dans la province d'Anhwei. On l'obtient en brûlant dans des longs fours des branches de pin, dont l'épaisse fumée se condense sur les parois éloignées du foyer. Autrefois, on se servait d'huile de pétrole pour obtenir une quantité supérieure de noir. Aujourd'hui on fabrique à Hankow et à Shanghaï d'assez grandes quantités d'encres ordinaires. Le noir, étant soigneusement tamisé, est mélangé en parties égales à la colle. La plus estimée est faite d'eau de riz et de gélatine provenant de la coction de cornes de cerf; mais on se sert le plus souvent de colle forte ou de colle de poisson. De l'ambre, du musc ou du camphre, ajoutés au mélange, donnent à l'encre ce parfum si particulier qui la fait reconnaître comme vraie. Le mélange ayant été fortement battu et malaxé est fortement pressé dans des moules de bois, où il prend la forme voulue. On sèche ensuite les pains en les plaçant, préalablement enveloppés de papier fin, dans un mélange de cendre de bois et de chaux pulvérulente ou dans une étuve. Les meilleures qualités d'encre sont en bâtons assez petits: ils doivent présenter un reflet brunâtre et une assez grande densité; ils durcissent et prennent du prix en vieillissant.

L'encre à timbrer, dont on se sert beaucoup en Chine, est faite de vermillon broyé avec l'huile de ricin.

Couleurs. — Les Chinois se servent aujourd'hui de beaucoup de couleurs étrangères, bien qu'ils possèdent aussi de fort belles couleurs indigènes. Parmi les couleurs minérales, nous citerons l'orpiment, l'oxyde et l'acétate de cuivre, les oxydes de fer, le vermillon, le bleu de cobalt, le blanc de plomb, etc. Le vermillon est fort renommé et se fabrique à Canton, ainsi que le bleu de Prusse. La province de Foukien fournit le meilleur. On l'obtient en mélangeant deux livres de soufre à une livre de mercure et en sublimant le mélange. Les cristaux ainsi obtenus sont réduits en poudre fine, la poudre est lévigée, puis séchée sur des toiles. Yunnan-fou au Yunnan et Taiping-fou dans l'Anhwei en fournissent de grandes quantités; Hankow exporte une qualité inférieure. Le bleu de Prusse est fabriqué d'après les anciens procédés européens que les Chinois apprirent des Hollandais. Le minium et le massicot sont fabriqués par la combustion du plomb. La céruse, ou blanc de plomb, est fabriquée dans la province de Kwangtong, au Chêhkiang et au Chili, en faisant réagir du vinaigre sur des tubes de plomb renfermés dans un tonneau, lequel est placé dans une grande jarre remplie de cendres chaudes. Les couleurs végétales les plus employées sont le safran, le curcuma, le carthame, la garance, le vert de Chine.

Bronze, fonte, ferronnerie d'art et métaux repoussés.

Les Chinois ont de bonne heure atteint la perfection en fait de bronzes fondus ou ciselés. Mais cet art est maintenant tombé dans la décadence; on a même, dit-on, perdu le secret de fondre les grandes pièces et de fabriquer les vases de bronze niellés d'argent. Aussi les vases, brûle-parfums et autres ornements de bronze antique sont-ils aujourd'hui fort recherchés, tant par les Chinois eux-mêmes que les étrangers, qui les paient le plus souvent des prix fabuleux et calculés en raison directe de leur antiquité. Aussi les Chinois se sont-ils donné la peine de publier, en un gros livre illustré, seize volumes (le *Po-kou-tou*), l'histoire des vases sacrés de la dynastie des Shang, de 1756 à 112 avant Jésus-Christ. Les plus beaux de ces vases, dont on possède encore quelques échantillons, furent, dit-on, fondus sous le premier empereur des Shang; ils ont donc près de 3,500 ans d'âge. C'est dans les pagodes et chez les Grands que l'on trouve ces remarquables spécimens de l'art antique, qui n'apparaissent que bien rarement dans les boutiques des marchands.

Les voyageurs qui ont visité Pékin et ses environs ont pu admirer, dans les ruines du palais d'été, de fort beaux lions et une vache de bronze, et aussi une pagode, dont les poutres, portes, fenêtres, etc., sont entièrement faites de ce métal. Dans un temple, près de là, se trouve une magnifique cloche en bronze de quinze pieds de hauteur sur quatorze de diamètre et pesant environ cinquante-trois tonnes. Cette cloche, véritable chef-d'œuvre, est la plus grosse cloche suspendue que l'on connaisse. Elle fut fondue sous l'empereur Yunglo, des Ming (1403-1425). Mais ce qui est surtout remarquable et montre bien la perfection avec laquelle les artistes avaient su préparer leur moule, c'est que ce monument de bronze est recouvert en entier, tant à l'intérieur qu'à l'extérieur, d'environ quatre-vingt mille caractères chinois et thibétains représentant le texte entier d'un ouvrage de la liturgie bouddhique. On trouve encore à Pékin quatre autres cloches d'à peu près mêmes dimensions et fondues à la même époque.

L'observatoire de Pékin possédait aussi, avant 1900, des merveilles en fait de bronze; l'un des instruments, formé d'une sphère armillaire soutenue par des dragons, d'un ciselé achevé, date de la fin du treizième siècle (1279). Ces instruments, peu exacts, furent remplacés au dix-septième siècle, sous le règne de Kang-hsi (1662-1722), par d'autres plus exacts, fondus sous la direction des Jésuites, et supportés par des dragons qui sont de véritables œuvres d'art. Aujourd'hui les Chinois se contentent d'imiter leurs anciens bronzes, et ils y réussissent suffisamment pour les vendre à prix d'or aux collectionneurs tant Chinois qu'étrangers.

Engins et produits de la pêche.

Ningpo est, pour ce qui concerne le poisson, le plus grand marché de toute la Chine. De là, on exporte le poisson dans tous les ports de l'Empire et même dans les pays étrangers. Quelques-uns de ces exports sont renommés : entres autres, les pieuvres ou sépias séchées de Ningpo ont acquis une célébrité bien établie. La position même de ce port, au sommet de la coupe formée par la côte chinoise, à mi-chemin des frontières septentrionale et méridionale, et à proximité d'un riche archipel où se trouvent les pêcheries, est des plus favorables pour le commerce du poisson.

La côte, sur toute son étendue, est semée d'îles et de rochers en grand nombre. Le plus important de tous ces groupes est celui qui, d'après le nom de l'île principale, s'appelle groupe de Chousan.

L'archipel de Chousan est le plus célèbre de toute la côte

de Chine et forme, avec les Pescadores, la station de pêche pour des milliers de jonques du Chêhkiang et du Foukien. Les îles Saddles, au nord-est de cet archipel, sont fort connues pour leurs belles et grandes huîtres que l'on trouve souvent sur le marché de Shanghaï avec les huîtres, plus petites et plus délicates, qui viennent de la baie de Nimrod. Comme les pêcheries sont fort éloignées de Ningpo, l'approvisionnement de poisson pour cette ville dépend entièrement des bateaux à glace, et c'est pour cela que les propriétaires des glacières sont tenus d'avoir toujours pour trois années de glace sous la main.

Vers la mi-mars, les jonques de pêche mettent à la voile pour la première saison de pêche, qui dure environ trois mois; la seconde, celle d'hiver, est plus courte.

Quatre espèces de bateaux sont employées pour la pêche en pleine mer, dite grande pêche :

1° Les *Pouchwan* prennent toute espèce de poisson, à la ligne ou au filet; ils sont généralement cinq mois absents, · du printemps à l'automne;

2° Les *Ta-toui-chwan* (grande paire de bateaux), ainsi nommés parce qu'ils sont toujours par paires, traînant entre eux le *Ta-wang* (grand filet). Dans cet immense filet, ils prennent surtout le *Huang yü* (poisson jaune), le *Tai yü* (*Lepidopus trichurius?*). le *Lo yü* (*Alausa sp.*). Ils pêchent d'ordinaire en hiver;

3° Les *Hsiao-toui-chwan* (paire de petits bateaux) sont simplement une seconde espèce de *Ta toui*, mais plus petits. Ils prennent le *poisson jaune* et nombre d'autres espèces de poissons ;

4° Les *Wou-tsei-chwan* (bateaux à pieuvre), vont aussi en pleine mer, bien qu'ils se tiennent le plus souvent près des côtes. Ils pêchent les pieuvres au filet.

En plus du *Hwang Yü*, du *Tai Yü* et du *Loyü*, les premières catégories de bateaux apportent aussi quantité d'autres poissons, tels que morues, congres. mulets, *pomfret*, méduses, crevettes, crabes, requins, maquereaux, brèmes, soles, etc.; mais, de tous ces poissons, le plus important est la pieuvre ou sépia dont Ningpo reçoit jusqu'à 2,650,000 kilos et même 8,000,000 de kilos.

Les moyens employés pour capturer ce poisson dans cette province sont très variés, que ce soit dans les rivières, lacs ou canaux. Mais aucune de ces pêches n'est plus curieuse que la pêche aux cormorans, qu'on peut voir partout aux environs de Ningpo. Certains endroits sont renommés pour l'excellence des oiseaux qu'on y élève et entraîne.

Une autre manière très curieuse de pêcher, et qui est particulière à la Chine, se voit souvent sur la rivière de Ningpo. Cette méthode consiste à prendre le poisson au moyen d'un long bateau plat sur le bord duquel une planche peinte en blanc est placée de façon qu'elle plonge obliquement dans l'eau. De l'autre côté du bateau se trouve dressé un filet. Le poisson, attiré par la réflexion de la lune ou de la lumière des lanternes sur la planche, saute dessus et de là dans le bateau, le filet l'empêchant de retomber à l'eau de l'autre bord.

Les anguilles se prennent en abondance au moyen de longs filets coniques.

Les crabes d'eau douce (*Telphusa sinensis*), ainsi que les crevettes, sont pris dans des paniers en bambou faits pour cet usage.

Produits agricoles non alimentaires.

En première ligne viennent les textiles végétaux bruts; plus loin, nous parlons des plantes qui les fournissent. Viennent ensuite les laines brutes et les cocons à vers à soie. Tientsin fournit en quantité le poil de chameau qui est exporté en Europe. Vers le commencement de l'été, le poil tombe par grandes plaques, laissant pour quelque temps le corps de l'animal complétement nu; il est soigneusement recueilli au fur et à mesure. Les fortes soies du cochon noir de la Chine, *Sus leucomystax*, sont aussi exportées en Europe pour la fabrication des brosses. Les cocons de vers à soie du chêne n'ont encore été exportés que comme échantillons, car on n'a pas encore trouvé un moyen économique de les sécher et de les presser, comme cela a lieu pour les cocons du ver du mûrier.

Plantes oléagineuses. — La Chine, particulièrement dans le Nord, est riche en plantes oléagineuses. Le *Dolichos Soja* ou *Soja hispida* est cultivé en grand dans la Mongolie et les provinces du Shengking et du Shantoung. On en extrait beaucoup d'huile à Newchwang; une partie de ces féveroles est transportée par jonques à Chefoo, où se trouvent aussi de nombreuses et importantes manufactures d'huile. Les féveroles sont broyées sous de lourdes meules de grès, roulant dans une auge circulaire. Chaque appareil est fourni de deux meules mises en mouvement par des mules. La pulpe est soumise à une légère cuisson, dans de vastes chaudières de fonte, chauffées à la houille; puis on la place encore chaude dans des formes circulaires, faites d'une sorte de sparte ou herbe maritime et de deux solides cercles en fer. Une douzaine de ces formes sont alors empilées sur une base de pierre, entre deux solides montants formés de troncs d'arbres. Une barre transversale fort solide est alors placée sur le tout, et une vigoureuse pression est obtenue en forçant cette barre à s'abaisser, au moyen de coins placés au-dessus d'elle, dans des rainures pratiquées dans les montants et chassés au moyen de lourds béliers en pierre, suspendus aux poutres du toit. L'huile épaisse tombe dans une fosse au pied de l'appareil. Les vases destinés à la recevoir sont de larges paniers d'osier, en forme de jarres, rendus imperméables au moyen d'un enduit intérieur de papier huilé, recouvert d'un vernis particulier formé de sang de cochon, d'alun et peut-être aussi de chaux ou de farine de pois.

On fabrique également à Chefoo, par le même procédé, de l'huile d'arachides, *Arachis hypogea*, cultivées dans les terrains sablonneux, et de l'huile de sésame, *Sesamum orientale,* très recherchée pour la cuisine. L'huile de coton est aussi fabriquée dans l'Ouest du Shantoung et dans tous les endroits où croît cette malvacée. L'huile de chanvre est employée comme cosmétique. Les noix du Shantoung, Chihli et Mandchourie, *Juglans regia*, sont exportées dans le Sud, où l'on en extrait de l'huile. Newchwang a la spécialité de l'huile de ricin, qui est cultivée dans le Nord ; elle est fort employée dans la cuisine mongole et mandchoue, et les steamers de la côte en font une grande consommation pour le graissage de leur machine. Les gâteaux de féveroles, résidus de la fabrication de l'huile, constituent une des exportations les plus importantes des ports de Newchwang et de Chefoo. Ils sont envoyés à Swatow et Amoy, où ils servent d'engrais dans les plantations de cannes à sucre. Le Nord fournit aussi l'huile de *Lophantus rugosus*. employée dans la peinture sur verre et sur porcelaine, et le *Brassica Sinensis* qui donne une huile employée dans les manufactures de tabac. Dans la Chine centrale, les graines du *Camelia oleifera* fournissent une huile douce excellente, employée pour la cuisine et pour l'éclairage. L'arbuste qui la fournit, étant une espèce voisine du thé, a été confondu avec ce dernier, et on appelle à tort cette huile *tea oil*. Les fruits du *Canarium album*, appelés olives chinoises, fournissent aussi de l'huile dans la province de Kwangtoung.

Vernis. — Les semences de l'*Elœcoca vernicia*, qui croît en abondance dans la vallée du Yangtzekiang, fournissent à chaud une huile épaisse, très siccative, employée comme vernis dans l'ébénisterie et aussi en guise de goudron pour rendre les jonques imperméables. L'huile obtenue à froid est plus pâle et plus fluide, et sert soit à l'éclairage, soit à vernir les meubles et les parapluies. Au Hupeh, les fruits du *Jatropha curcas* fournissent une huile analogue à la précédente et employée aux mêmes usages. Enfin, l'*Aleurites triloba* croît abondamment dans le Sud et porte des graines extrêmement oléagineuses. La famille des Euphorbiacées, à laquelle appartiennent les trois arbres précédents et le ricin, fournit encore le suif végétal. Il est obtenu par le traitement à l'eau bouillante des graines concassées du *Stillingia sebifera*, qui se trouve dans toute la Chine centrale et méridionale. Les fruits du *Rhus succedanea*, soumis à un traitement analogue, fournissent aussi une sorte de cire, dite cire végétale. et qu'il faut se garder de confondre avec l'autre corps gras appelé à tort du même nom, et qui est produit par un insecte vivant sur le même arbre et sur diverses espèces de Ligustrum.

Laque. — Le vernis proprement dit, ou laque, découle d'incisions pratiquées dans le tronc de plusieurs arbres de la famille des Anacardiacées, savoir : les *Rhus alata*, *R. semialata*, *R. succedanea*, *R. verniciflua*, *R. venenata*, et aussi de l'*Augia sinensis*.

Résines. — Les résines, plus employées en médecine que dans l'industrie, sont fournies par le *Pinus sinensis*, *Cunninghamia sinensis*, *Thuya orientalis*, *Cupressus funebris* et *C. thyoides*, etc., etc.

Plantes tinctoriales. — La teinture bleue est, suivant les provinces, fournie par différentes espèces de plantes; au Nord, dans le Shengking, Chihli et Shantung, on cultive dans ce but le *Polygonum tinctorium*. Au Shensi, Kansou et dans la vallée du Yangtze, c'est l'*Isatis tinctoria* qui est cultivée. Au Chehkiang, la majeure partie de l'indigo est fournie par un *Ruellia* et un *Justicia*. Plus au Sud, nous trouvons l'*Indigofera tinctoria*.

Plusieurs plantes fournissent le jaune. Au Nord on se sert des boutons à fleurs ou des légumes desséchés du *Sophora Japonica*. Au Centre, on teint la soie jaune avec l'écorce du *Pterocarpus flavus*. Le bois de certains acacias fournit aussi cette couleur. Au Sud, on cultive le *Curcuma longa*. Le *Crocus sativus* est importé du Thibet. Les fruits du *Gardenia radicans*, récoltés dans le Honan et au Chehkiang, fournissent encore une belle teinture jaune. La racine de rhubarbe, *Rheum palmatum*, est également employée pour obtenir cette couleur.

Les fleurs du carthame, *Carthamus tinctorius*, donnent une belle teinture rouge, et au Shantoung, les graines de l'*Helianthus annuus* servent à teindre le pongée violet. On cultive beaucoup au Shantoung le *Lithospernuum erythorhiizon*, dont la racine fournit une teinture rouge, soluble dans les corps gras et employée pour colorer les bougies chinoises. La racine de garance, *Rubia munjista*, est employée pour teindre les soies en rouge. Les cupules de chêne, *Quercus castaneæfolia*, fournissent avec le sulfate de fer, une bonne teinture noire. Il en est de même des noix de galle que l'on récolte sur le *Rhus semialata* dans le Szechwan.

Tabac. — Le tabac *Nicotiana Chinensis* et *fruticosa* est fort cultivé dans le Centre et dans le Nord; celui du Shantoung occidental est même très renommé. Plusieurs étrangers, qui l'ont essayé en cigares, en tabac à pipe et à priser, le déclarent excellent. Les Chinois se contentent de le sécher rapidement, et ils y ajoutent de l'huile de choux pour l'empêcher de tomber en poudre dans le climat sec du Nord; on ajoute aussi un peu d'arsenic à celui qu'on fume dans les pipes à eau. Pour en faire du tabac à priser, ils le pulvérisent simplement dans un mortier et le parfument avec les fleurs du jasmin, *Jasminum sambac.*

Classification.

PREMIER GROUPE

Education et enseignement.

DEUXIÈME GROUPE

Œuvres d'art.

TROISIÈME GROUPE

Instruments et procédés des lettres, des sciences et des arts.

QUATRIÈME GROUPE

Matériel et procédés de la mécanique.

CINQUIÈME GROUPE

Electricité.

SIXIÈME GROUPE

Génie civil. — Moyens de transport.

SEPTIÈME GROUPE

Agriculture.

ONZIÈME GROUPE

Mines — Métallurgie.

DOUZIÈME GROUPE

Décoration et mobilier des habitations.

TREIZIÈME GROUPE

Fils — Tissus — Vêtements.

TREIZIÈME GROUPE (*suite*).

QUATORZIÈME GROUPE

Industrie chimique.

QUINZIÈME GROUPE

Industries diverses.

SEIZIÈME GROUPE

Economie sociale — Hygiène, etc.

DIX-SEPTIÈME GROUPE
Enseignement pratique et travail manuel de la femme.

DIX-HUITIÈME GROUPE
Commerce — Colonisation.

DIX-NEUVIÈME GROUPE
Armée de terre et de mer.

VINGTIÈME GROUPE
Sports.

VINGT-ET-UNIÈME GROUPE
Congrès et conférences.

LISTE DES EXPOSANTS

SECTIONS CHINOISES

ET

Classes dans lesquelles ils exposent.

———— ✠ ————

GOUVERNEMENT CHINOIS. AMOY.

2, 9, 12, 33, 39, 83, 84, 86, 91, 95.

GOUVERNEMENT CHINOIS, CANTON.

7, 9, 11, 12, 15, 17, 29, 33, 39, 41, 48, 49, 51, 52, 53, 54, 56, 57, 58, 59, 61, 63, 66, 69, 70, 72, 75, 81, 83, 84, 86, 87, 88, 91, 92, 93, 95, 96, 97, 98, 99, 100, 122.

GOUVERNEMENT CHINOIS, CHEFOO.

12, 33, 35, 42, 48, 56, 59, 61, 63, 66, 77, 83, 84, 86, 91, 98.

GOUVERNEMENT CHINOIS, CHINKIANG.

33, 83, 98.

GOUVERNEMENT CHINOIS, CHUNGKING.

7, 9, 12, 14, 15, 33, 39, 41, 42, 50, 52, 59, 63, 65, 70, 72, 80, 81, 82, 83, 84, 86, 87, 91, 93, 95, 98.

GOUVERNEMENT CHINOIS, FOOCHOW.

9, 12, 14, 33, 50, 51, 52, 58, 59, 69. 71, 85, 94, 95, 98.

GOUVERNEMENT CHINOIS. HANKOW.

7, 12, 13, 14, 15, 30, 31, 33, 35, 39, 40, 41, 42, 49, 52, 58, 61, 63, 64, 65, 66, 69, 70, 71, 75, 76, 78, 80, 81, 82, 83, 86, 87, 88, 91, 92, 98.

GOUVERNEMENT CHINOIS, KIUKIANG.

12, 33, 41, 63, 72, 81, 88, 92, 94.

GOUVERNEMENT CHINOIS, KIUNGCHOW.

4, 7, 30, 33, 35, 41, 42, 53, 59, 81, 83, 86, 91, 94, 98, 99.

GOUVERNEMENT CHINOIS, LUNGCHOW.

12, 14, 15, 39, 85, 86, 95.

GOUVERNEMENT CHINOIS, MENGTSZE.

30, 31, 33, 41, 63, 64, 70, 77, 83, 86, 93, 94, 95, 97.

GOUVERNEMENT CHINOIS, NANKING.

12, 14, 15, 77, 83, 86.

GOUVERNEMENT CHINOIS, NEWCHWANG.

12, 13, 15, 30, 33, 35, 36, 37, 39, 41, 42, 55, 56, 58, 61, 65, 66, 68, 70, 77, 80, 81, 83, 84, 86, 87, 88, 91, 92, 98.

GOUVERNEMENT CHINOIS, NINGPO.

1, 3, 10, 14, 29, 30, 33, 35, 53, 55, 59, 66, 70, 74, 76, 77, 78, 80, 85, 86, 98.

GOUVERNEMENT CHINOIS, PAKHOI.

14, 72.

GOUVERNEMENT CHINOIS, SHANGHAI.

3, 7, 9, 10, 12, 13, 14, 15, 16, 17, 33, 38, 39, 40, 41, 42, 43, 48, 53, 57, 59, 61, 63, 65, 71, 75, 79, 80, 81, 83, 85, 86, 88, 90, 92, 93, 94, 95, 98, 99, 100.

GOUVERNEMENT CHINOIS, SWATOW.

17, 33, 53, 55, 59, 73, 77, 78, 80, 81, 84, 86, 88, 91, 94, 95.

GOUVERNEMENT CHINOIS, SZEMAO.

15, 39, 63, 80, 85.

GOUVERNEMENT CHINOIS, TIENTSIN.

7, 12, 13, 14, 15, 17, 20, 28, 30, 31, 33, 35, 40, 41, 48, 51, 61, 65, 72, 75, 80, 82, 84, 85, 86, 87, 91, 93, 95, 100.

GOUVERNEMENT CHINOIS, WENCHOW.

9, 12, 14, 33, 63, 71, 83.

GOUVERNEMENT CHINOIS, WUHU.

10, 15, 49, 63.

GOUVERNEMENT PROVINCIAL DU HOUPEH, CHINE.

9, 12, 15, 52, 70, 84, 95, 98, 120.

GOUVERNEMENT PROVINCIAL DU HOUNAN, CHINE.

7, 9, 39, 50, 56, 58, 63, 64, 66, 69, 70, 75, 80, 81, 83, 84, 86, 87, 89, 92, 94, 97, 98, 99.

S. E. YANG TSAO-YUN, MINISTRE DE CHINE A BRUXELLES.
9.

LE BUREAU D'ADMINISTRATION DU COMMERCE DE NANKING.
69, 72, 83, 84, 94, 98.

M. WOU SHOW-TCHWAN, CANTON.
9, 72.

MAGASIN DE CHINE, 17, PLACE DE LA MADELEINE, PARIS.
72, 83, 84, 86, 95, 98.

PAN FOUNG TAI, SHANGHAI, CHINE.
72, 83, 84, 98.

M. K. TCHOW MOW-KOUNG, SHANGHAI, CHINE.
72, 83, 84, 98.

WOO KEE ET Cie, WENCHOW, CHINE.
72, 83, 84, 98.

LAN TCHOU TCHAI, WENCHOW, CHINE.
72, 83, 98.

LAN KWAT NO, WENCHOW, CHINE.
71, 86, 98.

WHING FAT ET Cie, SHANGHAI, CHINE.
69, 70, 72, 83, 84, 95, 98.

TRADING COMPANY, HANKOW, CHINE.

39.

MISSION INDUSTRIELLE DE CHEFOO, CHINE.

84. 98.

MESSRS CARLOWITZ ET Cie, CHEFOO, CHINE.

98.

MESSRS LITTLE ET Cie, CHUNGKING, CHINE

41, 42, 52.

LIEUTENANT LÉON COLLOS.

12.

Dr STUHLMANN, SHASI, CHINE.

35.

PEKING SYNDICATE, PÉKING, CHINE.

63.

MESSRS JARDINE, MATHESON ET Cie, SHANGHAI, CHINE.

83.

MESSRS BURKHILL ET Cie, SHANGHAI, CHINE.

81.

M. VYVIAN DENT, SHANGHAI, CHINE.

9.

M. A. E. BLANCO, SHANGHAI, CHINE.

9.

M. P. L. RAEBURN, SHANGHAI, CHINE.

9.

M. SHU LIEN-TCHI, HANGCHOW, CHINE.

86.

MESSRS HWA SHENG-CHEONG, SHANGHAI, CHINE.

80.

CHINESE ENGINEERING C°, TIENTSIN, CHINE.

28, 72.

M. S. ROSENBAUM, HANKOW, CHINE.

40.

M. SCHEPENS, HANKOW, CHINE.

15.

MM. A. EHLERS, NINGPO, CHINE.

70, 86.

IMPRIMERIE

G. PICQUART, BRUXELLES

TÉL. 1424

総冊

III.—MISCELLANEOUS SERIES.

Lightning Source UK Ltd.
Milton Keynes UK
UKHW012229110219
337137UK00006B/1214/P